古人语言里的幽默与狂傲

舌华录

〔明〕曹臣◎著　李小庆◎注译

中国华侨出版社
北京

图书在版编目（CIP）数据

古人语言里的幽默与狂傲：舌华录／（明）曹臣著；
李小庆注译. —北京：中国华侨出版社，2019.9
ISBN 978-7-5113-7983-2

Ⅰ.①古… Ⅱ.①曹… ②李… Ⅲ.①格言—汇编—
中国—古代 ②《舌华录》—注释 Ⅳ.①H136.33

中国版本图书馆 CIP 数据核字（2019）第 189529 号

古人语言里的幽默与狂傲：舌华录

著　　者／（明）曹臣
注　　译／李小庆
策　　划／左　岸
责任编辑／黄　威
责任校对／王京燕
封面设计／胡椒设计
经　　销／新华书店
开　　本／710 毫米×1000 毫米　1/16　印张／22　字数／382 千字
印　　刷／三河市华润印刷有限公司
版　　次／2020 年 2 月第 1 版　2020 年 2 月第 1 次印刷
书　　号／ISBN 978-7-5113-7983-2
定　　价／65.00 元

中国华侨出版社　北京市朝阳区西坝河东里 77 号楼 1 层底商 5 号　邮编：100028
法律顾问：陈鹰律师事务所
编辑部：（010）64443056　64443979
发行部：（010）64443051　传真：（010）64439708
网　　址：www.oveaschin.com
E-mail：oveaschin@sina.com

古人编著士大夫们奇闻逸事的行为早已有之，南北朝时期，南朝的宋人刘义庆就编著了《世说新语》一书，内容新奇，精彩纷呈，饶有趣味，可读性强，为后人们留下了一笔宝贵的精神财富。明代的曹臣也效尤前人，力图为中华文明的灿烂文化平添绚丽的一笔，经过广泛搜集，潜心整理，这部凝结智慧与心血的书得以面世。读者在阅读过程中不难发现，本书共有以下几大亮点闪烁其间：

时间跨度大。这本书内容取材广泛，上至远古时代下至明代后期，时间跨越了1200余年。1200余年是一个漫长的时间段，其间定会有无数个新奇有趣的故事发生，这些故事能够较为全面地展示古人语言的智慧与巧思，让人从中受益匪浅。

参考书籍广博。《世说新语》是作者亲自搜集的素材，而本书则不然，该书是作者从众多书籍中采摘而来，从而汇聚为一道有滋有味的文化大餐。据相关资料记载，该书共取材于99种书籍，不可不谓之广博繁杂，这就避免了材料单一缺乏的弊端。

生活气息浓厚。很多读者反映有的古籍枯燥乏味，内容烦冗，读后昏昏欲睡。本书最大的优点就在于继承了《世说新语》遗形取神的特点，言简意赅，用很少的笔墨就能够刻画出人物特点，让人读后便觉得书中的人物就在眼前浮现。本书的内容多是人物之间只言片语式的口谈，因此生活气息很是浓厚，读者读完之后不会被当时的时代背景所限制，而是打破时空的界限去感受去体验去玩味古人语言的精妙之处，不禁暗自叫绝，深为叹服。

可读性很强。该书几乎囊括了古人们所有的精彩言论，读者阅读的过程中不仅会为之一笑，博得一乐，同时还能够从这些古人的言论中得到点拨，受到启发，学到沟通的技艺，真是一举多得，值得一读。

本书共分为十八章，每一章都是由几十个精短的人物对话构成，每一章前面都会有一段言简意赅、精妙绝伦的导语，为读者阅读每一章提供方向上的指引。同时为了方便读者阅读，照顾那些古文功底不很深厚的读者，该书在很多人物对话下面作了注解，帮助读者们更好地理解对话内容。同时为了确保翻译质量，本书的文章内容采用直译与意译两种方法进行，让读者不必被古文的写作习惯所限制住。

总而言之，这是一本值得一读的通俗读本，读后不仅可以了解古人的幽默与狂傲，还能在潜移默化中提升个人修养和语言表达能力。

目录

慧语第一

【原文】

吴苑^①曰：佛氏戒、定、慧三等结习，慧为了语，慧之义不大乎？慧之在舌机也，有狂、智之别焉。狂之不别有智，如智之不识有狂也。是智者智，而狂者亦智，两而别之，则金粟如来氏矣。如来氏取法，一芥可以言须弥，刹那可以称万劫^②。其中倒拈顺举，无不中道。即智者不自知，而狂者能耶？乃次慧语第一。

【注释】

①吴苑：吴苑（1638—1700 年），明代人，字麓长，少颖异，博古通今。康熙二十一年（1682 年）进士。著有《北黟山人集》《大好山水录》。

②万劫：亿万年。

【译文】

吴苑说：佛家有戒、定、慧三种根本学业，"慧"是让人们有所感悟的语言，它的意义很大。从话语里的锋芒来看，"慧"有巧智与疏狂的区别。但遗憾在于，疏狂的人不知运用巧智，巧智的人不知自己可以疏狂。由此看来，巧智者有智慧，疏狂者也有智慧，如果将两者加以区别并运用，那么就成为金粟如来了。按照如来的思想方法来看，一草一世界，一瞬间可以称为亿万年。无论是倒拿正举，皆有道理。如果说智者都不能认清自我，那么疏狂者就更不能了。因此，慧语应为第一位。

【原文】

1. 王元泽①数岁时，客有一獐一鹿同笼以献。客问元泽："何者是獐？何者是鹿？"元泽实②未识，良久③对曰："獐边者是鹿，鹿边者是獐。"客大奇之。

【注释】

①王元泽：王雱（1044—1076 年），字元泽，北宋临川人（今江西省抚州市临川区），文学家、法家人物。北宋著名政治家、思想家、文学家王安石之子。

②实：其实。

③良久：一会儿。

【译文】

王元泽很小的时候，有一位客人登门想和他的父亲王安石套近乎，就将獐和鹿装在一起献给王安石。客人逗元泽玩，就问："元泽啊，你知道哪个是獐哪个是鹿吗？"元泽其实并不认识，想了一会儿回答："鹿在獐的旁边，獐在鹿的旁边。"客人听后啧啧称奇。

【原文】

2. 苏东坡①一日退朝，食罢，扪腹徐行，顾②谓侍儿曰："汝辈且道是中何物？"一婢遽曰："都是文章。"坡不以为然。又一婢曰："满腹都是机械③。"坡亦未以为当。至朝云乃曰："学士一肚皮不合时宜。"坡捧腹大笑。

【注释】

①苏东坡：苏轼（1037—1101 年），字子瞻，又字和仲，号东坡居士。北宋眉州眉山（今属四川省眉山市）人，祖籍河北栾城，北宋著名文学家、书法家、画家。"唐宋八大家"之一，著有《东坡七集》《东坡易传》《东坡乐府》等。

②顾：回头。

③机械：机巧与智慧。

【译文】

苏轼退朝回家，吃完饭就抚摸着肚子慢步消食，他回头对身边的丫鬟们说："你们知道我的肚子里装着什么吗？"一个丫鬟马上说："当然是学问了。"苏轼认为她说的不对。另一个丫鬟说："肚子里都是机巧与智慧。"苏轼认为也不对。轮到朝云时，她说："您肚子里全是不合时宜。"苏轼听后捧腹大笑。

【原文】

3. 庞安聋而颖悟，人与之言，以指画字，不尽数字，辄了人意。苏东坡戏之曰："余①以手为口，尔②以眼为耳，皆一时异人也。"

【注释】

①余：我。

②尔：你。

【译文】

庞安虽然耳聋但是非常聪慧，别人靠写字与他交流，没等把字写完，庞安便能明白对方的意思。苏轼与他开玩笑说："我把手当口，你把眼睛当耳朵，咱俩都是天资聪颖之人。"

【原文】

4. 张玄之、顾敷，是顾和中外孙，皆少而聪慧。一日与至寺中，见泥涅佛像，弟子有泣者、不泣者。和以问二孙。玄之谓："彼亲故①泣；彼不亲故不泣。"敷曰："不然。由忘情故不泣；不能忘情故泣。"

【注释】

①故：所以。

【译文】

顾和的孙子顾敷与外孙张玄之，都非常聪慧。有一天他们三人一起到寺院里，看到释迦牟尼圆寂前的佛像时，发现释迦牟尼的弟子神态各异，有的哭有的不哭。顾和就问他俩，为什么会有这样的差别呢？张玄之说："与佛祖亲近的弟子会哭，不亲的弟子则不哭。"顾敷则说："不是这样的，有些弟子因为忘情所以不哭，而有些弟子因为重感情所以哭了。"

【原文】

5. 杨德祖①为主簿，时操既平汉中，欲讨刘备而不得进，欲守又难为功，护军不知进止。操出教，唯曰"鸡肋"，外曹莫能知晓。德祖曰："夫鸡肋，食之无所得，弃之殊可惜，公归计决矣。"乃令白外，称严装，操果回师。

【注释】

①杨德祖：杨修（175—219 年），字德祖，东汉建安年间举为孝廉，任郎中，后为汉相曹操主簿，著有《答临淄侯笺》《节游赋》《神女赋》《孔雀赋》等。

【译文】

杨修当主簿时，曹操已经统一汉中地区，想要讨伐刘备又不敢进攻，想要守住阵地却又难以持续，护军都不知所措。曹操下令，只说了"鸡肋"两个字，外面的将士摸不着头脑。杨修说："这块鸡肋吃了没啥味道，扔了又觉得可惜，曹公已经下决心回朝。"于是他通知将士打点行装，曹操果然打道回府了。

【原文】

6. 隋吏部侍郎薛道衡，尝①游钟山开善寺，谓小僧曰："金刚何为努目？菩萨何为低眉？"小僧答曰："金刚怒目，所以降伏众魔；菩萨低眉，所以慈悲六道。"

【注释】

①尝：曾经。

【译文】

隋代的吏部侍郎薛道衡，曾经到钟山的开善寺游玩，他对小僧说："金刚为什么怒目圆睁？菩萨为什么低眉颔首？"小僧回答说："金刚怒目圆睁是为了降妖除魔；菩萨颔首低眉是为了慈悲大众。"

【原文】

7. 王侍中尝因侍宴，高祖①问群臣："朕为有为无？"侍中答曰："陛下应万物为有，体至理为无。"

【注释】

①高祖：梁武帝萧衍（464—549 年），字叔达，小字练儿。南梁政权的建立者，庙号高祖。

【译文】

王侍中曾经陪同梁武帝设宴招待客人，梁武帝就问在座的大臣："我到底存不存在？"王侍中回答说："陛下对世间万事万物而言是真实存在的，从无上权威和至高理念而言是虚无的。"

【原文】

8. 王介甫①尝见举烛，因言："佛书日月灯光明佛，灯光岂得配日月！"吕吉甫曰："日昱乎昼，月昱乎夜，灯光昱乎昼夜，日月所不及，其用无差别。"介甫以为然。

【注释】

①王介甫：王安石（1021—1086 年），字介甫，号半山，北宋临川县城盐埠岭（今临川区邓家巷）人，杰出的政治家、思想家、文学家、改革家，名列"唐宋八大家"，著有《王临川集》《临川集拾遗》。

【译文】

王安石曾见人举着蜡烛，便有感而发，对那人说："佛书上说日月、灯光都是为佛照明，灯光怎能和日月同日而语。"吕惠卿（字吉甫）说："太阳在白天照明，月亮在晚上照明，灯光昼夜都可以照明，日月根本就比不上灯光，所以说它们的作用并无差异。"王安石听了之后认为颇有道理。

【原文】

9. 黄龙寺晦堂老子，尝问山谷①以"吾无隐乎尔"之义，山谷诠释再三，晦堂不答。时暑退凉生，秋香满院，晦堂因问曰："闻木樨香乎？"山谷曰："闻。"晦堂曰："吾无隐乎尔。"②山谷悟服。

【注释】

①山谷：黄庭坚（1045—1105 年），字山谷道人。晚号涪翁，洪州分宁（今江西省九江市修水县）人，北宋著名文学家、书法家、江西诗派开山之祖，著有《山谷词》。

②吾无隐乎尔：孔子语，原意是我没有隐瞒你什么。

【译文】

黄龙寺的晦堂老先生，曾经考问黄庭坚"吾无隐乎尔"这句话的意思。黄庭坚诠释了一遍又一遍，晦堂没有作答表态。当时暑气已退去，凉气袭来，秋天的芬芳盈满整个院子，晦堂于是便问道："闻到木樨的香气了吗？"黄庭坚说："闻到了。"晦堂又说："我没有隐瞒你什么。"黄庭坚方才恍然大悟，对晦堂老先生深感佩服。

【原文】

10. 黄子琰①少即辩慧。建和中尝日食，京师不见。子琰祖太尉，以状闻太后。诏问所食多少，太尉思其对，未知所况。子琰年七岁，时在侧，曰："何不言'日食之馀，如月之初'？"

【注释】

①黄子琰：黄琬（141—192 年），字子琰，江夏安陆（今湖北安陆北）人，东汉中后期名臣，尚书令黄香曾孙、太尉黄琼之孙。因反对董卓集团，五十二岁遇害。

【译文】

东汉的黄琬年少聪慧，善于辩论。汉桓帝建和年间曾经出现日食现象，京城却没有看到。黄琬的祖父黄琼就将这一状况禀奏给太后。太后问日食的面积多大，黄琼想来想去也不知道如何作答。黄琬才七岁，当时就在一边，说："为啥不说成'日食剩余的部分就是月亮刚刚出来时的那样'？"

【原文】

11. 薛西源性好施，尝脱绵袄施贫者。或①曰："安得人人而济之？"薛曰："吾为见者赠耳。"

【注释】

①或：有人。

【译文】

薛西源乐善好施，常常脱下自己的棉袄给那些贫困的人。有人对他说："天下穷人那么多你又如何能救助得完呢？"薛西源说："我仅仅是给见到的穷人送一点罢了。"

【原文】

12. 熊际华曰："梦以①昨日为前身，可以今夕为来世。"

【注释】

①以：把。

【译文】

熊际华说："我在睡梦中把昨天当作前生，把今晚当作来世。"

【原文】

13. 永乐改元，徙江南富民实北京。黄润时年十岁，其父当行，乃①诣②官请代。官不从，对曰："父去日益老；儿去日益长。"官异，而从之。

【注释】

①乃：于是。

②诣：前往。

【译文】

明成祖朱棣称帝后，把年号改为永乐，将江南地区的富庶民户迁徙到京城。黄润当时才十岁，他的父亲也在迁徙的名单里，于是就到官府请求代替父亲。

官府不同意，他就据理力争："父亲过去后会渐渐衰老下去，而我会日益健壮。"官府听后感到很诧异，就应允了他的要求。

【原文】

14. 陆氏兄弟①游龙潭寺，见一暗室，弟曰："是黑暗地狱。"兄曰："是彼极乐世界。"

【注释】

①陆氏兄弟：陆机和陆云。

【译文】

陆机和陆云游龙潭寺，见到一个黑暗的房间。弟弟说："这是一个黑暗的地狱。"哥哥却说："这是人生彼岸的极乐世界。"

【原文】

15. 陈元方子长文有英才，与季方子孝先，各论其父之功德，争之不能决。咨于太丘，太丘①曰："元方难为兄，季方难为弟。"

【注释】

①太丘：陈寔（104—187 年），东汉时期官员、名士，他以清高有德行，闻名于世，与钟皓、荀淑、韩韶合称为"颍川四长"。

【译文】

陈元方的儿子陈长文是个英才，他与叔叔陈季方的儿子陈孝先，各自讲述父亲的丰功伟绩，互相争论却没有结果。他们就去请太丘陈寔作评判，陈寔说："元方很难当哥哥，孝先很难当弟弟。"

【原文】

16. 徐孺子①年九岁，尝月下嬉，人语之曰："若令月中无物，当更明耶？"徐曰："不然，譬如眼中有瞳子，无此必不明。"

【注释】

①徐孺子：徐稚（79—168 年），字孺子，东汉豫章南昌县（今江西南昌）人。为江西历史上第一位著名贤士。

【译文】

东汉的徐稚九岁时，曾经在月下与小伙伴们嬉戏打闹，有人对他说："如果月亮中没有其他东西，是不是会更加明亮？"徐稚却说："当然不是，这就好像人的眼睛都有瞳仁，少了它就瞎了。"

【原文】

17. 孔融被收，中外惶怖。时融儿大者九岁，小者八岁，二儿故琢钉戏，了无遽容。融谓使者曰："冀①罪止于一身，二儿可得全不？"儿徐进曰："大人岂见覆巢之下，复有完卵乎？"寻②亦收至。

【注释】

①冀：希望。

②寻：不久。

【译文】

孔融被抓后，朝廷内外人心惶惶。当时孔融的大儿子九岁，小儿子八岁，他们仍旧若无其事地玩着琢钉游戏，毫不惧怕。孔融对使者说："希望我一个人承担所有的罪过，请放了我的孩子。"儿子从容不迫地对孔融说："父亲，巢穴一旦打翻了，蛋也就不再完整。"不久他们也被关押进监狱。

【原文】

18. 中朝①小儿父病，行乞药。主人问病，曰："患疟也。"主人曰："尊侯明德君子，何以②病疟？"答曰："来病君子，所以为疟。"

【注释】

①中朝：晋南渡后称渡江前为中朝。

②何以：怎会。

【译文】

中朝时期有一个孩子的父亲病了，这个孩子就出门求药。主人问孩子他父亲得了什么病，孩子说："得的是疟疾。"主人说："你父亲是个品德高尚的人，怎么会得疟疾呢？"孩子回答说："正因如此，才叫疟疾。"

【原文】

19. 庾公①常入佛图，见卧佛，曰："此子疲于津梁②。"

【注释】

①庾公：庾亮（289—340年），字元规，颍川郡鄢陵县（今河南鄢陵北）人。东晋时期外戚、名士。庾亮善书法，有文集二十一卷，今已佚。《全晋文》录有其文。

②津梁：普度众生。

庾亮曾经到一座佛寺中烧香拜佛，看到一尊佛像卧着，便说："想必是这座佛忙着普度众生，太累了吧。"

【原文】

20. 庾法畅从庾太尉，握麈尾^①至佳，公曰："此至佳，那得在？"法畅曰："廉者不求，贪者不与，故得在耳。"

【注释】

①麈尾：拂尘。

【译文】

庾法畅握着一把极其漂亮的拂尘跟在太尉庾亮的后面。庾亮说："这柄拂尘这么漂亮，怎么会一直在你手里呢？"法畅说："廉洁的人从来不会问我要，贪心的人想要我也不给，所以一直在我手里。"

【原文】

21. 晋武帝每饷^①山涛，恒^②少。谢太傅以问子弟，车骑答曰："当由欲者不多，而使与者忘少。"

【注释】

①饷：赏赐。

②恒：总是。

【译文】

晋武帝经常赏赐山涛，但数量总是寥寥无几。谢安就问谢家子弟为何如此，车骑将军谢玄回答道："应该是山涛要的少，所以赠予的人就认为自己给的不少。"

【原文】

22. 简文崩，孝武年十余岁，立至暝^①，不临。左右启："依常应临。"帝曰："哀至则哭，何常之有？"

【注释】

①暝：晚上。

【译文】

东晋的简文帝司马昱驾崩之际，孝武帝司马曜才十几岁，他站立在原地，一直到天黑也没有哭出声来。旁边的人都规劝他说："按照常规是要哭出来的。"孝武帝司马曜则说："不必因为悲哀来了就非得哭。"

【原文】

23. 谢太傅问诸子侄："子弟亦何预①人事，而正欲使其佳?"诸人莫有言者。车骑答曰："譬如芝兰玉树，欲使其生于阶庭耳。"

【注释】

①预：干预、干系。

【译文】

太傅谢安问诸位子侄："为什么自己希望自家弟子比别家弟子更优秀?"在座的人没有一个人能够回答。车骑将军谢玄回答说："就好像芝兰玉树，人们都希望它们能够长在自家阶前庭院那样罢了。"

【原文】

24. 孝武将讲《孝经》，谢公兄弟与诸人私庭讲习。车武子①难苦问谢，谓袁羊曰："不问则德音有遗，多问则重劳二谢。"袁曰："必无此嫌。"车曰："何以知尔?"袁曰："何尝见明镜疲于屡②照，清流惮③于惠风?"

【注释】

①车武子：车胤（约333—401年），字武子，南平新洲（今湖北公安县）人。东晋大臣。

②屡：多次。

③惮：惧怕。

【译文】

东晋的孝武帝司马曜将要讲授《孝经》，谢安、谢石兄弟与其他人在自己家里进行讲习。车胤学习中遇到了拦路虎又不好意思请教谢安，对袁羊说："不问的话就会遗漏书中的精髓，问多了又怕给两位谢公添麻烦。"袁羊说："他们一定不会嫌弃的。"车胤说："你是怎么知道的呢?"袁羊说："你什么时候看见明亮的镜子会拒绝别人去照，清澈的溪流会害怕风吹?"

【原文】

25. 范宁作豫章，八日请佛，有板，众僧疑之，或欲作答。有小沙弥在坐末曰："世尊默然，则为许可。"举众从①其义。

【注释】

①从：同意。

【译文】

范宁做豫章太守的时候，佛的生日（阴历四月初八）那天就捧着为科举考试所写的文章到寺院中拜佛像，等佛祖回答，众僧都感到疑惑不解，有人就想去回答范宁。这时那个坐在最末端的小沙弥说："佛祖默认了。"所有人都认为小沙弥说得对。

【原文】

26. 江夏冯京①，知并州，谓王平甫曰："并州歌舞妙丽，闭目不窥，日以谈禅为上。"王答曰："若如所论，未达②禅理。闭目不窥，已是一重公案。"

【注释】

①冯京：冯京（1021—1094 年），字当世，鄂州江夏（今湖北武昌）人，北宋大臣。著有《灊山集》，今已佚。

②达：通达。

【译文】

北宋的江夏人冯京，任并州知州，对王安国（字平甫）说："并州的歌舞美轮美奂，但我视而不见，每日将讨论禅理当作最快乐的事。"王安国回答说："如果真像你说的那样，说明你还没有参透禅理。视而不见，就已经是一个较为严重的问题。"

【原文】

27. 卫玠①总角时，问乐令梦，乐云："是想"。卫曰："形神所不接而梦，岂②是想耶？"乐云："因也。未尝梦乘车入鼠穴，捣齑啖铁杵，皆无想无因故也。"

【注释】

①卫玠：（286—312 年），字叔宝，河东安邑（今山西夏县北）人。晋朝玄学家、官员，中国古代四大美男子之一。

②岂：难道

【译文】

卫玠童年时，问尚书令乐广梦为何物，乐广说："是心里想出来的。"卫玠说："身体与精神之外的事情出现在梦里，难道是心之所想吗？"乐广说："那是因果关联所致。我们从来就没梦见过乘车会进入老鼠洞，捣碎斋粉会吃到大铁杆，就是因为这些事物之间没有关联。"

【原文】

28. 殷中军①问："自然无心于禀受。何以正善人少，恶人多？"诸人莫有言者。刘尹答曰："譬如泻水着地，正自纵横流漫，略无正方圆者。"

【注释】

①殷中军：殷浩（303—356 年），字深源，陈郡长平县（今河南西华县）人。东晋时期大臣、将领、清谈家。

【译文】

殷浩问："大自然无心去塑造一个人，为什么好人多坏人少？"在座各位没人能够作答。刘尹回答说："就好比把水倾洒到地上，它会自己随意流淌，但是不会流成方圆的形状。"

【原文】

29. 人问殷中军："何以将得位而梦棺器，将得财而梦矢秽①？"殷曰："官本臭腐，所以将得而梦棺尸；财本粪土，所以将得而梦秽污。"时人以为名通。

【注释】

①矢秽：粪便。

【译文】

有人问殷浩："为什么人将要升官的时候会梦见棺材，将要发财的时候却梦见粪便？"殷浩回答道："官权本来就是腥臭之物，所以将要升官时就会梦见棺材；财产本来就是粪土，所以将要得到财产的时候就会梦见污秽。"当时的人们都将此当作至理名言。

【原文】

30. 司马太傅①问谢车骑："惠子其书五车，何以无一言入玄？"谢曰："故当是其妙处不传。"

【注释】

①司马太傅：司马道子（364—403 年），字道子，河南温县人。东晋晚期宗室、权臣。晋简文帝司马昱第七子。

【译文】

太傅司马道子问车骑将军谢玄："惠子的著作足有五大车，为什么没有一句跟玄理有关？"谢玄说："应该是他的精妙理论流失的缘故。"

【原文】

31. 楚王张繁弱之弓，载忘归之矢，以射蛟兕于云梦之泽，而丧其弓。左右请求之，王曰："止。楚人遗之，楚人得之，又何求焉？"

【译文】

楚王张开他那张名为"繁弱"的大弓，载着名为"忘归"的利箭，到云梦泽去射杀蛟龙与犀牛，却丢了自己的弓。身边的人请求去寻找，楚王说："不必了！这弓是楚人丢的，也会被楚人捡到，不必麻烦了。"

【原文】

32. 王戎七岁，尝与诸小儿游。见道边李树多子折枝，诸儿竞走取之，唯戎不动。（人问之，）答曰："树在道边而多子，此必苦李。"取之，果然。

【译文】

王戎七岁的时候，曾经与很多小伙伴们一起游玩。看到道路两边的李子树果实太多以致把树枝都压断了，孩子们争先恐后去采摘，唯独王戎站在那里一动不动。有些人就问他为什么不去摘果子，王戎回答说："道路两旁的李子树能结这么多果子，说明果子味道很苦。"摘下来一尝果然是这样。

【原文】

33. 曹公①少时见乔玄，玄谓之曰："天下方乱，群雄虎争，拨而理之，非君乎？然君实是乱世之英雄，治世之奸贼。"

【注释】

①曹公：曹操（155—220年），字孟德，小字阿瞒，沛国谯（今安徽亳州市）人，东汉末年著名政治家、军事家、文学家、诗人，曹魏政权的缔造者。

【译文】

曹操年轻时拜见乔玄，乔玄对他说："天下大乱，群雄争霸割据，能够将天下平定并得以治理的人，除了您还能有谁？然而您的确是动乱年代的英雄，和平年代的奸臣。"

【原文】

34. 晋明帝数岁，坐元帝膝上，因问长安何如日远？答曰："日远，不闻人从日边来，居然可知。"元帝异之。明日集群臣宴会，告以此意，更重问之，答曰："日近。"元帝失色曰："尔何故异昨日之言耶？"答曰："举目见日，不见长安。"

【译文】

晋明帝很小的时候，坐在晋元帝的膝盖上，元帝就问明帝长安和太阳哪个离我们更远？明帝回答说："太阳离我们远，从来就没听过有人是从太阳那边过来的，由此可以推测。"元帝感到很是惊异。第二天，元帝就召集群臣举行宴会，就将明帝的回答告诉了众人，并重新问了一遍明帝，明帝回答："太阳离我们更近一些。"元帝变脸地问："为啥你今天说的跟昨天有差别？"明帝回答："我们抬头就能看见太阳，却看不见长安。"

【原文】

35. 韩康伯年数岁，家酷贫，至大寒，止得襦①。母殷夫人自成之，令康伯捉熨斗，谓康伯曰："且着襦，寻复作裈②。"曰："儿已足，不须作裈也。"母问其故，答曰："火在熨斗中而柄热。"

【注释】

①襦：短衣，短袄。

②裈：裤子。

【译文】

韩伯（字康伯）很小的时候，家境贫寒，酷寒天气仅穿一件棉袄。母亲殷夫人将棉袄做成后，就让康伯拿着熨斗，对他说："你先把棉袄穿上，待会儿再给你做一条裤子。"儿子说："一件棉袄就可以了。"母亲问为什么，他回答说："火在熨斗里自然会将热量传输给熨斗柄。"

【原文】

36. 陈眉公①曰："武林西湖，有花朝而无月夜，有红粉而无佳人，于此不无少恨。"吴鹿长闻之曰："既有此西湖，不得不有此缺恨。"

【注释】

①陈眉公：陈继儒（1558—1639 年），字仲醇，号眉公、麋公，松江府华亭（今上海市松江区）人。明朝文学家、画家。

【译文】

陈继儒说："武林的西湖，有开花的早晨但没有月光照亮的夜晚，有红色的粉妆而没有美丽的人，这多少有些遗憾。"吴鹿长听后说："这些遗憾都是免不了的。"

【原文】

37. 王子猷①居山阴，夜大雪，眠觉空室，命酌酒。四望皎然，因起彷徨，咏左思《招隐诗》，忽忆戴安道。时戴在剡，即便夜乘小船就之，经宿方至，造②门不前。人问其故，王曰："吾本乘兴而来，兴尽而返，何必见戴？"

【注释】

①王子猷：王徽之（338—386年），东晋名士、书法家，书圣王羲之第五子，后世传帖《承嫂病不减帖》《新月帖》等。

②造：到达。

【译文】

东晋的王徽之居住在山阴一带，有一天夜里下大雪，他一觉醒来发现室内空空，就让人准备酒菜，举目环顾一片皎洁。他站起身子，一边徘徊一边吟咏起左思的《招隐》来，忽然兴起想起了戴安道。戴安道当时在剡溪，王徽之连夜乘坐小船去找他，船行驶了一夜，方才抵达，可是到了戴安道的门前却没有进入。有人就问为什么不进去，王徽之回答："我本是乘兴而来，现在是兴尽而回，不见也罢。"

【原文】

38. 陈继儒曰："有人闻①人善则疑之，闻人恶则信之，此满腔杀机也。"

【注释】

①闻：听说。

【译文】

陈继儒说："有人怀疑他人行善，深信他人作恶，真是满腹坏水。"

【原文】

39. 石塔长老戒公，东坡居士昔赴登闻，戒公迓①之。东坡曰："吾欲一见石塔，以行速不及也。"戒公起曰："这着是砖浮图耶？"坡曰："有缝奈何？"曰："若无缝，争容得世间蝼蚁！"

【注释】

①迓：迎接。

【译文】

石塔长老叫戒公，苏轼曾经前去拜访，戒公出门迎接他。苏轼说："我本来打算看一看石塔，但是由于行程紧急无法实现这个愿望了。"戒公起身说："我这是砖塔吗？"苏轼问："有缝咋办呢？"戒公说："要是没有缝隙，世间的蝼蚁该何处容身！"

【原文】

40. 郝公琰曰："忠臣孝子，无非钟情之至。"

【译文】

郝之玺说："忠臣和孝子，没有一个不是有情有义之人。"

【原文】

41. 后魏陆馛谓子琇曰："汝祖东平王有十二子，我为嫡长，承袭家业。吾今年老，属汝幼童，讵勘①为陆氏宗首乎？"琇对曰："苟非斗力，何患童稚？"

【注释】

①勘：承受担当。

【译文】

北魏的陆馛对儿子陆琇说："你的祖父东平成王陆俟有十二个儿子，我是嫡长子，继承了家业。我现在已经老了，你们还很年轻，怎么能担当陆氏宗族首领的重任呢？"陆琇对父亲陆馛说："这又不是武力较量，跟年龄没关系。"

【原文】

42. 郑翰卿曰："世未有怜才而不好色者，好色怜才，总归一致。"

【译文】

郑翰卿说："世上的人既怜惜人才又贪恋女色，好色与怜惜人才，都是一样的。"

【原文】

43. 管辂年七岁，与邻里小儿戏，画地为日月星辰之状，语言不常。父母禁之，答曰："家鸡野鹄，尚知天时，况人乎？"

【译文】

管辂七岁的时候，与邻家的孩子们在一起玩耍，他经常在地上画出日月星辰，而且语出惊人。父母禁止他这样做，他回答说："家鸡、野外的天鹅都知道天气时令，人更不必说了。"

【原文】

44. 贾思道至性谦和，遇士大夫，虽在街道，停车下马，接诱恂恂，曾无倦色。客曰："公今贵重，宁能不骄？"曰："衰至便骄，何常之有！"

【译文】

贾思道性情谦和，途中遇到士大夫，即使在街道上，也要停车下马，非常谦恭地接待从来都不会感到厌倦。一位客人说："你现在是达官显贵，是如何做到戒骄戒躁的呢？"贾思道说："人一旦精神倦怠了就会感到骄傲，没有规律可言。"

【原文】

45. 霍王元轨①临徐州，与处士刘玄平为布衣之交。或问玄平王之所长，玄平答以无长。人问其故，玄平曰："夫人有短，所以见长。"

【注释】

①李元轨（？—688年），初名元璬，唐高祖李渊第十四子。

【译文】

初唐的霍王李元轨来到徐州，和处士刘玄平为平民之交。有人问刘玄平，霍王李元轨有何长处，刘玄平回答没有什么长处。很多人感到不解，问为什么这样说，刘玄平说："短处能够凸显出长处。"

【原文】

46. 黄蘗祖师曰："'不是一番寒彻骨，争得梅花扑鼻香。'念头稍缓时，便宜①庄诵一遍。"

【注释】

①宜：应当。

【译文】

唐代的名僧黄蘗禅师说："'没有一番寒彻骨，怎得梅花扑鼻香。'一个人念头稍有懈怠的时候，就应该把这句诗庄严地朗诵一遍。"

47. 卢相迈不食盐醋，同列问之："足下不食盐醋，何堪？"迈笑曰："足下食盐醋，复又何堪？"

【译文】

唐代的卢迈任宰相时不吃盐和醋，同僚问他："您不吃盐和醋，能行吗？"卢迈笑着说："您吃盐和醋，又怎能受得了呢？"

【原文】

48. 陶侃疾笃①，都无献替之言，朝士以为恨。谢仁祖闻之曰："时无竖刁，故不贻陶公话言。"时人以为德音。

【注释】

①笃：非常。

【译文】

陶侃病情危急的时候，没有对国家提出有益的建议，朝廷中的人都感到遗憾。谢仁祖听到后说："现在没有竖刁这样的奸臣，所以不需要陶公给后人留下建设性的遗言。"当时的人们都认为这是仁义之论。

【原文】

49. 昙秀往惠州见苏东坡，将归，坡云："山中人见公还，必求土物，何以应之？"秀曰："鹅城清风，鹤岭明月，人人送与，只恐他无着处。"坡曰："不如将几纸字去，每人与一纸，但向道此是言《法华》，里头有灾福。"

【译文】

北宋的诗僧昙秀前往惠州见苏轼，将要返程的时候，苏轼说："山里的人见你回去，必然会向你要土特产，你该拿什么给他们呢？"昙秀说："鹅城的清风、鹤岭的明月，如果送给每一个人，够他们享用了。"苏轼说："不如带几张纸回去，每人送一张，只需要告诉他们上面写着《法华经》，用来去灾祈福。"

【原文】

50. 王守仁初封新建伯，入朝谢，戴冕服，有帛蔽耳。或戏曰："先生耳冷耶？"王曰："是先生眼热。"

【译文】

王守仁刚被封为新建伯的时候，到朝廷感谢皇恩，他穿着带有帽子的衣服，帽子上有一个用丝帛做的蔽耳。有人调笑说："先生的耳朵冷吗？"王守仁说："是先生的眼睛发热。"

【原文】

51. 宋王旦被服质素，有人货玉带者，弟以称佳，呈旦。旦命系之，问曰："还见佳否？"弟悟，急还之。

【译文】

宋朝的王旦穿着朴素，有人想用玉带贿赂他，弟弟称赞这块玉带是极品，就把它呈现给王旦。王旦让他系在身上，问："现在还觉得美吗？"弟弟顿悟，赶紧还了回去。

【原文】

52. 李中溪无子，恒不乐。其友谓之曰："孔子不以伯鱼传，释迦不以罗睺传，老聃不以子宗传。待嗣而传，三教绝①矣。"

【注释】

①绝：灭绝。

【译文】

李中溪没有孩子，总是闷闷不乐。他的朋友对他说："孔子的学说不靠儿子孔鲤（字伯鱼）来传承，释迦牟尼的佛学不靠儿子罗睺来传承，老聃的道学不靠儿子李宗来传承。如果仅仅靠子孙后代来传承，那么三教早就不复存在了。"

【原文】

53. 孙子荆①欲云"枕石漱流"，误曰"漱石枕流"。王武子曰："流可枕，石可漱乎？"孙曰："所以枕流，欲洗其耳；所以漱石，欲砺②其齿。"

【注释】

①孙子荆：孙楚（？—293年），字子荆，太原中都（今山西省平遥县西北）人，西晋官员、文学家。

②砺：磨砺。

【译文】

西晋的孙楚想说"枕石漱流"，口误说成了"漱石枕流"。王济（字武子）说："难道流水可以枕靠，石头可以漱口吗？"孙楚说："所以嘛，要想枕靠流水是为了洗净双耳；要想用石头漱口，是为了磨砺牙齿。"

【原文】

54. 陈眉公曰："人生莫如闲，太闲反生恶业；人生莫如清，太清反类俗情。"

【译文】

陈继儒说："美好的人生莫过于有很多闲暇，但是太过清闲反而会滋生出邪恶之事；美好的人生也莫过于清净淡雅，但是一味追求清净淡雅只会庸俗不堪，矫情造作。"

【原文】

55. 殷仲文①劝宋武帝蓄妓，曰："我不解②声。"仲文曰："但蓄自解。"帝曰："畏解，故不蓄。"

【注释】

①殷仲文：殷仲文（？－407年），字仲文，陈郡长平（今河南西华）人。东晋大臣、诗人。

②解：了解，懂得。

【译文】

殷仲文劝说宋武帝养一群歌妓娱乐，武帝说："我不懂音乐。"仲文说："只要你养了一群歌妓，天长日久就懂了。"武帝却说："正是因为怕懂音乐，所以坚决不养。"

【原文】

56. 王韶之少家贫而好学，尝三日绝粮，执卷不辍。家人诮①之曰："困穷如此，何不耕？"王答曰："我常自耕耳。"

【注释】

①诮：讥讽。

【译文】

南朝的宋人王韶之年少家贫但勤奋笃学，曾经三天没吃饭，捧书学习。家里人讽刺他说："既然这么穷困，为啥不种地维生？"王韶之回答："读书学习就是耕种啊。"

【原文】

57. 庞仲达①为汉阳太守，郡人任棠有奇节，隐居授教。仲达到郡，先候之。棠不交言，但以薤一大钵、水一盂，置户屏前，自抱孙儿伏于户下。主薄白以为倨，仲达思其微意，良久曰："棠是欲晓太守，水者欲吾清；拔大钵薤者，欲吾击强宗；抱儿当户，欲吾开门恤孤也。"叹息而还。

【注释】

①庞仲达：庞参（？—136年），字仲达，河南缑氏人，东汉名臣，并官至太尉、录尚书事。

【译文】

东汉的庞参时任汉阳太守，汉阳人任棠品德高尚，隐居民间靠教书维持生活。庞参到达郡州时，先去拜访了任棠。任棠没有说话，只是拿出一大钵薤白、一个水盂，放在屏风前，自己抱着孙儿蜷缩在门边。主簿见状认为任棠傲慢无礼。庞参思来想去明白了其中的含义，过了一阵儿才说："任棠是在启示我，像水那样清静，放个大钵是想让我打击强暴，他抱着孙儿蜷缩在门边是想让我造福百姓。"说完，一声叹息后便离去了。

【原文】

58. 邢子才有书甚多，不甚雠校，尝谓人曰："误书思之，便是一适。"

【译文】

南北朝时北魏人邢子才有很多书籍，但却不怎么校对，曾经有人对他说："思考书中的错误，本身就是一件非常有意思的事情。"

【原文】

59. 蒋性中为给事归，甚清介。忽驾小舟入城，遇潮落，舟不得进。二仆牵挽，蒋自刺船，大为他舟窘辱。二仆厉声曰："此事蒋给事，尔无横也。"蒋不欲人知，笑谓曰："渠岂为伊哄耶？"

【译文】

蒋性中原先担任给事一职，后来卸任归乡，非常清寡。有一天驾小船进城，忽然遇到了退潮，船无法继续前行。两位仆人在码头拉纤，蒋性中独自撑篙，被其他船家大肆笑话。两位仆人厉声斥责："这是给蒋给事拉纤，你们休得蛮横无理。"蒋性中不愿意暴露身份，就笑着对他俩说："他们难道会听你的哄骗？"

【原文】

60. 唐宪宗七岁，德宗抱置膝上，戏曰："汝是何人，乃在我怀中?"对曰："是第三天子①。"

【注释】

①第三天子：唐宪宗自称，前两位分别是唐太宗和唐玄宗。

【译文】

唐宪宗七岁的时候，德宗将他抱在膝上，开玩笑地说："你是什么人竟然让我抱着?"宪宗回答："我是第三天子。"

【原文】

61. 人馈魏武帝①一杯酪，魏武啖少年，盖头上题"合"字，以示众，众莫能解。次至杨修，修便啖曰："公教人啖②一口也。"

【注释】

①魏武帝：曹操。

②啖：吃。

【译文】

有人给曹操一杯奶酪，曹操吃了一点然后在盖子上写了一个"合"字，以示众人，没有一人能够解答。轮到杨修解答时，他吃了一点便对众人说："大人的意思是要我们都来尝尝。"

【原文】

62. 屠长卿①曰："人常想病时，则尘心渐减；人常想死时，则道念自生。"

【注释】

①屠长卿：屠隆（1544—1605年），字长卿，一字纬真，号赤水、鸿苞居士，浙江鄞县人。明代文学家、戏曲家。书画造诣颇深，与胡应麟等并称"明末五子"。

【译文】

屠隆说："人常常想到生病，那么心灵就会越来越纯净；人常常想到死亡，就越来越注重道义。"

【原文】

63. 丘长孺贷资于袁中郎①，袁乃解所系带授之。丘有难色，袁笑曰："尔无求我，我无求带；尔求雅人，我求俗物，尔如何现我面皮?"

【注释】

①袁中郎：袁宏道（1568—1610 年），字中郎，明朝湖北省公安县长安里人。明文学家，与兄袁宗道、弟袁中道并称"三袁"。

【译文】

丘长孺向袁宏道借钱，袁中郎解下身上所系的衣带给他。丘长孺面露难色，袁宏道笑着说："你不来求我，我就不会求衣带；你求的是雅人，我求的是世俗之物，不丢人。"

【原文】

64. 刘忠宣致政，自为寿藏记，取其平生履历刻之石。人曰："后人为公可也。"公曰："恐后人诬我以美名，倘鬼趣异人，岂不怒耶？"

【译文】

刘忠宣从官场退出以后，给自己撰写墓志铭，将其平生的履历刻在石碑上。有人对他说："这件事由后人来做就行。"刘忠宣说："我怕后人夸大其词用美名来污蔑我，如果死人与活人想法不一样，难道世人能宽恕我吗？"

【原文】

65. 唐六如①画精极，尤佞②佛，有诗曰："闲来写幅青山卖，不使人间作业钱。"吴鹿长指诗笑曰："问六如何处买来？"

【注释】

①唐六如：唐寅（1470—1524 年），字伯虎，后改字子畏，号六如居士、桃花庵主、鲁国唐生等。明代著名画家、书法家、诗人。

②佞：沉溺。

【译文】

唐寅的画非常精致漂亮，尤其在佛家方面颇有造诣，他写过一首诗："闲来写幅青山卖，不使人间作业钱。"吴鹿长指着那首诗笑着说："请问六如居士，这青山到哪里去买？"

【原文】

66. 屠长卿曰："挞死尸不痛；个中痛者，便非形骸。"

【译文】

屠隆说："鞭打死尸，死尸不会感到疼痛；如果其中有痛的，那么这个人便是活人。"

【原文】

67. 赵大周在京师，何吉阳①问曰："大周何故近来不讲学？"大周曰："不讲。"吉阳又问曰："不讲何以成就？"大周曰："不讲便成就。"

【注释】

①何吉阳：何迁（1501—1574年），字益之，号吉阳。明代官员、学者。

【译文】

赵大周在京城的时候，何迁问他："你最近怎么没有讲学？"赵大周说："不愿意讲。"何迁又问他："不讲怎么会有成就呢？"赵大周说："不讲才有意义。"

【原文】

68. 吴因之曰："造谤者甚忙，受谤者甚闲。"

【译文】

吴因之说："造谣诽谤的人很忙碌，受人诽谤的人很清闲。"

【原文】

69. 李崆峒①作诗，一句不工，即弃去不录。何大复深惜之，李曰："自家物终久还来。"

【注释】

①李崆峒：李梦阳（1473—1530年），号崆峒子，善工书法，得颜真卿笔法，精于古文词。明代中期文学家，复古派前七子的领袖人物。

【译文】

明代的李梦阳写诗，只要有一句不满意，就作废。何大复深感惋惜。李梦阳说："自己的东西，丢不了。"

【原文】

70. 朱勃年十二，能诵诗书，常候马援兄况。勃衣方领，能矩步，辞言娴雅。援裁知书，见之自失。况知其意，乃自酌酒慰援曰："朱勃小器速成，智尽此耳。"后勃果劣援。

【译文】

　　朱勃刚刚十二岁，就能背诵《诗书》《尚经》。他常去拜见马援的兄长马况。每次朱勃都是衣着整洁，步履整齐，言辞文雅，当时马援刚刚读书，常常自惭形秽。马况知道马援的心情后，就斟酒来安慰马援，并说："朱勃急于求成，今后很难成什么大气候。"后来，朱勃的成就果然落后于马援。

【原文】

　　71. 杨奇为侍中，汉灵帝问奇曰："朕何如桓帝？"对曰："陛下之于桓帝，亦犹虞舜比德唐尧。"帝不悦曰："卿强①项，真杨震子孙。"

【注释】

　　①强：倔强。

【译文】

　　杨奇担任侍中时，汉灵帝问杨奇："我和桓帝比谁更略胜一筹？"杨奇回答说："陛下与桓帝相比就好比虞舜与唐尧相比。"汉灵帝有些不高兴："你真倔强，果然有着杨震的基因。"

【原文】

　　72. 方司徒定之不好观剧戏，曰："涂面带须，一悲使人堕泪，一喜使人解颐。此辈本假，世人惑真。"

【译文】

　　方宏静不喜欢看戏，说："脸上涂着油彩，戴着胡须，一悲伤就让人落泪，一开心就让人欢笑。这些人的表演本来就不是真的，但是世人却信以为真。"

【原文】

　　73. 李卓吾谓耿中丞曰："世人白昼寐语，公以寐中作白昼语，可谓常惺惺①矣。"

【注释】

　　①惺惺：清醒。

【译文】

　　李卓吾对中丞耿定向说："世人都是喜欢做白日梦，而您却在梦中说一些靠谱的话，可以说是非常清醒的。"

【原文】

74. 宋元祐间，黄、秦诸君子在馆，暇日观山谷出李龙眠所作《贤已图》，博弈摴蒱之俦咸列焉。博者六七人，方据一局，投进盆中，五皆六，而一犹旋转不已。一人俯盆疾呼，旁观皆变色起立。纤浓态度，曲尽其妙，相与叹赏，以为卓绝。适东坡从外来，睨之，曰："李龙眠天下士，顾效闽人语耶？"众贤怪请其故。坡曰："四海语音，言'六'皆合口，惟闽音则张口。今盆中皆六，一犹未定，法当呼'六'，而疾呼者，乃张口也。"龙眠闻之，亦笑而服。

【译文】

宋代元祐年间，黄庭坚、秦观等人在馆阁任职，闲暇时欣赏黄庭坚所收藏的李龙眠的《贤已图》，画面上有下棋的人、赌博的人。赌博之人多达六七个，正在进行对局，将骰子投入盆中，有五个是六点，还有一个旋转不定。一个人趴在盆上大声疾呼，旁边的人都神态紧张，各种姿态，惟妙惟肖。大家一起愉快地欣赏，认为画得精妙绝伦。这时恰好苏轼从外面过来，看了一眼之后说："李龙眠是天下名士，竟然效仿起闽南人说话？"众人感到奇怪纷纷询问缘故。苏轼说："各地的口音里，说'六'都是闭着嘴巴，唯独闽南口音是张着嘴巴。现在盆中的骰子都是六，有一个还旋转不定，按常理应当喊六，但是大声疾呼的人都张着嘴巴。"李龙眠听说这件事后，也笑了起来，对苏轼细致入微的观察能力深感钦佩。

【原文】

75. 祭仲专国政，厉公患之，阴使其祭仲婿反杀之。女知之，谓其母曰："父与夫孰①亲？"母曰："父一而已，人尽夫也。"

【注释】

①孰：谁。

【译文】

春秋时期郑国大夫祭仲掌管国家大权，郑厉公非常担忧，就暗地里派祭仲的女婿将其杀掉。女儿知情后，对母亲说："父亲与丈夫哪个更重要？"母亲说："父亲只有一个，而丈夫可以有很多很多。"

【原文】

76. 桓宣武常谓孟万年："听妓，丝不如竹，竹不如肉，何也？"孟答曰："渐近自然。"

【译文】

东晋的宣武侯桓温曾经对孟万年说："欣赏歌妓表演的时候，总是觉得弦乐不如管乐，管乐不如唱歌，为什么会这样？"孟万年回复："那是因为不再造作了。"

【原文】

77. 吴鹿长奉斋，惟饮酒挟姬，杂茹五辛^①诸菜。人或风之曰："既奉戒，何得又食五辛？"吴答曰："未闻鸡毛与鸡舌同声。"

【注释】

①五辛：一葱，二薤、三韭，四蒜，五兴蕖。

【译文】

吴鹿长信佛吃斋，但是喜欢喝酒，贪恋女色，喜欢吃五辛之类的蔬菜。有人曾经讽刺他："既然信佛，为什么又要吃五辛？"吴鹿长回答说："我从来就没听过鸡毛和鸡舌头是一回事儿。"

【原文】

78. 赵母嫁女，临嫁敕之曰："慎勿为好。"女曰："不为好，可为恶乎？"母曰："好尚不可为，况恶乎？"

【译文】

赵家嫁女儿，临走前赵母对女儿说："谨慎行事，不要多做好事。"女儿说："不多做好事，可以作恶吗？"母亲说："好事都不要做，更何况作恶？"

【原文】

79. 钟士季精有才理，先不识嵇康，钟要于时贤俊之士，俱^①往寻康。康方大树下锻^②，向子期为佐鼓排。康扬槌不辍，傍若无人，移时不交一言。钟起去。康曰："何所闻而来？何所见而去？"钟曰："闻所闻而来，见所见而去。"

【注释】

①俱：一起。

②锻：打铁。

【译文】

三国时期的魏人钟会有些小才华，之前并不认识嵇康。钟会邀请了当时的贤俊，一起去拜访嵇康。嵇康恰好在大树下打铁，向子期为他拉风箱。嵇康不停地抡着铁锤，旁若无人，过了一段时间也没说一句话。钟会起身打算离去，这时嵇康说："听到了什么才来，看到了什么才决定离去？"钟会说："听到了别人的传言才来，目睹了眼前的一切才离去。"

【原文】

80. 顾长康①啖甘蔗，先食尾，人问所以，顾曰："渐入佳境。"

【注释】

①顾长康：顾恺之（348—409 年），字长康，小字虎头，汉族，晋陵无锡（今江苏省无锡市）人，杰出画家、绘画理论家、诗人。顾恺之博学多才，擅诗赋、书法，尤善绘画。

【译文】

顾恺之喜欢吃甘蔗，却从尾部开始吃，别人问他为什么这样，他说："可以渐入佳境。"

【原文】

81. 王荆公尝问张文定："孔子去世百年而生孟子，自后绝无人，何也？"文定言："岂无？只有过孔子者。"公问是谁。文定言："江西马大师、汾阳无业、雪峰、岩头、丹霞、云门是也。"公问何谓，文定曰："儒门淡薄，收拾不住耳。"荆公欣然叹服。

【译文】

北宋的王安石曾经问张文定："孔子去世一百年以后才出了个孟子，从此世上再没人能超越他，为什么？"张文定说："怎么没有？有些人已经超过了孔子。"王安石问是谁，张文定说："江西的马大师、汾阳的无业、雪峰、岩头、丹霞、云门都是。"王安石问何以见得，张文定说："儒门浅薄无趣，提不起他们的兴致。"王安石听后非常开心，深表佩服。

【原文】

82. 庄子与惠子游于濠梁之上，庄子曰："鲦鱼出游从容，是鱼乐也。"惠子曰："子非鱼，安知鱼之乐？"庄子曰："子非我，安知我不知鱼之乐？"惠子曰："我非子，故不知子矣；子固非鱼也，子不知鱼之乐全矣。"庄子曰："我知之濠上也。"

【译文】

　　庄子与惠子一起在濠水的堤坝上游览。庄子说："鲦鱼在水中优哉游哉，这是鱼的快乐。"惠子说："你不是鱼，怎么知道鱼很快乐？"庄子说："你又不是我，怎么知道我不知道鱼的快乐。"惠子说："我不是你，所以不知道你的心情；你本来就不是鱼，固然也不知道鱼的快乐。"庄子说："我当然知道，是濠水告诉我的。"

【原文】

　　83. 孟敏尝至市贸甑，荷担堕地，坏之，径去不顾。适遇郭林宗，见而异之，因问曰："坏甑可惜，何以不顾？"孟曰："甑已破矣，顾之何益？"

【译文】

　　东汉的孟敏曾经到集市上卖甑，挑担从肩头滑落，甑也破碎了，于是他径直离去。这时正好遇到了郭林宗，看见后非常惊讶，于是就问："甑坏了挺可惜的，为啥你连看也不看？"孟敏说："甑已经坏了，看了有什么用？"

【原文】

　　84. 章子厚①与苏子瞻②少为莫逆交。子厚坦腹卧，适子瞻自外来，子厚摩其腹以问曰："公道此中何所有？"子瞻曰："都是谋反底家事。"子厚大笑。

【注释】

　　①章子厚：章惇（1035—1105 年），字子厚，福建浦城人。为北宋宰相，王安石变法的主要人物之一，变法派与保守派党争的重要人物，是章俞的私生子。

　　②苏子瞻：苏轼。

【译文】

　　章惇与苏轼是亲密无间的朋友。章惇露着肚皮躺在床上，恰好苏轼从外面进来，章惇摸着自己的肚皮问："您说我肚子里面装的是什么呢？"苏轼说："都是些有悖朝廷统治的想法。"章惇听后哈哈大笑。

【原文】

　　85. 元丰六年十一月二十七日，天欲明，东坡梦数吏，人持纸一幅，其上通云："请《祭春牛文》。"东坡取笔疾书其上云："三阳既至，庶草将兴，爰出土牛，以戒农事。衣被丹青之好，本出泥涂；成毁须臾之间，谁为喜愠？"吏微笑曰："此两句当有怒者。"傍一吏云："不妨，此是唤醒他。"

宋神宗元丰六年十一月二十七日，天要放亮的时候，苏轼梦见了几个小吏，每人手里拿着一张纸，上面写着："请谢祭春牛之文。"苏轼拿笔迅速在上写下："春天到，草木将要茂盛，准备牛耕。尽管穿着华美的衣服，但却是泥土塑造而成；成败就在一瞬间，谁会为此喜怒呢？"一个小吏说："这两句应当会激怒别人。"旁边的一个小吏说："应该没事，这里只是在唤醒他。"

【原文】

86. 陈眉公曰："闭门即是深山，读书随处净土。"

【译文】

陈继儒说："关上房门就可以享受到深山一般的幽静，静心读书到处都是一片人间净土。"

【原文】

87. 明道①、伊川②兄弟同赴一宴，颐见坐中妓，即拂衣去，独明道与饮尽欢。明日，明道过伊川斋，伊川犹有怒色，明道笑曰："昨日本有，心上却无；今日本无，心上却有。"

【注释】

①明道：程颢（1032—1085 年），字伯淳，号明道，世称"明道先生"。河南府洛阳（今河南洛阳）人。北宋理学家、教育家，理学的奠基者，"洛学"代表人物。

②伊川：程颐（1033—1107 年），字正叔，世居中山，后徙为河南府洛阳（今河南洛阳）人，世称"伊川先生"，北宋理学家、教育家。为程颢之胞弟。

【译文】

程颢、程颐两兄弟一起去参加一个宴会，程颐发现席间有妓女，就拂袖而去，唯独程颢与他人相饮尽欢。第二天，程颢路过程颐的书房，见程颐怒气未消。程颢微笑着说："昨天的确有妓女，然而我心里却没有；今天本来没有妓女，然而你的心里却因为未消的怒气而变得不纯洁。"

【原文】

88. 冯具区同潘景升①游白岳，潘指壁上恶书，攒眉曰："山受苦如此。"冯曰："既作此山，不应辞苦。"中一同行者曰："山苦耶？公苦耶？"公曰："吾苦耳。"

【注释】

①潘景升：潘之恒（约1536—1621年），字景升，号鸾啸生，冰华生，安徽歙县岩寺人，侨寓金陵（今江苏南京）。撰有《叙曲》《吴剧》《曲派》等剧评。

【译文】

冯具区和潘景升一同到安徽休宁县的齐云山游玩，潘景升指着石壁上拙劣的书法，皱着眉头："山真是受苦了。"冯具区说"既然做了这座山，就要甘愿承担这份痛苦。"其中一个同行的人说："是大山苦还是你苦？"潘景升说："当然是我苦。"

【原文】

89. 陈孝廉琮，构①别墅于邑北之累累地。或造琮，颦蹙曰："目中日日见此，定不乐。"陈曰："日日见此，不敢不乐。"

【注释】

①构：建造。

【译文】

孝廉陈琮，在城北地区建造了一栋别墅，有人就到陈琮那里皱着眉头说："你天天看见这些定然会产生审美疲劳。"陈琮却说："正是因为天天看见这些，才必须快乐起来。"

【原文】

90. 我太祖祀历代帝王庙，才举爵，见元世祖像泪出。太祖笑曰："我得中原之所固有，尔失漠北之所本无，复何憾？"像泪寻止。

【译文】

明太祖朱元璋去庙里祭祀历代帝王，刚刚举起酒杯，就看见元世祖的画像流出眼泪。朱元璋笑着说："我得到了应该得到的东西，你失去了本不属于你的东西，有什么可遗憾的呢？"这时元世祖的画像不再流泪。

【原文】

91. 一士从王阳明学，初闻"良知"，不解，卒①然起问曰："'良知'何物，黑耶？白耶？"群弟子哑然失笑，士惭而报。先生徐曰："'良知'非白非黑，其色正赤。"

【注释】

①卒：通"猝"，突然的意思。

【译文】

一个学生师从王阳明，起初听到"良知"这个词疑惑不解，就突然站起来问："'良知'这个词是什么，是黑色的还是白色的？"众学士们都哑然失笑，这位学生因羞愧而涨红了脸。先生缓缓地说："'良知'不是黑色也不是白色，而是纯正的红色。"

【原文】

92.潘景升家富巨万，皆为客尽。其弟辈皆风之曰："吾兄如此，除是银山，裁得相副。"其第四弟稚恭笑曰："银山何能济，除是银水耳。"

【译文】

潘景升拥有数万资产，都因宴请宾朋而耗空。他的弟弟们都讽刺他："我的哥哥这样花销，除非有一座银山，否则怎能供应得起。"他的四弟潘稚恭笑着说："银山怎能济事，只有银水才够花的。"

【原文】

93.郭进治第方成，聚族人宾客落之，下至土木之工皆与宴。设诸工之座于东庑，人咸曰："诸子安得与诸工齿？"进指诸工曰："此造宅者。"又指诸子曰："此卖宅者，固宜坐造宅者下。"

【译文】

郭进建造房宅刚刚完成，就将族人与宾朋们聚集在一起举杯庆祝，建房的土木工匠也参加了宴会，并将他们的座位安排在东边的廊房里。人们都说："儿子们怎么能和工匠们并列坐在一起？"郭进指着那些工匠说："他们是建造者。"又指着他的儿子们说："他们是卖房者，难道不应该在建造者之下。"

【原文】

94.吴给事女敏慧，后归①陈子期。陈惑一妾，遂染风疾。一日，亲戚来问，吴指妾曰："此风之始也。"

【注释】

①归：嫁给。

　　吴给事的女儿天资聪慧，后来嫁给了陈子期。陈子期特别宠爱一个小妾，于是就患了风病。有一天，亲戚过来看望他，吴给事指着小妾说："她就是风病的祸源。"

【原文】

　　95. 叶丞相衡，罢归金华，日与布衣友还往。公忽染疾不怿，谓客曰："某且死，不知死后佳不？"客答曰："佳甚。"公问何以知，客曰："使死而不佳，死者当逃归耳。"

【译文】

　　丞相叶衡，罢官后回到了金华，每日都与平民百姓们往来。有一天叶衡得了病心情极为不舒畅，对客人说："我即将死去，不知死后会怎样？"客人回答说："非常好。"叶衡问他怎么知道的，客人说："假如死后不好的话，死者早就逃回来了。"

【原文】

　　96. 徐月英，唐江淮间名娼也。有徐公子者，宠一营妓，死而焚之。月英送葬，谓徐曰："此娘平生风流，殁犹带焰①。"

【注释】

　　①焰：通"艳"，双关语。

【译文】

　　徐月英，唐朝江淮一带的有名歌妓。有一位徐公子，宠爱军营的一位官妓，死后为她火葬。徐月英陪他一起送葬，对徐公子说："这位姑娘生前风流成性，死后还浓焰（艳）熊熊。"

名语第二

【原文】

吴苑曰：名者，铭也，所谓不磨之语，以垂则后世，非含仁啖义之口不能道。然垂世之法，宜经不宜权，此可以励常姿，不可以笼上智，是世间一种攻补至药，第于慧小差，次名语第二。

【译文】

吴苑说：所谓名，就是铭记在心。那些永不磨灭的语言，可以一直都在后世流传，不是那些仁义之人是无法说出的。然而，流传后世的法则，应该是立足现实而不应该是权宜应对，权宜应对的话只能鼓励普通人，却不能阻碍有智慧的人。这些至理名言，是人间最具有治疗功效的良药，只是比慧语稍微逊色一些。名列第二。

【原文】

1. 苏琼①谒东荆州刺史曹芝，芝戏曰："卿欲官不？"答曰："设官求人，非人求官。"芝异其对，署为参军。

【注释】

①苏琼：苏琼，字珍之，长乐武强（今河北武强）人。南北朝时，在北魏、北齐、北

周为官，死于隋文帝开皇年间，具体时间不详。

【译文】

苏琼拜访东荆州刺史曹芝，曹芝开玩笑地说："你想做官吗？"苏琼回答说："应该是先设立官位再物色人才，而不是由人去求官位。"曹芝听后甚为惊异，就聘他为参军。

【原文】

2. 邢子才①云："岂有松柏后身化为樗栎②？"

【注释】

①邢子才：邢邵（496—561年），北朝魏、齐时无神论者、文学家，"邵"一作"劭"，字子才，河间鄚（今河北任丘北）人，代表作《冬日伤志篇》。

②樗栎：树木的名称。

【译文】

北齐的邢邵说："难道有松树、柏树的后代，变成樗树、栎树后，就成了无用之才的吗？"

【原文】

3. 韦夐子瓛行随州刺史，因疾物故①。凶问至，家人相对悲恸，而夐神色自若，谓之曰："死生，命也；去来，常事；亦何足悲？"

【注释】

①故：死去。

【译文】

韦夐的儿子出任随州刺史，因病去世。噩耗传来后，家人极为悲恸，而韦夐却毫不悲伤，对他们说："生死，是天注定的，去来都是自然规律，又何必去悲伤呢？"

【原文】

4. 庞公①隐居岘山之南，未尝入城市。荆州刺史刘表往候之，问曰："先生苦居畎田②，而不肯官禄，后世何以遗子孙？"公曰："世人皆遗之以危，余独遗之以安。"刘不能屈。

【注释】

①庞公：庞统（179—214年），字士元，号凤雏，汉时荆州襄阳（今湖北襄阳）人。

刘备帐下重要谋士，进围雒县时，庞统率众攻城，不幸中流矢而亡，年仅三十六岁，追赐为关内侯，谥曰靖侯。

②畎田：有小沟的田，亦作"甽田"。

【译文】

三国时期的庞统隐居在岘山南面，没有去做官。荆州刺史刘表前去拜访，对他说："先生隐居在此，却不肯进城做官，拿什么留给子孙后代呢？"庞统说："世人都把危险留给后人，唯独我把安全留给后人。"刘表无法反驳他。

【原文】

5. 王敬弘①未尝教子孙学问，各随所欲。人问之，答曰："丹朱②不应乏教，宁越③不闻被棰。"

【注释】

①王敬弘：王裕之（360—447年），字敬弘，号东山，琅琊临沂（今山东临沂市兰山区）人。南朝宋国大臣。

②丹朱：传说中尧的儿子。

③宁越：战国时赵国人。

【译文】

南朝宋国的王裕之没有对子孙言传身教，只是让他们做自己想做的事情。有人问他为什么要这样，他回答说："丹朱应该好好接受教育，宁越没听说被逼迫读书。"

【原文】

6. 吴鹿长与诸友闲谈天下名士，及某某等，吴曰："云间①陈眉公，以艺藏道，吾敬其道；毗陵刘少白，以道藏艺吾敬其艺。天下名士，不难于知显，而难于知隐。"或笑曰："如沙宛在②，以慧藏痴，人爱其慧，君爱其痴，是亦一道也。"吴亦肯服。

【注释】

①云间：古华亭，松江府的别称。

②沙宛在：明代妓女，字嫩儿。善弦管，擅临兰亭，工诗。

【译文】

吴鹿长与各位好友一起闲聊天下名士，讨论到某某人时，吴鹿长说："云间的陈继儒，用艺术才华掩饰他的道，我敬重他的道。毗陵的刘少白，用道掩饰他的艺术才华，我敬重他的艺。天下名流，知道他们外露的特长并不难，难就难在知道那些藏而不露的特长。"有人笑着说："如同沙宛在用智慧掩藏痴念，人们欣赏她的智慧，我喜欢她的痴念，这也是一种道。"吴鹿长也深表佩服。

【原文】

7. 西山先生①问傅景仁以作文之法，傅云："长袖善舞，多财善贾。"西山由此务读。

【注释】

①西山先生：李郁（1086—1150 年），字光祖，称西山先生。光泽乌洲人。著有《易传》《论孟遗书》《参同契论》《古杭梦游录》《李西山文集》等。

【译文】

宋代的李郁向傅景仁讨教如何写文章，傅景仁说："挥舞衣袖的人擅长跳舞，钱财多的人喜欢做生意。"西山从此开始发奋苦读。

【原文】

8. 张湛①舍室修整，虽遇妻子如严君，人谓湛诈善耳。湛曰："人皆诈恶，我独诈善，何伤乎？"

【注释】

①张湛：张湛，生卒年不详，字处度，高平（郡治在山东金乡西北）人。东晋学者、玄学家、养生学家。

【译文】

张湛在家也注重仪表，即使遇到妻子也像对待父母那样礼貌和气。有人说张湛是在装善良。张湛说："他人都装邪恶，唯独我装善良，难道不好吗？"

【原文】

9. 陈婴者，东阳人。少修德行，著称乡里。秦末大乱，东阳人欲奉婴为主，母曰："不可。自我为汝家妇，少见贫贱，一旦富贵，不祥。不如以兵属人，事成，少受其利；不成，祸有所归。"

【译文】

东阳人陈婴，从小就很有修为，在家乡远近闻名。秦末年间天下大乱，东阳人就推选陈婴为领头人，母亲说："不能这样。自从我嫁到陈家，已经习惯了贫贱，如果哪天突然发达了，就有一种不祥的预感。不如把兵权交给别人，成功了可以得到些小恩小惠；如果失败了也不会惹祸上身。"

【原文】

10. 王黄门兄弟三人①俱诣谢公，子猷、子重多说俗事，子敬寒温而已。既出，坐客问谢公："向三贤孰愈?"谢公曰："小者最胜。"客曰："何以知之?"谢公曰："吉人之辞寡。"

【注释】

①王黄门兄弟三人：王徽之、王操之、王献之。

【译文】

晋代的黄门侍郎王徽之、王操之、王献之兄弟三人一起去拜访谢安，王徽之、王操之说了很多世俗之事，王献之只是嘘寒问暖。在座的人问谢安："这三人哪个更优秀?"谢安说："最小的那个。"客人说："您是从哪儿看出来的?"谢安说："真正优秀的人都沉默寡言。"

【原文】

11. 庾公①为护军，属桓廷尉觅一佳吏。乃经年，桓后遇见徐宁而知之，遂致于庾公，曰："人所应有，其不必有；人所应无，己不必无，真海岱清士。"

【注释】

①庾公：指庾亮。

【译文】

东晋时期的庾亮担任护军时，嘱托桓彝为他寻找一个好的助手。过了一年，桓彝遇见徐宁并且对他有所了解后，将其推荐给庾亮，并告诉庾亮："常人有的品质他不一定有，常人没有的品质，可能他有，真是个不可多得的人才啊。"

【原文】

12. 司马公①与子瞻论茶墨俱香，云：茶与墨二者正相反：茶欲白，墨欲黑；茶欲重，墨欲轻；茶欲新，墨欲陈。

【注释】

①司马公：司马光，字君实。

【译文】

北宋的司马光与苏轼谈论到茶与墨都有香味时，说：但是二者截然相反。

茶要求白，墨要求黑；茶要求重，墨要求轻；茶要求新鲜，墨要求陈旧。

【原文】

13. 陈眉公曰："放得俗人心下，方可为丈夫；放得丈夫心下，方名为仙佛；放得仙佛心下，方名为得道。"

【译文】

明代的陈继儒说："放得下世俗之心，才可以做君子；放得下君子之心，才可以成仙成佛；放得下仙佛之心，才可以得道，让灵魂升华。"

【原文】

14. 陈眉公曰："男子有德便是才，女子无才便是德。"

【译文】

明代的陈继儒说："男子有美德就是一种才能，女子没有才干就是一种美德。"

【原文】

15. 刘禹锡曰："季龙挟弹弹人，其父怒之，其母曰：'健犊须走车破辕，良马须逸鞅泛驾，然后能负重致远大。童稚不奇不惠，必非异器。'"

【译文】

唐代的刘禹锡说："南北朝时期，后赵的国王石虎用弹弓打人，他父亲恼羞成怒将他痛斥一顿，母亲却劝慰说：'强壮的牛犊拉车时必须把车上的辕木拉断，良马必须不受羁绊随意驰骋，才能成就一番大事业。小孩子不奇特、不聪明，必不能成大器。'"

【原文】

16. 吴苑曰："清雅之士非不佳，嫌其太矫；粗狂之士非不恶，喜其露真。若使清而不矫，真而不粗，非惟越俗名流，实是世间能士。'"

【译文】

吴苑说："清雅之士虽然很好，但太矫情；粗狂之士尽管有些邪恶，但他们坦率真诚让人敬佩。假若能做到清雅而不矫情，率真而不鲁莽，就不只是超越世俗，实在是世间罕有的人才。"

【原文】

17. 范忠宣公①亲族间子弟，有请教于公者，公曰："惟俭可以助廉，惟恕可以成德。"

【注释】

①范忠宣公：北宋范仲淹之子范纯仁，谥"忠宣"。

【译文】

北宋的范纯仁对族间的子弟非常好，有人向他请教，他说："只有俭朴可以让人廉洁，只有宽宏大量可以成就德行。"

【原文】

18. 鲁宗道①为谕德，往往易服微行，饮于酒肆。一日，真宗急召公，将有所问。使者反复于肆间得之，与公谋曰："上若怪公来迟，当托何事？"公曰："但以告实。"使者曰："然则恐得罪。"公曰："饮酒人之常情；欺君臣之大罪。"使者叹服。

【注释】

①鲁宗道：鲁宗道（966—1029 年），字贯之，亳州人。北宋名臣，谥号"简肃"。

【译文】

北宋名臣鲁宗道任谕德一职时，常常把自己装扮成平民百姓到酒肆饮酒。一天，真宗急于召见他，有事情问他，差人到处寻找，终于在酒肆中找到了他，差人与他商量说："皇上如果怪您来迟了，您该如何解释？"鲁宗道说："那就实话实说。"差人说："这样恐怕会得罪皇上。"鲁宗道说："饮酒不过是寻常事，欺君却是大罪。"差人深感佩服。

【原文】

19. 李文靖公沆①为相，沉正厚重，无所革易。尝曰："吾为相，无他能，惟不改朝廷法度，用此以报国耳。"

【注释】

①李文靖公沆：李沆（947—1004 年），字太初，洺州肥乡（今属河北）人。北宋时期名相、诗人。

【译文】

北宋的文靖公李沆任宰相时，做事稳重为人正派，对国家的各项制度没有什么改动。他曾经说："我为宰相没有其他贡献，只是严格恪守朝廷法度，精忠报国。"

【原文】

20. 马援^①落魄陇汉间，常谓宾客曰："大丈夫为志，穷当益坚，老当益壮。"

【注释】

①马援：马援（公元前14年—公元49年），东汉初扶风茂陵人，字文渊，东汉开国功臣之一，因功累官伏波将军，封新息侯。

【译文】

东汉的马援在陇汉一带潦倒落魄时，常对宾客说："大丈夫树立志向，越穷困的时候越要坚定不移，衰老的时候更是要树立雄心壮志。"

【原文】

21. 陈仲微^①云："禄饵可以钓天下之中才，而不可啖尝天下之豪杰；名船可以载天下之猥士，而不可陆沉天下之英雄。"

【注释】

①陈仲微：陈仲微（1212—1283年），字致广，瑞州高安（今属江西）人。其先居江州，旌表义门。南宋嘉熙二年（1238年）举进士。

【译文】

南宋的陈仲微说："官禄只能吸引天下才华平平的人，而不能网罗最为杰出的人才；那艘叫作'名利'的船可以承载天下庸俗之士，而不能使天下的英雄沉沦堕落。"

【原文】

22. 项羽入关后，谓人曰："富贵不归故乡，如着锦衣夜行耳。"

【译文】

项羽入关后，对人说："功成名就后不回故乡，就如穿着锦绣衣服在黑夜中行走。"

【原文】

23. 唐李邕为左拾遗，俄而御史中丞宋璟奏张昌宗兄弟有不顺之言，请付发断。则天初不应，邕在陛下，应曰："璟言事关社稷，望陛下可其奏。"则天色解。既出，或谓曰："子名位尚卑，若不称旨，祸将不测。"邕曰："不颠不狂，其名不张。"

【译文】

唐代的李邕任左拾遗时，忽然御史中丞宋璟举报张昌宗兄弟有不敬言论，请求对其处分。武则天开始没有回复，李邕站在宫殿台阶下，应声说："宋璟所说的事关系国家的利益，希望陛下批准他的奏章。"武则天的脸色舒展开来。出殿后，有人对李邕说："你的名声地位还不算高，如果说错了话，说不定会大难临头。"李邕说："没有癫狂大胆的言行，就无法扬名。"

【原文】

24. 屠纬真①曰："荆扉才杜，便逢客过扫门②；饭箩一空，辄有人求誉墓③。万事从来是命，一毫夫岂由人？"

【注释】

①屠隆：（1542—1605 年），字长卿，一字纬真，号赤水、鸿苞居士，浙江鄞县人。明代文学家、戏曲家，与胡应麟等并称"明末五子"。万历进士，后迁礼部主事，后至罢官回乡。其作品《彩毫记》《安罗馆清室》，同时，戏曲也很有造诣。

②扫门：想方设法求谒权贵。

③誉墓：指作墓志。

【译文】

明代的屠隆说："刚把房屋的柴门关上，便有客人求见；盛饭的箩筐一空，就有人来求写墓志。万事都由命运决定，怎能轻易符合人们的心意？"

【原文】

25. 高逞①为中书舍人九年，家无制草。或问曰："前辈皆有制集，焚之何也？"答曰："王言不可存于私家。"

【注释】

①高逞：高逞（740—811 年），字公楚，其先渤海蓚人，九岁通《春秋》，唐朝大臣。元和六年（811 年）去世，追赠太子太保，谥号"贞"。

【译文】

唐代的高逞担任九年中书舍人，家里没有存留关于朝廷治国理天下的只言片语。有人问他："前辈有这方面的集子，你为什么将其焚毁呢？"高逞回答说："我们不能私自收藏帝王的言论。"

【原文】

26. 盖宽饶①曰："富贵如传舍,惟谨慎可得久居。"

【注释】

①盖宽饶:盖宽饶(公元前105一前60年),字次公,山东滕州盖村人,为汉宣帝太中大夫,奉使称意,擢为司隶校尉。

【译文】

西汉的盖宽饶说："富贵犹如住旅店,若要长期居住就必须做到谨慎行事。"

【原文】

27. 刘忠宣①教子读书,兼力农,尝督耕雨中,告人曰:"习勤忘劳,习逸成惰;困之息之,息之困之。"

【注释】

①刘忠宣:刘大夏,字时雍,号东山,湖广华容(今属湖南)人,明代大臣,与王恕、马文升合称"弘治三君子"。

【译文】

明代的刘大夏教导儿子读书,同时还要他务农。他曾在雨中督促儿子耕田,并告诉别人说:"适应了勤苦,就会忘记劳累,沉溺于安逸,便会变得懒惰。疲劳了便休息,休息好了再劳作,如此循环反复,直至疲劳。"

【原文】

28. 万士亨、士和举进士,将之官,其父戒之曰:"愿尔辈为好人,不愿尔辈为好官。"

【译文】

明代的万士亨、万士和兄弟俩中了进士,去官府任职之际,父亲告诫他们说:"你们能做个好人我就很满足了,不希望你们当个好官。"

【原文】

29. 虞谦①为大理卿,谳②狱每加详慎,必得其平。尝谓人曰:"彼无憾,我无憾矣。"

【注释】

①虞谦:字伯益,明洪武时知杭州。

②谳：审判案件。

明代的虞谦任大理卿时，审理案件特别细心慎重，务必做到客观公正。他曾对人说："打官司的人没有遗憾，我也就圆满完成任务了。"

【原文】

30. 杨震为涿州太守，性公廉，不受私谒，子孙常蔬食步行。故旧长者，或欲令为开产，震不肯，曰："使后世称为清白吏子孙，以此遗之，不亦厚乎？"

【译文】

东汉的杨震在涿州做太守时，廉洁奉公，不行贿受禄，子孙们也常常粗茶淡饭，以步行代车轿。旧交长辈中，有人劝他置办些产业留给子孙，杨震不肯，说："让后世的子孙称他们为清官的后代，不也是很丰厚的遗产吗？"

【原文】

31. 王谌①荐种皓于河南尹田歆，谓歆曰："为尹得孝廉矣，近洛阳门下吏也。"歆笑曰："当得山泽隐滞，乃洛阳吏耶？"谌曰："山泽未必有异士，异士未必在山泽。"

【注释】

①王谌：王谌（423—491 年），字仲和，东海郡郯县（今山东郯城县）人。南朝大臣，在宋、齐做官。

【译文】

王谌将种皓推荐给河南尹田歆，他对田歆说："我为您物色到了一位清廉孝顺的人，与洛阳门下省官吏的水平相接近。"田歆笑着说："你物色的人应当像山泽隐士，怎么可以与洛阳吏相提并论呢？"王谌说："山泽之间不一定能找到奇异之人，奇异之人也未必都来自山泽之间。"

【原文】

32. 汉明帝谓东平王苍①曰："天下何事为乐？"对曰："为善最乐。"

【注释】

①东平王苍：刘苍（？—83 年），汉光武帝第八个儿子，封东平王，明帝时任骠骑将军。

【译文】

汉明帝问东平王刘苍说：“天底下做什么事情能感到快乐呢？”刘苍回答说：“积德行善最快乐。”

【原文】

33. 顾司马益卿①云：“与其结新知，不若敦旧好；与其施新恩，不若还旧债。”

【注释】

①顾司马益卿：顾益卿，明代的顾养斋，字益卿。

【译文】

明代的司马顾益卿说：“与其结识新朋友，不如和老朋友加深感情；与其对人施予新的恩德，不如把旧债先还清。”

【原文】

34. 马援初处田牧间，至有牛马羊数千头，谷数万斛。既而叹曰：“凡殖货财产，贵其能施赈也，不则守钱虏耳。”

【译文】

东汉的马援当初生活在田野牧场中，牛马羊成群结队、粮食屯满粮仓。不久，他感叹说：“万贯家财，贵在能够赈济穷人，否则就成了金钱的奴隶了。”

【原文】

35. 陈眉公曰：“士人当使王公闻名多而识面少；宁使王公讶其不来，勿使王公厌其不去。”

【译文】

陈继儒说：“有识之士应当让达官贵人多听他的名声，尽量少抛头露面；宁肯让达官贵人为他不来而感到奇怪，不要让达官贵人讨厌他赖着不走。”

【原文】

36. 薛道衡聘陈①，作《人日》诗云：“入春才七日，离家已二年。”南人嗤曰：“是底言？谁谓此虏解作诗？”及云“人归落雁后，思发在花前”，乃喜曰：“名下固无虚士。”

①陈：古国名。建都宛丘（今河南淮阳）。

【译文】

　　隋代的诗人薛道衡在陈地游览时，作《人日》诗说："入春才七日，离家已二年。"南方人嗤笑他，说："这说的是什么话呀？谁说这家伙懂得作诗？"等念到后面二句"人归落雁后，思发在花前"，才高兴地说："盛名之下，果然名不虚传。"

【原文】

　　37. 闵文休狂放嗜酒，素不喜与道学场。人有强之者，则曰："吟诗劣于讲学，骂座恶于足恭。两而揆之，宁为薄行狂夫，不作厚颜君子。"

【译文】

　　闵文休狂放不羁，好饮酒，平时不喜欢参加道学活动。如果有人强迫他参加，他则回答说："吟诗不比讲学有趣，骂座比低三下四更令人厌恶，但是将二者加以比较，我宁可做行为轻薄的狂夫，也不愿做厚颜无耻的君子。"

【原文】

　　38. 卫玠①为性通恕，常自戒曰："人之不逮，可以情恕；非意相干，可以理遣。"

【注释】

①卫玠：卫玠（286—312 年），字叔宝，河东安邑（今山西夏县北）人。西晋玄学家，官至太子洗马，中国古代四大美男子之一。

【译文】

　　西晋的卫玠性格通达宽容，常常自我告诫："人有做得不好的地方，可以动之以情加以宽恕；他人若无意冒犯，要理性对待并加以谅解。"

【原文】

　　39. 欧阳文忠①公尝言曰："观人题壁，便识文章。"

【注释】

①欧阳文忠：欧阳修（1007—1072 年），字永叔，号醉翁，晚号六一居士，江右人，出生于吉州永丰（今吉安市永丰县），北宋政治家、文学家，且在政治上负有盛名，著有《欧阳修文集》。

【译文】

北宋的文忠公欧阳修曾说："通过他人的题壁之作，便可以了解其文章的水准。"

【原文】

40. 齐王晞①为孝昭待遇深厚，而晞每自疏退，谓人曰："非不爱热官，但思其烂熟耳。"

【注释】

①王晞：字叔朗，北齐孝昭帝时任太子太傅。

【译文】

北齐的王晞非常受孝昭帝的器重，而他却每每有意回避，对人说："不是不喜欢当有权势的官吏，只是完全参透其中滋味。"

【原文】

41. 谢玄晖①好奖人才，会稽孔闿粗有文章，未为时人所知。孔稚圭常令草让表以示玄晖。玄晖嗟叹良久，自折简写之，语稚圭曰："是子声名未立，应共奖成，无惜齿牙余论。"

【注释】

①谢玄晖：谢朓（464—499 年），字玄晖，陈郡阳夏（今河南太康县）人，南朝齐杰出的山水诗人，著有《谢玄晖诗集》。

【译文】

南齐的谢朓是个爱才惜才之人，会稽人孔闿小有才华，只是还未被当时人所熟知。孔稚圭要他草写怨责的表文给谢朓看，谢朓看了之后，叹惜许久，亲自折简写出自己的意见，告诉孔稚圭说："这个人现在籍籍无名，我们应共同对他提携帮助，使之成名，不要吝啬赞美的言论。"

【原文】

42. 陆慧晓为晋熙王长史，寮佐造见，必起送之。或语云："长史贵重，不宜妄自谦屈。"陆曰："我性恶人无礼，不容不以礼处人。"

【译文】

南齐的陆慧晓任晋熙王的长史，僚属前来拜见他后，他必定起身相送。有人说："长史地位高贵，没有必要过分地谦恭，委屈自己。"陆慧晓说："我生来讨厌人不懂礼数，所以必须以身作则礼貌待人。"

【原文】

43. 魏佛助盛誉卢思道①，以卢询祖②为不及。询祖曰："见未能高飞者，借其羽毛；知逸势冲天者，剪其翅翮。"

【注释】

①卢思道：卢思道（531—582 年），字子行，范阳（今河北涿州）人。年轻时师事"北朝三才"之一邢劭（字子才），以才学重于当时，仕于北齐，著有《卢武阳集》一卷。

②卢询祖：北齐人，善文章，卢恭道之子，著有《赵郡王配郑氏挽词》《中妇织流黄》。

【译文】

魏佛助对隋朝诗人卢思道大为赞赏，认为卢询祖不如卢思道。卢询祖说："这就叫作见到无力高飞的，借给他一双翅膀；知道别人能展翅翱翔的，则让他折翅难飞。"

【原文】

44. 唐天后①尝召徐有功②责之曰："公比断狱多失出，何也？"有功答曰："失出，臣小过；好生，陛下大德。"

【注释】

①天后：武则天。

②徐有功：徐有功（641—702 年），名弘敏，唐河内济源青龙里人，青年时期举明经及第。历经蒲州司法参军、司刑（大理）寺丞、秋官（刑部）郎中、侍御史、司刑寺少卿等。

【译文】

唐朝的武则天曾召见徐有功，责备他说："你近来判案断狱，经常出错，这是为什么？"徐有功回答说："断案失误是微臣的小小过失，但爱护生命是陛下的大恩大德。"

【原文】

45. 许子将①常到颍州，多长者之游，唯不诣陈仲弓②。又陈仲举③妻丧还葬，乡人俱至。许独不至。或问其故，子将曰："太丘道广，广则难周；仲举性峻，峻则少通：故不造也。"

【注释】

①许子将：许劭（150—195 年），字子将，汝南平舆（今河南平舆县射桥镇）人。东汉末年著名人物评论家。

②陈仲弓：陈寔（104—187 年），字仲弓，东汉颍川许县（今长葛市古桥乡陈故村）人。

③陈仲举：陈蕃（？—168 年），字仲举，汝南平舆（今河南平舆北）人。东汉时期名臣，与窦武、刘淑合称"三君"。

【译文】

东汉的许劭经常到颍州去，多与长辈们交往，唯独不去陈寔那里。陈蕃的妻子死了，拉回家乡安葬，乡人都来送葬，唯独许劭没来。有人问他为什么这样做，许劭说："陈寔心胸广阔，因此不拘小节；陈蕃为人严厉，严厉就不够通情达理，所以不去拜访他们。"

【原文】

46. 齐太祖奇爱张思光，时与款接，笑曰："此人不可无一，不可有二。"

【译文】

南朝的齐太祖格外看重张思光，时常聚在一起，笑着说："你这种人，完全是独一无二的。"

【原文】

47. 向子平①读《易》，至损、益卦，喟然叹曰："吾已知富不如贫，贵不如贱，但不知死、生何如耳。"

【注释】

①向子平：向长，生卒年不详，字子平，两汉交替之际隐士。通晓《老子》《易经》，为汉朝道家易的代表人物之一。

【译文】

两汉交替之际的隐士向长读《周易》，读到损、益二卦时，感慨道："我已经知道有钱不如没钱，卑贱要好过高贵，只是不知道生和死之间是什么关系？"

【原文】

48. 陈眉公曰："朝廷大奸不可不攻，朋友小过不可不容。容大奸必乱天下，攻小过则无全人。"

【译文】

陈继儒说："对朝廷里的大奸臣必须进行抨击，对朋友的小过错需要容忍，容忍大奸臣必然天下大乱，抨击小过错世上就没有完美之人了。"

【原文】

49. 陈眉公曰："小儿辈不当以世事分读书，当令以读书通世事。"

【译文】

陈继儒说："晚辈们不应该因世间俗事而导致读书时分心，而应当教育他们通过读书来通达世事。"

【原文】

50. 陈眉公曰："做秀才，如处子，要怕人；既入仕，如媳妇，要养人；归林下，如阿婆，要教人。"

【译文】

陈继儒说："做秀才时要像未出嫁的少女，害怕别人；进入官场后要像已出嫁的媳妇，奉养别人；辞官回故乡，则要像婆婆，教育别人。"

【原文】

51. 陈眉公曰："有一言而伤天地之和，一事而折终身之福者，切须检点。"

【译文】

陈继儒说："有人因说一句话而伤害天地间的和气，因一件事而让终身的福气跑掉，因此说话做事一定要谨慎细致。"

【原文】

52. 胡居仁家贫甚，鹑衣箪食，尚不继。或为之虑，胡曰："身已闰义，屋已闰书。大处足矣，不必琐求。"

【译文】

胡居仁家里非常贫穷，衣衫破旧，食不果腹，难以维持生计。朋友为他的生活而担忧，胡居仁说："自身已经懂了道义，屋子里也是汗牛充栋。大的方面已经满足了，没有必要强求些琐碎之事。"

【原文】

53. 邵文庄①云："宁为真士夫，不为假道学。"

【注释】

①邵文庄：邵宝，生卒年不详，字文庄，明代人，著名藏书家、学者。

【译文】

明代的邵文庄说："宁愿做真正的读书人，不做虚伪的道学家。"

【原文】

54. 都维明博学多艺，务为韬晦。乘兴画一梅，寻悔曰："有一能即蔽一能。"

【译文】

都维明学识渊博，多才多艺。他尽力保持低调、深居简出，隐藏自己的真实能力。一次，他趁一时兴起画了枝梅花，后来就感到后悔，说："有一种才能就要遮掩另一种才能。"

【原文】

55. 梁王①、赵王②，国之近属，贵重当时。裴令公岁请二国租钱数百万，以恤中表之贫者。或讥之曰："何以乞物行惠？"裴曰："损有余补不足，天之道也。"

【注释】

①梁王：司马肜（？—302 年），字子微，河内温县（今河南温县）人。西晋宗室大臣，晋宣帝司马懿第八子。

②赵王：司马伦（？—301 年），字子彝，晋宣帝司马懿第九子，八王之乱的参与者之一。

【译文】

西晋的梁王司马肜、赵王司马伦都是皇帝的近属，他们享尽富贵荣华，风光一时。中书令裴楷（字叔则）每年都请求司马肜、司马伦二位王爷捐出数百万的钱，用来救济自己亲戚中的贫困人家。有人讥笑他说："怎么能用讨来的东西对别人施加恩惠呢？"裴楷说："有钱人资助没钱的人，这是天理啊。"

【原文】

56. 陈眉公曰："后生辈胸中落'意气'两字，则交游定不得力；落'骚雅'二字，则读书定不深心。"

【译文】

陈继儒说："后生晚辈，如果胸中只有'意气'二字，与别人交往时就会屡屡受挫；如果胸中只有'骚雅'二字，读书时就不能专心致志，深入钻研。"

【原文】

57. 陈眉公曰："看中人，看其大处不走作；看豪杰，看其小处不渗漏。"

【译文】

陈继儒说："看中等人物，要看他的大处是否遵守原则；看豪杰，要看他的小处是否做到不出纰漏。"

【原文】

58. 罗远游曰："大豪杰用心，恩处难知，怨处易指；琐琐君子，行藏反是。"

【译文】

罗远游说："大豪杰的用心，往往是不让人知道对他人施恩的地方，当遭受他人指责时也不扯皮推诿；而那些卑鄙小人，则恰恰相反。"

【原文】

59. 陈继儒曰："势在则群蚁聚膻，势去则饱鹰飏汉。悠悠浊世，今古皆然。有识之士，不必露徐偃之刚肠，但请拭叔度之冷眼。"

【译文】

陈继儒说："权势在手时，人们就如群蚁聚集在羊肉上面一样趋炎附势；权势丧失了，他们就像吃饱了的鹰遨游长空一样无情离去。悠久的污浊世界，古今都是这样。有识之士，没有必要像徐偃那样刚直，但一定要像黄宪（字叔度）那样保持高尚人格，擦亮自己那双冷峻的眼睛。"

【原文】

60. 费文宪公①云："观书当如酷吏断狱，用意深刻，而后能日知其所无；记书当如勇将决胜，焚舟沉甑，而后能月无忘其所能。"

【注释】

①费文宪公：费宏（1468—1535 年），字子允，号健斋，又号鹅湖，晚年自号湖东野

老。明朝状元，内阁首辅，与杨廷和、杨一清等人深受君主倚重，百姓称赞。

【译文】

　　文宪公费宏说："看书应当像酷吏审理案件那样认真探究，而后才能学到新东西；记书应当像勇猛战士决一死战那样，破釜沉舟，而后才能温故而知新。"

【原文】

　　61. 南杨①在内阁，其子来京师，所过州县，无不馈遗，惟江陵令范理②不为礼。公异之，荐为德安守。或劝当致书谢，范曰："宰相为朝廷用人，太守为朝廷捧命，一杨一范，私面何关?"

【注释】

　　①南杨：杨溥（1372—1446 年），字弘济，号澹庵，湖广石首（今湖北石首）人。明朝初年政治家、诗人、内阁首辅，与杨士奇、杨荣并称"三杨"，因居地所处，时人称为"南杨"。

　　②范理：范理（1408—1473 年），字道济，号操斋，天台县城人，明朝官员。著有《诗经集解》《读史备忘》《天台要览》等。

【译文】

　　杨溥在内阁任职时，他的儿子到京城来，沿途路过了很多州县，县令都来送礼，唯有江陵县令范理不来送礼。杨溥对此大为赞赏，便将他举荐为德安太守。有人劝范理写信感谢杨溥，范理说："宰相是为朝廷选用人才，太守是为了朝廷而奉命就职，他姓杨，我姓范，不必考虑私人情面。"

【原文】

　　62. 陈继儒曰："待富人不难有礼，而难有体；待贫人不难有恩，而又难有礼。"

【译文】

　　陈继儒说："对待富人做到有礼并不难，难就难在做到得体；对待穷人做到有恩并不难，难就难在做到有礼。"

【原文】

　　63. 吴燕孺曰："须眉之士在世，宁使乡里小儿怒骂，不当使乡里小儿见怜。"

吴燕孺说:"男子汉大丈夫,宁可让乡间的小孩怒骂,不能让乡间的小孩可怜。"

【原文】

64. 潘讱叔虽轻诺少恒,于友道实笃。或有受潘大恩不能报,反谤之者,人风潘曰:"君非圣人,安得以平报怨?"潘曰:"不然,吾安肯以怜人既错之目,复睨此自愧欲死之人?"闻者叹服。

【译文】

潘讱叔虽然有时轻言许诺、意志力不坚定,但对于朋友情谊却非常看重。有人受了潘讱叔的大恩不但不报答他,反而恩将仇报。人们讽刺潘讱叔说:"你不是圣人,怎么能平静对待这种人呢?"潘讱叔说:"不对,我可怜别人犯了错误,不忍心再去看这种自愧的要死的人。"听到这话的人都深为叹服。

豪语第三

【原文】

吴苑曰：圣人尽而豪士出，圣人具德，豪士具才，此大略言也，盖世间才士，未有不豪者。五官六府，皆奇英之所灌溉，每喘一息，吐一语，几塞天地，虽过之者不无七八，而副之者亦有二三。故圣人既隐之后，不如此辈之强且干也，况志一不成，即视身如芥，慷慨之语，何其壮哉！嗟乎！波流宇宙，岂少此乎？乃次豪语第三。

【译文】

吴苑说：圣人的时代已过去，而豪杰开始当道，总体而言，圣人具有道德，豪士具有才能。但凡世间有才能的人，无一不豪气干云。人的五脏六腑，都是由豪情灌溉而成的，每一次吐纳，几乎能够塞满天地。虽然有十之七八会过头，而十之二三是真实存在的，所以圣人隐去之后，都不如这些人精明强悍，况且一旦没有成功，他们就将自己视为草芥，慷慨悲歌，多么壮烈啊！烟波浩渺的宇宙，少不了这些人的存在。因此豪语名列第三。

【原文】

1. 荀中郎①在京口，登北固望海，云："虽未睹三山，便自使人有凌云意。

若秦汉之君，必当褰裳濡足。”

【注释】

①荀中郎：荀羡（322—359 年），曾受北中郎将，与其兄荀蕤并称“二玉”。

【译文】

东晋的荀羡在京口登上北固山眺望长江时，说：“虽然没有看到三座神山，但也使人有种腾云驾雾的感觉。若是秦皇汉武在这里，必定会蹚水而过。”

【原文】

2. 桓温读《高士传》，至於陵仲子，便掷去曰：“谁能作此溪刻自处！”

【译文】

桓温读《高士传》，当读到於陵陈仲子传时，便将书丢开说：“谁能够这样严于律己！”

【原文】

3. 石崇①每与王敦②入学嬉，见颜、原③像而叹曰：“若与同升孔堂，何必去人有间。”王曰：“不知余人云何，子贡去卿差近。”石正色曰：“士当令身名俱泰，何至以瓮牖语人。”

【注释】

①石崇：石崇（249—300 年），字季伦，小名齐奴，渤海南皮（今河北南皮东北）人。西晋时期文学家、官员、富豪，“金谷二十四友”之一，大司马石苞第六子。

②王敦：王敦（266—324 年），字处仲，琅琊临沂（今山东临沂北）人，为东晋丞相王导的堂兄。

③颜、原：指颜回、原宪二人。

【译文】

石崇每次与王敦到学校里去玩耍，见到颜回和原宪的画像就叹息说：“如果与他们同入孔子学堂，或许就不会有那么大的差距。”王敦说：“不知其他的人如何，子贡与你相差不远。”石崇厉言正色地说：“读书人应当有好的身与名，为何竟对人说这样丧失斗志的话。”

【原文】

4. 胡总制宗宪读《汉书》，至终军请缨事，起叫曰：“男儿双足，当从此处插入，其他皆狼藉耳！”

【译文】

　　总制胡宗宪读《汉书》，读到"终军请缨"这件事时，拍案而起道："男儿的两只脚，应该在这里驻足，其他都是大丈夫所不屑去做的。"

【原文】

　　5. 赵温子柔①，京兆人，为郡丞②，叹曰："大丈夫当为雄飞，焉能雌伏！"遂弃官去。

【注释】

　　①赵温子柔：赵温（137—208 年），字子柔，蜀郡成都（今成都）人。东汉时期大臣，位居三公之位十五年。

　　②郡丞：官名，郡守的副手。

【译文】

　　赵温，字子柔，京兆人，担任郡丞一职时，曾经感叹说："大丈夫应当奋发图强，展翅高飞，怎么能一直浑浑噩噩，无所作为？"于是舍弃原先的官职离开了。

【原文】

　　6. 仪真王维宁，善诗赋，草书尤精绝。家资巨万，性豪侈，嗜酒。每日宴客，续至者常增数席。人或劝其后计，王曰："丈夫在世当用财，岂为财用？"及业尽，不能自存，犹好酒不已。人又劝其耕砚可以自给，曰："吾学书岂为口耶？"一日，无酒不能耐，出步江上，见落日射水粼粼，大喜曰："此中有佳处，龙宫贝阙，或可乐吾也。"遂跃入，死焉。

【译文】

　　仪真人王维宁，擅长吟诗作赋，草书尤其精妙绝伦。他拥有万贯家产，性情豪气奢侈，好酒贪杯。每日招待客人，渐渐地来的人越来越多。有人劝他留条退路，王维宁说："大丈夫在世就应该及时行乐，怎么能为财富所累？"等到他家业耗尽，无法维持生活时，还是好酒不已。人们又劝他可靠卖字来养活自己，他说："我学书法难道是为了赚钱吗？"一日，没有酒喝，他感到难以忍耐，便出门走到江边，见落日照耀下的湖面波光粼粼，大为欣喜，说："这里面有好地方，龙王的宫阙富丽堂皇，应该可以带给我快乐。"说完便跳入江中淹死了。

7. 艺祖将北征，京师喧言欲立检点为天子。太祖告其家曰："外间讻讻，将若之何？"时太祖姊在厨下，举面杖击之，曰："丈夫临事可不当自决，乃来家恐怖妇女耶！"

【译文】

赵匡胤准备北征，京城到处传说有人要让赵匡胤当皇帝。赵匡胤问家里人说："外面言论甚嚣尘上，我该怎么办呢？"当时赵匡胤的姐姐正在厨房，听到这句话就举起擀面杖追打他，说："大丈夫处理事情，要独当一面，难道非要让我们这些妇道人家插手不成？"

【原文】

8. 杨纂每云："丈夫富贵，何必故乡？以妻子经怀，岂不沮人雄志？"

【译文】

杨纂常常说："大丈夫发达了，为什么总是要衣锦还乡，何必被儿女情长牵绊，这样让人意志受挫！"

【原文】

9. 宗少文问侄悫曰："若志何若？"悫对曰："愿乘长风，破万里巨浪。"

【译文】

宗少文问侄儿宗悫说："你的志向是什么？"宗悫回答说："我愿乘风破浪。"

【原文】

10. 石崇每要客宴集，常令美人行酒。客饮酒不尽者，使黄门①交斩美人。王丞相导与大将军敦尝共诣崇。丞相素不善饮，辄自勉强，至于沉醉。每至大将军，固不饮，以观其变，已斩三人，第四姬奉酒，形色战恐，尚不饮如故。丞相让之，大将军曰："彼自杀伊家人，何预卿事！"

【注释】

①黄门：官名，黄门侍郎、给事黄门侍郎的简称。汉有黄门令、小黄门、中黄门等，侍奉皇帝及其家族，皆以宦官充任。故后世亦称宦官为黄门。

【译文】

石崇每次邀请宾客集会赴宴，常常令美女斟酒劝饮，如果客人不能一饮而尽，石崇便让黄门官斩杀美女。丞相王导与大将军王敦曾经一起拜访石崇。王导素来不能饮酒，但总是勉强自己喝下去，以致喝得酩酊大醉。每当轮到美女劝王敦喝酒时，他坚决不喝，借以观察石崇的反应。已经斩杀了三人，第四位美女来敬酒时，抖抖索索，战栗不安，而王敦依然不饮。王导责怪他，王敦说："他杀的是自家人，与您何干？"

【原文】

11. 胡总制驻军海上，观海波汹涌，旷然自得。忽云尽山出，颦蹙①呼曰："宇宙已自局人，又何用彼山挠此万里长浪。"

【注释】

①颦蹙：皱眉皱额。

【译文】

总制胡宗宪在海上驻军，观看汹涌澎湃的波涛，心旷神怡。忽然，云雾散尽，露出了山峰，他便皱着眉头大声呼喊："宇宙本来就已经给人带来一定的桎梏，又何必再生出那些山来，限制万里波涛的翻滚。"

【原文】

12. 嵇中散①灯下弹琴，有一人入其室，初时犹小，斯须转大，遂长丈余，颜色甚黑，单衣草带，不复似人。嵇熟视良久，乃吹灭灯曰："耻与魑魅②争光。"

【注释】

①嵇中散：嵇康（223—262 年），字叔夜，谯郡嵇山（今涡阳县石公镇）人。三国时期著名文学家、思想家、音乐家，世称"嵇中散"，竹林七贤之一。

②魑魅：古代传说山泽中的鬼怪。

【译文】

嵇康在灯下弹琴，有一个人来到他的屋子里，起初还小，忽而就变大了，最后长到一丈多高，肤色黝黑，衣裳上还系着草绳，看起来像鬼。嵇康盯着他看了很久，便将灯火吹灭说："与鬼争光我感到羞耻。"

【原文】

13. 范晔①初入狱，意便死，及上穷治其狱，遂经一旬，晔更有生望。谢综与孔熙先亦同事，笑曰："詹事在西池射堂上跃马顾盼，自为一世之雄，乃扰攘畏死乃尔耶!"

【注释】

①范晔:范晔(398—445 年),字尉宗,顺阳(今河南南阳淅川)人,南朝宋史学家、文学家,著有《后汉书》。

【译文】

范晔刚入狱时,以为会被立即处死。不料皇上要彻底追查他们的案子,于是拖延了一段时间,范晔又开始抱着生还的希望。谢综与孔熙先也因为同一桩案子被拘禁,笑着说:"詹事在西池射堂上纵马驰骋,顾盼自若时,自以为是盖世英雄,难道现在居然如此胆小怕死?"

【原文】

14. 李太白①登华山落雁峰,曰:"此山最高,呼吸之间,可通帝座。恨不携谢朓惊人语来,搔首问青天耳。"

【注释】

①李太白:李白(701—762 年),字太白,唐代著名诗人,被后人誉为"诗仙",代表作有《望庐山瀑布》《行路难》《蜀道难》等。

【译文】

李白登华山落雁峰时,说:"这座山最高,呼吸之间,就可以抵达天庭,恨只恨自己写不出谢朓那些惊天动地的语句,只能无语问苍天了。"

【原文】

15. 澹台子羽①赍千金之璧渡河,阳侯②波起,两蛟夹舟。子羽曰:"吾可以义求,不可以威劫。"操剑斩蛟,蛟死,波休,乃投璧于河。

【注释】

①澹台子羽:澹台灭明,复姓澹台,名灭明,字子羽。孔子七十二贤人之一。

②阳侯:波涛之神。

【译文】

澹台灭明携带价值连城的玉璧过河,波涛之神兴风作浪,用两条蛟龙将船夹住,要抢夺玉璧。澹台灭明说:"如果通过正当的途径来向我求取这块玉璧,我可以给你,但用武力来抢劫就实属不义。"说完挥剑斩杀蛟龙,蛟龙死去,波涛不再翻滚,于是他将这块价值连城的玉璧投入河中。

【原文】

16. 梁竦生长京师，不乐本土，自负其才，郁郁不得意。尝登高望远，叹息言曰："大丈夫居世，生当封侯，死当庙食；不然，闲居可以养志，诗书足以自娱。州郡之职，徒劳人耳。"

【译文】

梁竦自幼在京城长大，对老家没有一点感情，他认为自己才华过人，怀才不遇。曾登高望远，叹息道："大丈夫活在世上，活着的时候应该加官晋爵，死后应当让人立庙祭祀。如果做不到这点，还不如闲居怡情养性，读书自我消遣。州郡之类的官职，只会让人劳心费神。"

【原文】

17. 祖车骑①过江时，公私俭薄，无好服玩。王、庾诸公共就祖，忽见裘袍重叠，珍饰盈列。诸公怪问之，祖曰："昨夜复南塘一出。"

【注释】

①祖车骑：祖逖（266—321 年），东晋名将，字士稚，著名的"闻鸡起舞"就是他和刘琨的故事。

【译文】

车骑将军祖逖横渡长江时，无论公私用度都很俭朴，没有什么贵重的服饰和物品。王导、庾亮等人一同到祖逖那里去，忽然看见室内陈列着层层叠叠的皮袍和许多贵重的物品。诸公奇怪地问他怎么回事，祖逖说："昨天夜里士兵们又外出到南塘那边掠夺财富了。"

【原文】

18. 荀济负气，每谓人曰："会盾上磨墨作檄文①。"

【注释】

①檄文：用于晓谕、征召、声讨，特指声讨的文告。

【译文】

荀济勇气可嘉，常常对别人说："我一定要在盾牌上研磨墨汁，书写讨伐敌人的檄文。"

【原文】

19. 王融①行过朱雀航②，闻人争路，乃推车壁曰："车中岂可无七尺，车前岂可无八驺?"

【注释】

①王融:王融(466—493年),南齐人,字元长,文学家,"竟陵八友"之一,琅琊临沂(今山东临沂)人。

②朱雀航:秦淮河上的桥名。

【译文】

王融路过朱雀航桥时,看到有人在抢路前行,便推着车壁说:"车里面怎么可以没有堂堂男子汉,车前面怎么可以没有八个人开路呢?"

【原文】

20. 来护儿①幼卓荦,读书至"击鼓其堂,踊跃用兵","羔裘豹饰,孔武有力"时,舍书叹曰:"大丈夫在世当如是,会为国灭贼,以取功名,安能区区事砚乎!"

【注释】

①来护儿:隋炀帝时将领。

【译文】

来护儿自幼才华卓然,读《诗经》读到"击鼓其堂,踊跃用兵""羔裘豹饰,孔武有力"这些句子时,放下书本叹息道:"大丈夫在世就应当如此,为国杀敌,扬名立万,怎么能总是没出息地舞文弄墨呢?"

【原文】

21. 梁曹景宗谓所亲曰:"我昔在乡里,骑快马如龙,拓弓弦作霹雳声,箭如饿鸱①叫,平泽中逐獐,数肋射之,渴饮其血,饥食其脯,甜如甘露浆。觉耳后生风,鼻端出火,使人忘死。今来扬州作贵人,路行开车幔,小人辄言不可。闭置车中,如三日新妇,邑邑②使人气尽。"

【注释】

①鸱:鸱鹰。

②邑邑:通"悒悒",不快乐的样子。

【译文】

南北朝时期南梁的曹景宗(字子震)对他的心腹说:"我从前在家乡的时候,骑马如飞龙,拉开弓就像雷声那样响亮,射出去的箭会像鸱鹰那样鸣叫,在草泽中追赶獐子,数着肋骨射它,渴了就喝它的血,饿了就吃它的内脏,甜美就如甘露琼浆，只觉得奔跑起来犹如耳后生风，鼻中冒火，让人忘记了生死。现在来到扬州过贵族般的生活，路上要掀开车帘子看看外面的景色，下人却说不行。这样无聊地坐在车里，好像刚刚结婚的新娘子，让人郁郁寡欢，斗志丧失殆尽。"

【原文】

22. 灌夫①骂李贤曰："平生毁程不识②不直一钱，今日乃效女儿曹嗫耳语。"

【注释】

①灌夫：灌夫（？—前131年），字仲孺，祖籍颍川郡颍阴，西汉时期官员，本姓张，因父亲张孟曾为颍阴侯灌婴家臣，赐姓灌。

②程不识：汉武帝时名将，和李广齐名。

【译文】

灌夫骂李贤说："你平时诽谤程不识，把他贬得一文不值，今天却学女孩子那样说悄悄话，真的太差劲了。"

【原文】

23. 秦始皇游会稽①，渡钱塘。项梁与籍俱观，籍曰："彼可取而代也。"梁掩其口曰："毋妄言，族矣！"

【注释】

①会稽：地名。

【译文】

秦始皇游览会稽，渡过钱塘江，项梁与项籍（字羽，西楚霸王）一起去观看。项籍说："我可以代替秦始皇。"他的叔父项梁马上捂住他的嘴巴说："别乱说，要满门抄斩的！"

【原文】

24. 燕王垂①议伐西燕，曰："吾比老，叩囊智足以取之。"

【注释】

①燕王垂：慕容垂（326—396年），字道业，前燕文明帝慕容皝的第五子，后燕开国君主、军事家。

【译文】

五胡十六国时期，后燕王慕容垂议论讨伐西燕之事，说："我虽然老了，不过这么多年积攒的智慧和经验足以平定它。"

【原文】

25. 魏武帝曰："宁使我负天下人，无使天下人负我。"

【译文】

魏武帝曹操说："宁可我背弃了天下人，也不可让天下人背弃我。"

【原文】

26. 我太祖高皇帝①亲祀历代帝王庙，各献爵毕，独于汉高祖②增一爵，曰："我与公，不阶尺土而有天下，比他人不同，特增一爵。"

【注释】

①太祖高皇帝：朱元璋（1328—1398 年），谥号为"高"，字国瑞，濠州钟离（今安徽凤阳）人，政治家，战略家，军事统帅，明朝开国皇帝。

②汉高祖：刘邦（公元前 256—前 195 年），中国历史上杰出的政治家、战略家和军事指挥家，汉朝开国皇帝，汉民族和汉文化的伟大开拓者之一，对汉族的发展及中国的统一有突出贡献。

【译文】

明太祖朱元璋亲自祭祀历代帝王庙，给各个皇帝敬上一杯酒后，又单独给刘邦多敬了一杯酒，说："我与您都是不凭借尺寸之地而获得天下，这是我俩引以为傲的地方，所以特地多敬一杯。"

【原文】

27. 杜伏威①为陈陵偏裨射中额，伏威怒曰："不杀射我者，终不拔此箭！"由是奋击而入，获所射者。

【注释】

①杜伏威（？—624 年），齐州章丘人。隋朝末期农民起义军领导者之一。

【译文】

杜伏威被陈陵的偏将射中额头。杜伏威怒不可遏地说："除非杀死那个射我的人，否则决不拔出这支箭！"于是冲进敌群，奋力拼杀，终于擒获了射他的人。

【原文】

28. 祖逖①渡江中流，望而叹曰："不澄清中原，不复渡此！"

【注释】

①祖逖：祖逖（266—321 年），字士稚，范阳遒县（今保定市涞水县）人，东晋军事家。

【译文】

祖逖率领部队过江，到了中流，望着江水叹息道："不收复中原，清除敌患，就再也无颜渡江而归！"

【原文】

29.吕蒙①随姊夫邓当击贼，年十六，呵叱而前，当不能禁止。归，言于母曰："不探虎穴，焉得虎子！"

【注释】

①吕蒙：吕蒙（179—220 年），字子明，三国汝南人，东汉末年名将。

【译文】

吕蒙十六岁时跟随姐夫邓当抗击贼寇，他嘶喊着向前奋勇杀敌，势不可挡。回来后，吕蒙对母亲说："不进入虎穴，怎能擒得虎子！"

【原文】

30.唐庄宗临斩刘守光，守光悲泣，哀祈不已。其二妻李氏、祝氏谯之曰："事已如此，生复何益？妾请先死。"即伸颈就戮。

【译文】

南北朝时期后唐庄宗李存勖监斩刘守光，刘守光痛哭流涕，不断地求饶。妻子李氏与祝氏责备他说："事到如今，活着还有什么意思？就让我们先你而去好了。"说罢便伸出脖颈被杀。

【原文】

31.邓文昌富贵后，打金莲花杯盛水濯足。或规之，答曰："人生几何，要当酬平生不足也。"

【译文】

邓文昌发家过上富裕的生活后，用雕刻着金莲花的盆盛水洗脚。有人规劝他不要这样奢侈，他回答说："人生苦短，重要的是满足平生没有得到过的快乐。"

【原文】

32. 汉高祖尝游咸阳，纵观秦始皇，喟然叹曰："大丈夫当如此也。"

【译文】

汉高祖刘邦曾到咸阳游玩，看到秦始皇建造的雄伟壮观的建筑，慨然长叹道："大丈夫就应该如此啊！"

【原文】

33. 张敬儿①拜车骑将军，王敬则戏之为褚彦回②。彦回文士，故反戏之。敬儿曰："我马上得之，不解作华林阁勋。"

【注释】

①张敬儿：张敬儿（？—483年），南齐人，本名苟儿，南齐名臣。

②褚彦回：南齐人褚渊（435—482年），字彦回，中国南北朝时期刘宋皇朝宋明帝所倚赖的重臣，小时候就有纯洁美好的声誉。

【译文】

张敬儿被任命为车骑将军后，王敬则曾经戏称他是褚彦回。褚彦回是个文人，所以王敬则借用褚彦回来戏弄张敬儿。张敬儿说："我的职位是纵马扬鞭，在战场上奋勇杀敌得来的，不懂得如何去做华林阁内的功勋之臣。"

【原文】

34. 陈蕃①尝处一室，庭宇荒秽。父友薛勤来候之，谓蕃曰："孺子何不洒扫以待宾客？"蕃曰："大丈夫当扫除天下，何事一室乎？"

【注释】

①陈蕃：陈蕃（？—168年），东汉人，字仲举，汝南平舆（今河南平舆北）人。东汉时期名臣，与窦武、刘淑合称"三君"。

【译文】

陈蕃曾经独居一室，每天苦于用功学习，却忽略了个人卫生的清洁，导致室内肮脏不堪。父亲的朋友薛勤前来看望他，对他说："怎么不把屋子打扫一下，否则如何接待客人呢？"陈蕃说："大丈夫应当以天下为己任，难道要在打扫房间这样的小事上浪费时间？"

【原文】

35. 宋海翁①才高嗜酒，侧眈当世。忽乘醉泛舟海上，仰笑曰："吾七尺躯，岂世间凡土所能贮，合当以大海葬之耳。"遂按波而入。

【注释】

①宋海翁：宋澄春，字应允，号海翁。

【译文】

宋海翁才高八斗，嗜酒成性，对当时的许多人嗤之以鼻。有一天，他借着酒劲坐船来到海上，仰天大笑道："我堂堂七尺男儿，难道是世上平凡的泥土能够掩埋的吗，应该葬身大海。"说罢就跳进汹涌的波涛之中。

【原文】

36. 班超①家贫，常为官佣书，以供养其母。久劳苦，尝辍业投笔叹曰："丈夫无他志略，犹当效傅介子、张骞，立功异域，以取封侯，安能久事笔砚间乎！"左右皆笑之，超曰："小子安知壮士哉！"

【注释】

①班超：班超（32—102 年），字仲升，东汉时期著名军事家、外交家，史学家班彪的幼子，其长兄班固、妹妹班昭也是著名史学家。

【译文】

班超家中贫困，常常为官府抄书，来奉养母亲。他厌烦了这种长期劳苦的工作，曾把笔一扔，感慨道："大丈夫不该有别的志向，只能像傅介子、张骞那样在国外建立功勋，获得封侯的荣耀，怎么能长期地浸淫在笔墨纸砚里？"身边的人都笑话他，班超说："小人怎么能懂得壮士的志向呢！"

【原文】

37. 马援将军还，将至，故人多迎劳之。平陵人孟冀名有计谋，于坐贺援。援谓之曰："吾望子有善言，反同众人耶？方今匈奴、乌桓，尚扰北边，欲自请击之。男儿要当死于边野，以马革裹尸还葬耳。何能卧床上，在儿女子手中耶！"

【译文】

马援将军率领军队班师回朝，过去的朋友们都来迎接和慰劳他。平陵人孟冀名是一个有计谋的人，也来祝贺他。马援对他说："我希望你说出于国于民有益的话，为什么反而与众人一样呢？现在匈奴、乌桓还在侵犯北方边境，我正打算请缨去讨伐他们。男子汉应当死于边疆战场，马革裹尸，怎么能躺卧在床上虚度光阴，怎么能纠缠在儿女情长的琐事中呢？"

38. 终军从济南当诣博士，步入关，关吏与军繻①。军问："以此何为？"
吏曰："为复传还，当以合符。"军曰："大丈夫西游，终不复传还。"弃繻
而去。

【注释】

①繻：古代做通行证用的符帛。

【译文】

　　终军从济南出发，去长安向通晓历史、学富五车的人拜师学习，步行至入
关时，守关的官吏给他发了一张通行证。终军问他说："要它干什么？"官吏
说："你回来的时候，需要此证来证明你的身份。"终军说："大丈夫西行求学，
永远不再回来。"说完就扔掉通行证，扬长而去。

【原文】

39. 扬子云曰："雕虫刻篆，壮夫不为也！"

【译文】

　　西汉的扬雄（字子云）说："大丈夫对那些雕虫小技不屑一顾！"

【原文】

40. 毛澄七岁善属对，姻戚长老喜之者，赠以金钱，受归即掷之，曰："吾
犹薄苏秦①斗大，安事此邓通②縻縻。"时人奇之。

【注释】

①苏秦：苏秦（？—前284年），字季子，雒阳（今河南洛阳）人，战国时政治家、
纵横家、外交家和谋略家。

②邓通：汉代巨富，后人往往以"邓通"代指金钱。

【译文】

　　毛澄七岁时候就善于对对子，亲戚、长辈中有人喜欢他，就送给他金钱作
为奖励。他回家后把钱随手一扔，说："苏秦的六国相印我都看不上眼，怎么
又会稀罕这点钱呢？"当时的人都惊讶于他的这番豪言壮语。

【原文】

41. 项羽少时学书，①不成，去；学剑又不成，去。季父梁怒之，羽曰："书
足记姓名而已，剑一人敌，不足学，学万人敌耳！"于是梁奇其意，教以兵法。

【注释】
①学书：这里"书"指文字，"学书"就是"学认字"。

【译文】

项羽年少时学认字，学无所成；学剑，又半途而废。叔父项梁为此很生气。项羽说："字认得不多不要紧，会写自己的名字就可以了；剑法学得不好也不要紧，毕竟只是与一人厮杀的功夫。我要学能够指挥千军万马的本领！"项梁觉得他有宏伟志向，就教他兵法。

【原文】

42. 项王飨沛公，亚父①谋欲杀沛公。樊哙居营外，闻事急，乃持盾入。初入营，营卫止哙，哙直撞入，立帐下。项王目之，问为谁。张良曰："沛公参乘樊哙也。"项羽曰："壮士！"赐之卮酒彘肩。哙既饮酒，拔剑切肉食之。项王曰："能复饮乎？"哙曰："死且不辞，岂特卮酒乎！"

【注释】
①亚父：项羽对范增的尊称。

【译文】

项羽宴请刘邦，范增想要趁机除掉刘邦。樊哙在营帐外面，得知情况危急，便提着盾冲过来。刚一入营帐，被士兵喝止。樊哙义无反顾闯进去，站在帐下。项羽看了他一眼，问旁边的人他是谁。张良说："是沛公的参乘樊哙。"项羽说："是个壮士！"说完就赐给樊哙一碗酒和一条猪腿。樊哙一面喝酒，一边拔剑割肉吃。项羽说："还能再喝吗？"樊哙说："死都不怕，何况区区几碗酒。"

【原文】

43. 项籍与汉高相拒，项使人谓汉王曰："天下匈匈，徒以吾两人耳。愿与王一战决雌雄，毋徒罢①天下父子为也。"

【注释】
①罢：古同"疲"，指累。

【译文】

项羽与刘邦两军对峙，相持不下。项羽派人对刘邦说："天下动荡不安，皆起因于我们。我愿意与你决一死战，不要让天下的百姓们做我们争战之下的炮灰。"

狂语第四

【原文】

吴苑曰：古人有言曰：狂夫之言，圣人择焉。圣人尚取之，而况其下者乎？夫狂者，视己虚若满，视人高若下，除一身之外，无足以当双眸者。其用志不过欲与霄汉比高，瀛海比大，但未省一段已有愈不足之义，此亦豪之亚者。次狂语第四。

【译文】

吴苑说：古人说过，狂人说的话，圣人也会有所借鉴。圣人都有所借鉴，更何况那些平庸之辈呢！所谓的狂妄就是把自己的不足看得非常完美，把别人的高明看得一文不名，除了自己之外，眼睛再也容不下其他人。这些人不过是想与九天云霄一决高低，与浩瀚大海比谁大小，他们只是忽略了人一旦有了虚空就会变成一种缺陷，这应该仅次于豪语，名列第四。

【原文】

1. 袁碬①诗平平耳，多自谓能，尝曰："我诗有生气，须人捉着，不尔便飞去。"

【注释】

①袁嘏：袁嘏（？—497年），南朝梁人，卒于齐明帝建武末年。

【译文】

南朝梁人袁嘏的诗作写得毫无特色，但他自以为是，曾经对人说："我的诗很有灵气，必须捉住它，否则就飞了。"

【原文】

2. 齐黄门郎吴兴沈昭略，侍中文叔之子。性狂俊，使酒任气，朝士常惮而容之。尝醉，负杖至芜湖苑，遇琅玡王约，张目视之曰："汝王约耶？何肥而痴？"约曰："汝是沈昭略耶？何瘦而狂？"昭略抚掌大笑，曰："瘦又胜肥，狂又胜痴矣。"

【译文】

南北朝时，南齐的黄门郎沈昭略是吴兴人，他的父亲是侍中沈文叔，此人生性狂妄，常常耍酒疯使性子，朝中的官员畏惧权威而让着他。有一次他喝醉了酒，拄着拐杖来到芜湖苑游玩，在那里遇见了琅玡人王约，就吹毛求疵地说："你是王约吗？为什么长得肥胖又痴呆？"王约说："你是沈昭略吧？为什么长得猴瘦又狂妄？"沈昭略拍掌大笑说："瘦也比肥强，狂也比痴好啊。"

【原文】

3. 曾子固①为中书舍人，尝白事都堂。时章子厚②为门下侍郎，谓之曰："向见舍人《贺明堂礼成表》，天下奇作。"子固一无所辞，但复问曰："比班固《典引》③何如？"

【注释】

①曾子固：曾巩（1019—1083年），字子固，建昌军南丰（今江西南丰）人。北宋文学家，"唐宋八大家"之一，以散文著称。

②章子厚：章惇（1035—1105年），字子厚，福建浦城人。为北宋宰相，王安石变法的主要人物之一，变法派与保守派党争的重要人物，是章俞的私生子。

③《典引》：东汉班固作。

【译文】

曾巩做中书舍人的时候，曾经去尚书省汇报工作。当时章惇任门下侍郎，对他说："以前曾读到您写的《贺明堂礼成表》，真是叹为观止啊。"曾巩也没谦虚，只是反问："与班固的《典引》相比哪个更优秀？"

【原文】

4. 王俭^①与王敬则同拜三公，徐孝嗣于崇礼门候俭，因誉之曰："今日可谓连璧。"俭曰："不意老子与韩非同传。"

【注释】

①王俭：王俭（452—489 年），字仲宝，琅琊临沂（今山东临沂）人。南齐名臣、文学家、目录学家。

【译文】

南北朝时，南齐的王俭与王敬则同时位列三公，徐孝嗣在崇礼门等候王俭，一见面就称赞他说："今天可以说强强联合。"王俭说："没想到老子竟然与韩非子同日而语了。"

【原文】

5. 桑民怿^①好为大言，时铨次古人，以孟轲^②自况。何传问翰林^③文今为谁，曰："虚无人，举天桑民怿，其次祝允明，又其次罗圮。"

【注释】

①桑民怿：桑悦（1447—1513 年），字民怿，号思玄，南直隶苏州府常熟（今属江苏）人。明代学者，所著《南都赋》《北都赋》颇为有名。

②孟轲：孟子（公元前 372—前 289 年），名轲，战国时儒家思想家，著有《孟子》一书。

③翰林：指翰林院。

【译文】

桑悦喜欢自吹自擂，常常评论古人文章，将自己比作孟子。何传问他现在翰林院中谁的文章排第一，他说："没有水平高的人，排在第一位的是我，其次是祝允明，第三是罗圮。"

【原文】

6. 桑悦调柳州倅，不欲赴，人问之，辄曰："宗元小生^①，擅此州名。吾一旦往，掩其上，不安耳。"

【注释】

①小生：对后辈的称呼，表示轻蔑。

【译文】

桑悦被调往柳州任通判，他不愿前往，有人问他为什么不去，他说："柳宗元这小子，名望在当地独占鳌头，我一旦到了那里，名望就会超过他，因而感到愧疚不安啊！"

【原文】

7. 上饶娄谅①过姑苏，泊舟枫桥，因和唐人诗，有"独起占星夜不眠"之句，问客曰："我一起行，天象应动，君能见不？"

【注释】

①娄谅：娄谅（1422—1491年），字克贞，别号一斋，江西上饶人，明代著名理学家。

【译文】

上饶人娄谅路过姑苏时，把船停泊在枫桥边，便写诗与唐人附和，其中有"独起占星夜不眠"之句，问其他旅客说："我一动身，天象就变了，你能看到吗？"

【原文】

8. 袁中郎同陶石篑游鉴湖，袁谓陶曰："尔狂不如季真①，饮酒不如季真，独两眼差同耳。"陶问故，袁曰："季真识谪仙②，尔识袁中郎。"

【注释】

①季真：贺知章（约659—约744年），字季真，晚年自号"四明狂客""秘书外监"，越州永兴（今浙江杭州萧山区）人，唐代诗人、书法家。

②谪仙：贺知章曾赞誉李白为谪仙。

【译文】

袁宏道和陶石篑游览鉴湖，袁宏道对陶石篑说："你不如贺知章狂放不羁，也不如他的酒量，唯独眼光很相似。"陶石篑问为什么，袁宏道说："贺知章能认识李白，你能认识袁宏道。"

【原文】

9. 王仲祖①与刘真长②别后相见，王谓刘曰："卿更长进。"刘曰："卿仰看耶？"王问其故，刘曰："不尔，何由测天之高也？"

【注释】

①王仲祖：王濛，生卒年不详，字仲祖，晋代人，官至左长史。

②刘真长：刘惔（生卒年不详），一作刘恢，字真长，安徽省宿州朱仙镇人，东晋著名清谈家。历任司徒左长史、侍中、丹阳尹等职，故称"刘尹"。著有文集二卷，至今

已佚。

【译文】

　　王濛与刘惔别后重逢，王濛对刘惔说："您比以前更长进了。"刘惔说："您是仰头看的吗？"王濛问这是什么意思，刘惔说："如果不是这样，怎么能测量到我与天齐呢？"

【原文】

　　10. 王中郎①坦之年少，江虨②为仆射③领选，欲拟之为尚书郎。有语王者，王曰："自过江来，尚书郎正用第二人，何得拟我也！"

【注释】

　　①王中郎：王坦之（330—375 年），字文度，祖籍太原晋阳（今山西省太原市），有《淳化阁帖》卷三有行书四行。

　　②江虨：江虨（？—368 年）字思玄，晋简文帝时为相，陈留圉人，江统之子。

　　③仆射：官名。

【译文】

　　中郎王坦之年少时，江虨任仆射，负责选拔官员，因赏识王坦之就准备提升他为尚书郎。王坦之得知消息后，说："自渡江以来，尚书郎就一直在用二流人物，怎么能用我这等一流人物呢？"

【原文】

　　11. 桓公①少与殷侯②齐名，常有竞心。桓问殷："卿何如我？"殷云："我与我周旋久，宁作我。"

【注释】

　　①桓公：桓温（312—373 年），字元子（一作符子），谯国龙亢（今安徽怀远龙亢镇）人，东晋政治家、军事家、权臣。

　　②殷侯：殷浩（303—356 年），字深源，陈郡长平县（今河南西华县）人，东晋时期大臣、将领。

【译文】

　　桓温年轻时和殷浩齐名，常常怀有争强好胜之心。桓温对殷浩说："你怎么能比得上我呢？"殷浩说："我把自己当作对手，宁愿只做自己。"

【原文】

　　12. 桓大司马下都。问真长曰："闻会稽王①语奇进，尔耶？"刘曰："极进，然故是第二流中人耳！"桓曰："第一流复是谁？"刘曰："正是我辈耳！"

【注释】

①会稽王：指晋简文帝司马昱。

【译文】

大司马桓温来到陪都建康，向刘惔问道："听说简文帝司马昱在谈论事理方面有所进步，果真如此吗？"刘惔说："进步很快，但是还只能排列在二流水平。"桓温说："那第一流人物又是谁呢？"刘惔说："正是我们这些人哩！"

【原文】

13. 殷洪乔①作豫章郡，临去，都下人因附百许函书。既至石头，悉掷水中，因祝曰："沉者自沉，浮者自浮，殷洪乔安作致书邮（邮）。"

【注释】

①殷洪乔：殷羡，生卒年不详，字洪乔，陈郡长平人，东晋官员，官至豫章太守、光禄勋。

【译文】

殷羡出任豫章太守，临走时，都城里的人托他带去一百多封书信。到了石头城，他把这些信扔进了江水中，然后祷告说："浮沉由命吧，我殷羡怎么能给这些人送信！"

【原文】

14. 梁公实①荐一士于李公于鳞，士者欲以啖公，曰："吾有长生术，不惜为公授。"曰："吾名在天地间，只恐盛着不了，安用长生！"士者惭而止。

【注释】

①梁公实：梁有誉（1521—1556年），字公实。明文学家，有《兰汀存稿》（也称《比部集》）八卷存世。

【译文】

梁有誉向李攀龙（字于鳞）推荐了一个士人，士人想向李攀龙献殷勤，说："我有长生术，愿毫无保留地传授给你。"李攀龙说："我的名气在天地之间震耳欲聋，只怕会一直都旺盛下去，哪里还用得着长生不老！"士人惭愧地沉默了。

【原文】

15. 郝公琰①好吟，每得一妙句，辄跃起大叫，谓人曰："书言文、武五百岁而有孔子，孔子五百岁而有孟轲。诗道亦然，曹、刘②五百岁而有李、杜，李、杜五百岁而有者非郝耶？"袁中郎笑而问曰："我非李老君③，能自退藏，以让尼父④擅名也。"

【注释】

①郝公琰：明诗人，早逝。

②曹、刘：指建安诗人曹植、刘桢。

③李老君：老子（公元前571—前471年），春秋末期人，姓李名耳，字聃，一字或曰谥伯阳，有《道德经》存世。

④尼父：对孔子的尊称。孔子（公元前551—前479年），字仲尼，祖籍宋国栗邑（今河南夏邑），出生于鲁国陬邑（今山东曲阜），是中国古代著名的思想家、教育家，被尊奉为"天纵之圣""天之木铎"，儒家学派创始人。

【译文】

郝公琰喜爱吟咏诗歌，每当写出一个好句子，就欢呼雀跃，对别人说："书上说周文王、周武王之后五百年出现了孔子，孔子五百年后出现了孟子，诗歌的发展规律也是这样，曹植、刘桢之后五百年出现了李白、杜甫，李白、杜甫之后五百年所出现的，不正是我郝某吗？"袁宏道笑着问他说："我不是老子，能把名气独自留给孔子。"

【原文】

16. 张伯玉①过姑熟②，见李太白十韵，叹美久之，周流泉石间。后见一水清澈，询地人，曰："此水名明月泉。"公曰："太白不留此题，将留以待我也。"

【注释】

①张伯玉：张伯玉（1003—1070年），字公达，北宋人，生于福建建安（今建瓯）。仁宗天圣二年（1024年）登进士第，以后又登书判拔萃科。张伯玉不但娴熟吏治，而且擅长文学。

②姑熟：古城名。

【译文】

张伯玉路过姑熟时，见到李白的题诗十首，称赞了许久，然后就游览这里的流泉和山石。后来见到了一片清澈的泉水，就问当地人这泉的名字，当地人回答道："此水叫明月泉。"张伯玉说："这里没有李白的题诗，是要我来补充啊。"

【原文】

17. 徐文长①为胡总制公客，有一将士病疟，恐胡公督练急，乃转求宽于徐。徐曰："君正当求我，不当求胡。"令将士急磨墨，取笔书旧作诗一首付之，曰："君可谨佩，百鬼自不敢来。"

【注释】

①徐文长：徐渭（1521—1593年），字文长。明代文学家、书画家、戏曲家、军事家。

【译文】

徐渭曾在总制胡宗宪的门下做幕僚。有一个将士患了疟疾，担心胡宗宪督促加急训练，便求徐渭在胡宗宪面前为自己求情，请求宽限时间。徐渭说："你应该求我，不应该求胡宗宪。"便让这个将士赶快磨墨，写下旧作交给他说："您可以谨慎地带在身上，当作护身符。"

【原文】

18. 王仲祖有好仪行，每览镜自照曰："王文开①那生如馨儿。"

【注释】

①王文开：王仲祖之父，名讷，字文开。

【译文】

王仲祖仪表十分出众，经常照着镜子说："王讷的儿子怎么这么优秀。"

【原文】

19. 梁伯鸾①少孤，尝独止，不与人同食。比舍先炊已，呼伯鸾及热釜炊。伯鸾曰："童子鸿不因人热者也。"

【注释】

①梁伯鸾：梁鸿，生卒年不详，字伯鸾，扶风平陵（今陕西咸阳）人，约汉光武建武初年至和帝永元末年在世。隐士、诗人。

【译文】

梁鸿年少时是个孤儿，独居独食。邻居先把饭做好了，叫梁鸿趁热吃饭。梁鸿说："我梁鸿不是爱蹭饭的人。"

【原文】

20. 王冕①既归越，常言天下将乱。时海内无事，或斥冕为妄。冕曰："妄人非我，谁当为妄哉？"

①王冕：王冕（1287—1359 年），字元章，号煮石山农，亦号“食中翁”“梅花屋主”等，元代画家，诗人。

【译文】

王冕回到越国，经常说天下会战火纷飞。当时海内一片祥和，有人便斥责王冕肆意胡说。王冕说：“胡说的人不是我，谁肆意胡说谁明白！”

【原文】

21. 王凤州①与李于鳞②燕论，常以己与古人相况。李谓王曰：“天生神物，必当有对，有孔仲尼，自有左丘明③。”王瞪目不色受。李复曰：“有李老君也。”

【注释】

①王凤州：王世贞（1526—1590 年），字元美，号凤州，又号弇州山人，南直隶苏州府太仓州（今江苏太仓）人。明代文学家、史学家。

②李于鳞：李攀龙（1514—1570 年），字于鳞，号沧溟，明代著名文学家，为“后七子”的领袖人物，被尊为“宗工巨匠”。

③左丘明：左丘明（公元前 502—前 422 年），春秋末期鲁国都君庄（今山东省肥城市石横镇东衡鱼村）人。史学家、文学家、思想家、散文家、军事家。

【译文】

王世贞与李攀龙把酒言欢，常将自己与古人相提并论。李攀龙对王世贞说：“天生神奇事物，必定是成对的，有孔子，就有左丘明。”王世贞两眼一瞪露出不赞同的神色。李攀龙又说：“有老子嘛。”

【原文】

22. 文帝①问颜延之以其诸子材能，曰：“竣得臣笔，测得臣文，奂得臣义，跃得臣酒。”何尚之嘲之曰：“谁得卿狂？”答曰：“其狂不可及。”

【注释】

①文帝：刘义符（406—424 年），南朝宋第二位皇帝。小字车兵，宋武帝刘裕长子，永初三年（422 年），即皇帝位。次年，改元“景平”。景平二年（424 年），被徐羡之、檀道济等人所废，不久被杀。

【译文】

南朝的宋文帝问颜延之自家几个儿子的学习情况，颜延之说：“颜竣学到了臣的书法，颜测学到了臣的文采，颜奂学到了臣的道义，颜跃学到了臣的酒量。"何尚之嘲笑他说:"谁学到您的狂妄?"颜延之说:"没有人可以企及我的狂妄。"

【原文】

23. 袁淑①见谢庄《赤鹦鹉赋》,叹曰:"江东无我,卿当独秀。"

【注释】

①袁淑:袁淑(408—453年),字阳源,南朝宋文学家,著有《袁阳源集》十卷,行于世。

【译文】

袁淑读了谢庄写的《赤鹦鹉赋》,感叹说:"如果江东地区没有我,你就是独一无二的了。"

【原文】

24. 庾元规语周伯仁①:"诸人皆以君方乐。"周曰:"何乐?谓乐毅②邪?"庾曰:"不尔,乐令③耳。"周曰:"何乃刻画无盐④,以唐突西子也。"

【注释】

①周伯仁:周顗(269—322年),字伯仁,汝南安成(今河南省汝南)人。晋朝名士、大臣,谥号"康"。

②乐毅:乐毅,生卒年不详,战国时燕国上将,受封昌国君,辅佐燕昭王振兴燕国。

③乐令:乐广(?—304年),字彦辅,南阳郡淯阳县(今河南南阳)人。西晋时期名士。

④无盐:钟无艳,生卒年不详,又名钟离春、钟无盐,齐宣王之妻,中国古代四大丑女之一,但很有才华。

【译文】

庾亮告诉周顗:"大家都将你看作乐某。"周顗说:"哪个乐某?是乐毅吗?"庾亮说:"不是他,是说乐令。"周顗说:"为什么描画出无盐的丑陋样子,来糟蹋西施?"

【原文】

25. 习凿齿①尝造道安谈论,自赞曰:"四海习凿齿。"安应声曰:"弥天释道安②。"

【注释】

①习凿齿:习凿齿(?—383年),晋史学家,字彦威,东晋著名文学家。

②释道安：释道安（314—385 年），晋高僧，俗姓卫，晋常山扶柳（今河北冀县）人，家世英儒，自幼丧父母，由外兄孔氏抚养长大。

【译文】

习凿齿曾经到释道安那里去大发议论，自我赞赏地说："四海之内只有我习凿齿。"释道安应声说道："天底下只有我释道安。"

【原文】

26. 宗子相①才高，雄视一时，尝谓同社曰："朝廷若无我辈文章之士，则灵鸟不必鸣岐山②，而仁兽③化为梼杌。"

【注释】

①宗子相：宗臣（1525—1560 年），字子相。明代文学家，有《宗子相集》传世。

②岐山：山名。

③仁兽：麒麟。

【译文】

宗臣才学过人，非常傲慢，曾对共事的人说："朝廷中如果没有我们这些满腹经纶的饱学之士，那么凤凰就不会在岐山鸣叫，麒麟也会化为恶兽了。"

【原文】

27. 齐高帝尝与王僧虔①赌书，毕，帝曰："谁为第一？"僧虔对曰："臣书，人臣中第一；陛下书，帝中第一。"帝笑曰："卿可谓善自谋也。"

【注释】

①王僧虔：王僧虔（426—485 年），祖籍琅琊临沂，南北朝时期人，仕宋、齐两朝，书法家，官至尚书令。

【译文】

齐高帝曾经与王僧虔比试书法，比试完后齐高帝问王僧虔："咱俩的书法谁是第一？"王僧虔回答说："臣的书法在人臣中排第一，陛下的书法在皇帝中排第一。"齐高帝笑着说："你可以说是很会为自己着想了。"

【原文】

28. 琅琊王僧虔，博通经史，兼善草隶。太祖谓虔曰："我书何如卿？"曰："臣正书第一，草书第三；陛下草书第二，正书第三。臣无第二，陛下无第一。"上大笑曰："卿善为辞也。然'天下有道，丘不与易也①'。"

①天下有道，丘不与易也：语出《论语·微子》。

【译文】

　　琅琊人王僧虔，通晓经史，同时擅长草书隶书。太祖对王僧虔说："我的书法与你相比，谁水平更高？"王僧虔回答说："臣的正楷书法第一，草书第三；陛下草书第二，正楷书法第三。臣没有第二，陛下没有第一。"太祖大笑道："你很会说话，真是'天下太平，我就不会同你们一起进行改革'。"

【原文】

　　29. 郝公琰才高语放，尝谓人曰："吾一懑时，则读曹荩之诗，可以消之，次则袁小修①，再次则读吾诗耳，下此，反增其懑。"

【注释】

①袁小修：袁中道（1570—1626年），字小修，明公安派三袁之一，著有《珂雪斋集》二十卷，《游居柿录》（《袁小修日记》）二十卷。

【译文】

　　郝公琰才高八斗，言语自大，曾向人说："我一愤懑时就读曹荩的诗，读完后愤懑的情绪渐渐消失；其次是读袁中道的诗，第三就是读我自己的诗。水平在此之下的诗，读了反而徒增愤懑。"

【原文】

　　30. 慕容俨①少见潘乐，长揖而已。或劝屈节，俨扬袂曰："吾状貌如此，望人拜，岂能拜人？"

【注释】

①慕容俨：慕容俨，生卒年不详，字恃德，清都（河北邯郸成安县）人。北齐将领，鲜卑族后裔。

【译文】

　　慕容俨少年时见到潘乐，只是作一个长揖就算行礼。有人劝他谦恭一点，慕容俨一甩袖子说："我的相貌这样出众，只能是别人来拜我，怎能让我去拜别人？"

【原文】

　　31. 刘中郎①性韵刚疏，轻言肆行。一日，遇褚司徒渊②入朝，以腰扇障日。

中郎从侧过，曰："作如此举止，羞面见人，扇障何益?"渊曰："寒士不逊。"祥曰："不能杀袁、刘，安得免寒士?"

【注释】

①刘中郎：刘祥，字显徵，任过中郎等职。

②褚司徒渊：褚渊（435—482年），字彦回，河南阳翟（今河南禹州市）人。父褚湛之，官尚书左仆射。

【译文】

南齐的中郎刘祥性格刚愎自用，疏狂自大，言行轻率。有一天，他看到褚渊入朝，用腰扇遮住太阳，刘祥从一旁经过说："你这样做，是无颜见人啊，用扇子遮住算怎么回事呢?"褚渊说："寒士不应当这样无礼。"刘祥说："不杀死袁粲、刘秉，也就只能做寒士了!"

【原文】

32. 谢胡儿①语庾道季："诸人莫敢就卿谈，可坚城垒。"庾曰："若文度②来，我以偏师③待之；康伯④来，济河焚舟。"

【注释】

①谢胡儿：谢朗（338—361年），字长度，小名胡儿，陈郡阳夏（今河南周口太康）人，谢安之兄谢据的长子，官至东阳太守。

②文度：王坦之，字文度，晋人。

③偏师：全军的一部分。

④康伯：韩康伯，晋时任吏部尚书，颍川长社（今河南长葛西）人，东晋玄学家、训诂学家。

【译文】

谢朗对庾道季说："大家晚上要同你聊一聊，你的意志一定要像城堡那样坚固。"庾道季说："如果是王坦之来，我就用不着正眼瞧他；如果是康伯来，我就打算与他一决高低。"

【原文】

33. 温彦博为吏部侍郎，有选人①裴略被放，乃自赞于彦博，称解白嘲。彦博即令嘲厅前丛竹，略曰："竹，冬月不肯凋，夏月不肯热，肚里不能容国士，皮外何劳生枝节。"又令嘲屏墙，略曰："高下八九尺，东西六七步，突兀当厅坐，几许遮贤路。"彦博曰："此语似伤博。"略曰："即扳公肋，何止伤膊?"

博惭而与官。

【注释】

①选人：唐以后对候补官员的称呼。

【译文】

唐朝的温彦博任吏部侍郎，有个叫裴略的候补官员一直被闲置不用，他便向温彦博毛遂自荐，声称会说解嘲的话。温彦博就让他嘲讽厅前的竹子，裴略说："竹子，冬天不肯凋谢，夏天不肯受热，肚皮不能容纳国内杰出的人物，皮外又何必生出枝节呢？"又让他嘲讽门内的屏墙，裴略说："高下八九尺，东西六七步，在厅内很是突兀，阻挡了多少贤人晋升的路。"温彦博说："这话似乎伤害了我。"裴略说："这是扳了您的肋骨，何止伤害了胳膊！"（博、膊谐音）温彦博感到很惭愧，只好让他当官。

【原文】

34. 李于鳞少厌薄训诂，学古文词，众不晓何语，咸指于鳞狂生。李曰："吾而不狂，谁当狂者？"

【译文】

李攀龙年轻时讨厌训诂，他学习写作古代文词，大家看不明白，都指责李攀龙非常狂妄。李攀龙说："我不狂妄，谁该狂妄呢？"

【原文】

35. 薛西原①应试，行至长湾，叱曰："薛公至此，河伯②敢尔不献？"须臾大鱼跃入舟，公剖击，拉邻船食之，曰："薛先生不辞天禄，且为散诸邻里。"

【注释】

①薛西原：明代薛薫，人称西原先生。

②河伯：水神名。

【译文】

薛薫乘船去参加科举考试，行至长湾，呵斥道："薛公到此，河伯胆敢不来进献？"不一会儿，一条大鱼跳进了船内，薛薫做了鱼，邀请邻船的人都来吃，说："薛先生不拒绝上天的恩惠，并且和邻居们一起享用。"

【原文】

36. 王冕尝大雪中赤脚独上潜岳峰，四顾大叫曰："白玉峰前渡仙客，合无陪人。"

【译文】

王冕曾经在大雪中光着脚登上了潜岳峰，环顾四周，大声喊道："白玉峰前有仙客到来，怎能没有陪伴的人。"

【原文】

37. 桑民怿曰："圣人之道，自文、武而传之孔子，孔子而传之我。"

【译文】

桑民怿说："圣人之道，是从周文王、周武王传给孔子，从孔子而又传给我。"

【原文】

38. 郑翰卿①游海上，见一老翁观海，自语曰："世间能有物填此乎？曰不能也。"郑从旁抚老人背曰："惟吾异日名，可填此耳。"

【注释】

①郑翰卿：唐代大中年间，曾任义昌军节度使。

【译文】

郑翰卿在海边观赏大海时，看到一个老翁正对着大海自言自语："世间能有什么东西能把大海填平呢？当然不能啊。"郑翰卿从旁边走过来，拍着老人的背说："只有我今后的声望可以将它填平。"

【原文】

39. 沈嘉则①游金陵，日醉胡姬②肆中，片语一出，人争诵不已。沈向人语曰："我，天上岁星③也。"

【注释】

①沈嘉则：沈明臣（1518—1596 年），字嘉则，别号句章山人，晚号栎社长，鄞县（今浙江宁波鄞州区）人。明朝诗人，著有《丰对楼诗选》四十三卷、《越草》一卷、《荆溪唱和诗》《吴越游稿》等。

②胡姬：西域胡人所开酒店中的侍女。

③岁星：木星，十二年运转一周天，故称岁星。

【译文】

沈明臣游览金陵，每天都在胡姬的酒肆里喝得烂醉如泥，他只要随便说两句，大家便争相传播。沈明臣对别人说："我是天上的岁星。"

【原文】

40.吴正子曰："郝公琰之枯，曹荩之之粗，此天之东南，地之西北。吾与二君交，实是女娲石、精卫鸟。"

【译文】

吴正子说："郝公琰的诗歌枯淡乏味，曹臣的诗歌粗疏浅薄，就像天的东南，地的西北。我与两位结交，实在就是女娲石、精卫鸟，来弥补两位诗人的缺陷。"

【原文】

41.灵璧①刘人龙性豪迈，不耐家居，每挟资而游，游则必尽资不能归而后已。妻子常备资觅之于江淮间，谓曰："君困游非一也，何自苦如是？"刘曰："卿看此刘郎，岂灵璧常有耶？"

【注释】

①灵璧：县名，今属安徽省宿州市。

【译文】

灵璧人刘人龙生性豪迈，在家里耐不住寂寞，常常带着钱出外旅游，每次旅游则必定花光钱财，无法回家。妻子常带着钱粮到江淮一带去找他，对他说："你出去旅游而困在外面已经不止一次了，何必这样自寻麻烦呢？"刘人龙说："您看我这个刘郎，难道是灵璧能够容得下的人吗？"

【原文】

42.王丞相①枕周伯仁膝，指其腹曰："卿此中何所有？"答曰："此中空洞无物，然容卿辈数百人。"

【注释】

①王丞相：王导（276—339年），东晋时期政治家、书法家，历仕晋元帝、明帝和成帝三朝，是东晋政权的奠基人之一。

【译文】

王导将头枕在周顗的膝上，指着他的肚皮说："你这里面装的是什么？"周顗回答道："这里面空无一物，但可装得下几百个这样的你。"

【原文】

43. 郝公琰谓吴正子曰："近世不惟怜才者无有，即忌才者亦不再生。使世有曹老瞒①、杨阿麽在，郝瘦头颅，已久作草际尘耳。"吴笑曰："若使我与君同遇，当庇君算一筹。"

【注释】

①曹老瞒：曹操的小字。

【译文】

郝公琰对吴正子说："近世已经没有爱才惜才的人和忌恨人才的人了。如果当代有曹操、杨广这样的人，我郝某的瘦脑袋，早就化为灰烬了。"吴正子笑着说："如果我和你同时遇到他们，一定会设法庇佑你。"

【原文】

44. 孙兴公①作《天台赋》成，以示范荣期，云："卿试掷地，要作金石声。"范曰："恐子之金石，非宫商②中声。"然每至佳句，辄云："应是我辈语。"

【注释】

①孙兴公：孙绰（314—371 年），字兴公，东晋文学家、书法家，玄言诗派代表人物，著有《孙廷尉集》。

②宫商：古代五音阶的第一、二音。

【译文】

孙绰写完《天台赋》后，拿来给范荣期看，说："你试着丢到地上，肯定会发出美妙的声音来。"范荣期说："恐怕你的金石，发不出音乐的声音。"然而每当读到赋中的好句子时，他便说："这才应该是我们写出的语言。"

【原文】

45. 苗振第四人及第，召试馆职①。或曰："宜稍温习。"振曰："岂有三十年为老娘，而倒绷孩儿者乎？"

【注释】

①馆职：宋代崇文院。

【译文】

北宋的苗振以第四名的成绩被录取为进士，应召参加馆阁职务的考试。有人说："你需要复习一下。"苗振说："我已经很熟悉了，用不着再做那些无用功了。"

【原文】

46. 张思光^①为中书郎，尝叹曰："不恨我不见古人，恨古人不见我。"思光善草隶，太祖尝谓曰："卿殊有骨力，但恨无二王^②法。"答曰："非恨臣无二王法，亦恨二王无臣法。"

【注释】

①张思光：张融（444—497年），字思光。南朝齐文学家、书法家。

②二王：东晋书法家王羲之、王献之父子。

【译文】

南齐的张思光任中书郎时，曾经感叹说："见不到古人不遗憾，古人见不到我才遗憾。"张思光擅长草隶书法，齐太祖曾经对他说："你的书法苍劲有力，但可惜没有王羲之、王献之的法度。"张思光回答说："我没有王羲之、王献之的法度很遗憾，但他们没有我的法度也很遗憾。"

【原文】

47. 米元章^①初见徽宗，命书《周官篇》^②于御屏。书毕，掷笔于地，大言曰："一洗二王恶札^③，照耀皇宋万古。"徽宗潜立于屏风后，闻之，不觉步出纵观。

【注释】

①米元章：米芾（1051—1107年），字元章，出生于湖北襄阳，祖籍山西。北宋书法家、画家、书画理论家。

②《周官篇》：《尚书·周书》中的篇名。

③札：古代写字用的小木片。

【译文】

米芾第一次见宋徽宗时，宋徽宗让他将《周官篇》书写在御屏风上。写完后，米芾把笔扔在地上，大声说道："一洗二王恶札，照耀皇宋万古。"宋徽宗藏在屏风后，听到后，悄悄地走出来观看。

【原文】

48. 会稽徐渭，嘉靖间为胡梅林公幕客，甚被亲遇。胡谓徐曰："君文士，君无我不显。"徐曰："公英雄，公无我不传。"又语公曰："公惠我以一时，我答公以万世。"徐渭真长者哉！

【译文】

　　会稽的徐渭，在嘉靖年间做胡宗宪（字汝贞，号梅林）的幕僚时，很受器重。胡宗宪对徐渭说："您是文士，您没有我就不能飞黄腾达。"徐渭说："您是英雄，您没有我就不能扬名立万。"又对胡宗宪说："您带给我的好处只是暂时性的，我报答您的好处却是永久性的。"徐渭真是个品德高尚的长者啊！

【原文】

　　49. 桑民怿会试①既毕，自喜必中，乃于卷后画一站船，因击桌曰："此回定坐官船矣。"竟以违式贴出。

【注释】

　　①会试：明清两代每隔三年在京城举行的考试。

【译文】

　　桑民怿考完试，自信地认为必定会中榜，便在考卷后面画了一只船，然后敲击桌子说："这回肯定要当官了。"最后却因违反考试规矩而名落孙山。

傲语第五

【原文】

吴苑曰：《易》云：不事王侯，高尚其志。此傲也。傲则不臣天子，不友诸侯，虽九有之大，不能屈一介之夫，下此可无论矣。然傲非全德，圣人不取。苟不能完，酌而取之，宁傲不宁媚，则傲之为偏德也审矣！次傲语第五。

【译文】

吴苑说：《周易》里讲，不侍奉好王侯，却志向远大。这就是高傲。一旦高傲则不臣服天子，不与各诸侯为伍，即使权力大过九州，也不能让一个普通人信服，其他人就更不必讨论了。高傲并非完美的品德，圣洁的人不应当采取。如果不能尽善尽美，那么就可以酌情取舍，宁肯高傲，也不能谄媚，所以高傲偏重哪方面德行就很清楚了。傲语应该名列第五。

【原文】

1. 宗测①代居江陵，不应招辟。骠骑将军豫章王嶷②请为参军，答曰："何得谬伤海鸟，横斤山木？"

【注释】

①宗测：宗测，生卒年不详，字敬微，一字茂深，南阳涅阳（今河南镇平）人。生活

于南朝齐国，工书，善画人物。

②豫章王嶷：南朝宋高帝次子萧嶷，封豫章王。

【译文】

南齐的宗测世代居住在江陵，不肯出来做官。骠骑将军豫章王萧嶷想重用他，他却回答说："怎么能伤害海中的野鸭，野蛮地砍伐深山中的树木呢？"

【原文】

2. 孔拯侍郎为遗补时，尝朝回，值雨而无雨备，乃于人家庑下避之。过食时，雨益甚，拯向其家叟求雨具，叟答曰："某闲居不预人事，寒暑风雨未尝冒也，置此又安施乎？"

【译文】

侍郎孔拯做拾遗补阙时，有一次退朝路上下起了雨，因为忘记带雨具，于是躲在人家的屋檐下避雨。过了饭点，雨越下越大，孔拯便向这家的老汉借雨具，老汉回答说："我赋闲在家，双耳不闻窗外事，不必担心寒暑风雨，要个雨具没用。"

【原文】

3. 九山散樵，浪迹俗间，徜徉自肆。遇山水佳处，盘礴箕踞①。四顾无人，则划然长啸，声振林木。有客造榻与语，对曰："余方游华胥②接羲皇，未暇理君语。"客去留，萧然不以为意。

【注释】

①箕踞：一种轻慢、不拘礼节的坐姿。

②华胥：指梦境，典出《列子·黄帝》。

【译文】

九山散樵云游四海，逍遥闲适。遇到山清水秀之地，就很随意地叉开双腿坐下。看四周没人，便高声啸叫，声音很大。曾有客人到他的床前和他说话，他对答说："我正在梦境中和伏羲交谈，没时间搭理你。"客人无论去留，他都毫不理会。

【原文】

4. 司徒霸①与严光②素旧，欲屈到霸所语言，遣使西曹侯子道奉书。光不起，于床上箕踞抱膝，发书读讫，问子道曰："君房素痴，今为三公，小差不?"子道曰:"位已鼎足,不痴也。"光曰:"遣卿来何言?"子道传霸言。光曰:"卿言不痴,是非痴耶?天子征我三,尚不见,况人臣乎?"

【注释】

①司徒霸:侯霸(?—37年),字君房,河南密县人,曾任大司徒。

②严光:严光(公元前39—41年),又名遵,字子陵,会稽余姚(今浙江省余姚市)人。东汉著名隐士。

【译文】

东汉的大司徒侯霸和严光是故交,想请严光到侯霸家中聊天,就派兵部官员侯子道带着书信前去邀请。严光没有起身,就在床上盘着腿,抱膝而坐,打开书信看完,问侯子道:"你家大人一向呆痴,现在位极人臣,好点了吗?"侯子道说:"官职到了三公的高位,一点也不呆痴呀。"严光说:"让你来有什么事吗?"侯子道传达了侯霸的意思。严光说:"这不是呆痴是什么?天子请我多次,我都没理,难道会瞧得上一个臣子!"

【原文】

5. 南阳宗世林,魏武同时而甚薄其为人,不与之交。及魏武作司空,总朝政,从容问宗曰:"可以交未?"答曰:"松柏之志犹存。"

【译文】

南阳人宗世林,与曹操同处一个时代,但是轻视曹操的人品,不愿意与他结交。等到曹操做了司空,掌管大权的时候,就非常从容地问宗世林:"现在咱俩可以结交了吗?"宗世林回答说:"我不会改变最初的想法。"

【原文】

6. 孙子荆为石苞骠骑参军,孙负其才气,初至不拜,但长揖曰:"天子命我参卿军事。"

【译文】

西晋的孙楚在骠骑将军那里担任参军,他自认为很有才华,刚到任时不下跪,只是作一个长长的揖说:"皇上让我来参与您的军中事务。"

【原文】

7. 王廷陈从翰林出知裕州,傲甚。台省监司过州,不出迎,亦无所托①疾。人或劝之不宜如此,王怒曰:"我揖,我辱死;彼受,彼愧死。一言而伤二命,此人不良！"终身绝之。

【注释】

①托：假借。

【译文】

王廷陈从翰林被贬到裕州，傲慢无礼。中央机构的官员经过，他既不出去迎接，也不借病推托。有人就劝他说不应该这样做，王廷陈勃然大怒："我给他作揖等于我受尽凌辱而死，他接受我的作揖等于惭愧而死。一句话害了两个人，你这个人不怎么样啊。"从此永远不再与他联系。

【原文】

8. 僧贯休，婺州兰溪人。钱镠自称吴越国王，休以诗投献，内有"满堂花醉三千客，一剑霜寒十四州"之句。镠谕改为"四十州"，乃可相见，曰："州亦难添，诗亦难改。闲云孤鹤，何天而不可飞？"遂去而入蜀。

【译文】

唐末五代著名的画僧贯休和尚，是婺州兰溪人。钱镠自称吴越国王，贯休拿自己的诗歌呈献给他，其中有"满堂花醉三千客，一剑霜寒十四州"这样的好句子。钱镠谕中说将"十四州"改成"四十州"才能见面，贯休说："州不好加，诗不好改。我是闲云野鹤，哪里都有展示自我的空间。"于是去了蜀国。

【原文】

9. 王子猷作车骑参军，桓①谓王曰："卿在府久，比当相料理。"初不答，直高视，以手板拄颊，云："西山朝来，致有爽气。"

【注释】

①桓：桓温（312—373 年），字元子（一作符子），谯国龙亢（今安徽怀远龙亢镇）人。东汉名儒桓荣之后，宣城内史桓彝长子。东晋政治家、军事家、权臣，谯国桓氏代表人物。

【译文】

王子猷做车骑参军，桓温对他说："你在府里有一段时间了，最近要干点事了。"王子猷最初没有回复，后来把头抬起，用手掌托住脸颊说："今天早晨，西山那里很清爽。"

【原文】

10. 陈林道①在西岸，都下诸人共要至牛渚会。陈理既佳，人欲共言折，陈以如意拄颊，望鸡笼山叹曰："孙伯符②志业不遂。"于是竟坐不得谈。

【注释】

①陈林道：陈逵，生卒年不详，字林道。出身自颍川陈氏，三国名士陈群的后裔。

②孙伯符：孙策（175—200 年），字伯符，吴郡富春（今浙江杭州富阳区）人，破虏将军孙坚长子、吴大帝孙权长兄。

【译文】

陈林道驻守江北的时候，京都的一些名人要与他齐聚牛渚山。陈林道很擅长谈论玄理，很多人想和他辩论，希望与他争个高低，他用如意顶着脸颊，望着鸡笼山叹息说："孙策宏伟大志都没有实现。"于是大家直至坐到散场也没有机会与他谈论玄理。

【原文】

11. 钟毓兄弟初欲交夏侯玄，玄以钟志趣不同，不与之交。及玄被桎梏，时毓为廷尉，会因便狎①之。玄曰："虽复刑余之人，未敢闻命。"

【注释】

①狎：接近。

【译文】

钟毓兄弟起初想与夏侯玄结交，夏侯玄因为与钟毓兄弟道不同，便不相为谋。等到夏侯玄身陷囹圄的时候，钟毓就趁着这个机会接近他。夏侯玄说："我虽然受过刑，但是依然不愿意听命于你。"

【原文】

12. 戴安道少有高名，武陵王①闻其善鼓琴，使人召之。安道就使者前打破琴，曰："戴安道安能为王侯伶人！"

【注释】

①武陵王：司马晞（316 年—381 年），晋元帝司马睿第四子，晋明帝司马绍、晋简文帝司马昱异母弟。

【译文】

戴安道年轻时声望就很高，司马晞听说他琴技很高，就派人去请他。戴安道当着使者的面把琴打碎，说："我戴安道怎能去为王侯演奏呢。"

【原文】

13. 卞士蔚弱冠①时为上虞令，甚有刚气，会稽太守孟顗以令长裁之，士蔚积不能容，脱帻②投地，曰："我所以屈卿者，正为此帻耳，今已投之！"遂拂衣去。

【注释】

①弱冠：二十岁。

②帻：头巾。

【译文】

卞士蔚二十岁时当上虞县令，性格刚直，会稽太守孟颛常常用权力压制他，卞士蔚越来越不满，最终忍无可忍，于是将头巾扔到地上说："我之所以屈服于你，是因为这块头巾，如今我不要了！"于是拂袖而去。

【原文】

14. 郭元瑜①少为拔俗之韵，张天锡遣使备礼致之，元瑜指翔鸿示使人曰："此鸟安可笼哉？"

【注释】

①郭元瑜：郭瑀（？—386年），字元瑜，东晋十六国前秦、前凉时期敦煌郡人。著有《春秋墨说》《孝经综纬》等。

【译文】

郭瑀年少时就有超凡脱俗的气概，张天锡派人带上礼物邀请他来任职，郭瑀指着天上的鸿雁说："这种鸟不会成为笼中鸟。"

【原文】

15. 王孟端夜泛舟，闻箫声清亮，移舟就之，乘兴写竹石一幅相赠。明日，吹箫人来访，具币以乞配幅，王曰："吾画箫声耳，君不得遽求。"

【译文】

王孟端有天夜里划船，听到一段非常清凉动听的箫声，就划船靠近，乘兴画了一幅竹石图赠给吹箫人。第二天，吹箫人拜访，花钱想请王孟端再画一幅画，王孟端说："我只画箫声营造的意境，你不要奢求太多。"

【原文】

16. 孙太初寓居武林，费文宪①罢相归，访之。值其昼寝，孙故卧不起，久之乃出，又了不谢。送及门，第矫首东望曰："海上碧云起，直接赤城，大奇，大奇！"文宪出，谓御者曰："吾一生未尝见此人。"

①费文宪：费宏（1468—1535 年），谥文宪，晚年自号湖东野老。江西省铅山县福惠乡烈桥人，明朝状元，内阁首辅。

【译文】

　　孙太初寄居在杭州，费文宪由宰相职务退休回家，去拜访孙太初。当时正好赶上孙太初白天睡觉，孙太初故意不起床，很久才出来，但是没有丝毫道歉之意。等把费文宪送到门口时，他抬头望着东方说："海上升起了碧云，一直连到赤城，太神奇了，太神奇了！"费文宪出来，对驾车的人说："我从来没见过这样的怪人。"

【原文】

　　17. 卢山人柟初囚浚狱，滑令张肖甫时时问劳。及出犴狴①，银铛桎梏，犹然拘挛也。山人诣滑厅事稽首谢，张亟引副署中，从者以卢坐置侧。卢谓张曰："以囚，当仆阶前；以客，当居上座。"遂据上坐之。

【注释】

①犴狴：监狱。

【译文】

　　山人卢柟当初被囚禁在浚县监狱中时，张肖甫时常过去探望他。等他刑满释放的时候，由于锁链长期桎梏，手脚仍不灵便。卢柟到滑厅磕头谢恩，张肖甫赶忙把他引到后面的房间，随从为卢柟准备了一个侧座。卢柟对张肖甫说："我不是阶下囚，而是座上客。"于是就占据了上座。

【原文】

　　18. 李谷坪①谪驿丞，上司过者只一揖。代巡以同年招之，使侧坐，李曰："驿丞安敢望坐，同年不敢居旁。"遂拂衣去。

【注释】

①李谷坪：李中，生卒年不详，大约 920—974 年在世，字有中，江西九江人。五代南唐诗人，著有《碧云集》三卷。

【译文】

　　李中被贬谪为交通部门的驿丞，上司来时他只是作了一揖。当代理巡以同科进士的身份邀请他，让他坐在侧面位置，李中说："作为小小的驿丞怎能奢望与您同座，作为同科进士也不敢与您同座。"于是拂袖而去。

【原文】

19. 陶渊明为彭泽令，郡遣督邮至县。吏曰："应束带见，"渊明曰："吾不能为五斗米，折腰事乡里小儿也。"遂解印逃去。

【译文】

陶渊明担任彭泽县令时，郡里派一位督邮到县里。县吏告诉他应该整理好自己的衣衫，陶渊明说："我不能为了五斗米就去给一个乡间小子鞠躬。"于是解除官印离去。

【原文】

20. 申屠蟠性高傲，善谈论，莫有及者，唯江南一生与相酬对。既别，执蟠手曰："君非聘则征，如是相见于上京矣。"蟠勃然作色，曰："始吾以子为可与言也，何意乃相拘教乐贵之徒耶？"

【译文】

申屠蟠生性高傲，善于辩论，没有人能够辩论过他，唯有江南一个书生可以与他相提并论。临别时，他握着申屠蟠的手说："您不是为高官录用就是为朝廷效力，将来我们会在京城见面的。"申屠蟠勃然大怒："我一直以为你是一个可以说知心话的人，没想到你竟然是教我贪图享乐之人。"

【原文】

21. 吴子正穷居一室，门环流水，跨木而度，度^①毕即抽之，人问其故，笑曰："土舟浅小，恐不胜富贵人之来踏耳。"

【注释】

①度：跨越。

【译文】

吴子正独居一室，门前有流水环绕，他架起一根木头走过去，走过后就将木头抽掉，有人问他为什么这样做，他笑着说："土船太小，怕经受不住富贵人家的践踏。"

冷语第六

【原文】

吴苑曰：冷者，暖之反。春风至为暖，暖则散色为花，散香为气，有目有鼻者，莫不睹不嗅焉。冷则为蕊为苞，色、香虽具，即鼻通目明者，了不能得。是冷者非含藏之自义乎？故水冷则结，云冷则痴^①，一结一痴，皆含藏之义。次冷语第六。

【注释】

①痴：结冰。

【译文】

吴苑说：冷与暖相对。春风来了天气就变暖，天气暖了就会散发色彩成为花，散发芬芳就会有香气。有眼睛有鼻子的人，没有不能看到嗅到的。天气一冷，花朵就收敛起来，变为花蕊花苞，虽然依然存在色彩芳香，但是鼻子通畅眼睛明亮的人，却不能感觉到，也就是说冷就意味着蕴含隐藏？所以水一冷就结冰，云一冷就凝滞，一个结冰，一个凝滞，都是蕴含隐藏的意思。此冷语名列第六。

【原文】

1. 王介甫①与苏东坡论扬子云②投阁为史臣之妄，《剧秦美新》之作，亦后人所诬。苏曰："轼亦疑一事。"荆公曰："疑何事?"苏曰："不知西汉果有子云不?"闻者莫不掩口而笑。

【注释】

①王介甫：王安石（1021—1086 年），字介甫，号半山，北宋临川县城盐埠岭（今江西省抚州市邓家巷）人，杰出的政治家、思想家、文学家、改革家，名列"唐宋八大家"。

②扬子云：扬雄（公元前 53—公元 18 年），字子云，西汉蜀郡成都（四川成都郫县友爱镇）人，西汉官吏、学者、哲学家、文学家、语言学家。

【译文】

王安石与苏轼一起讨论扬雄投阁自杀事件是史官胡编乱造，完全没有这回事儿，《剧秦美新》这篇文章完全是后人对他的诋毁。苏轼说："我也怀疑一件事。"王安石问："怀疑什么?"苏轼说："不知道扬雄这个人物存不存在?"大家听后都捂嘴窃笑。

【原文】

2. 武林张卿子有《野花》诗十首，佳极，盛传一时，人目之曰"张野花"。卿子善病，常数年不出户，面孔黄瘦，人复有见之者，曰："是野花张也。"

【译文】

杭州的张卿子有《野花》诗十首，文采飞扬，流传一时，人们都称赞他为"张野花"。张卿子容易生病，往往多年足不出户，面黄肌瘦，有人见到他后说："是野花张啊。"

【原文】

3. 唐中书令王铎文懦，出镇渚宫为都统，以御黄巢。挟姬妾赴镇，而妻妒忌。忽报夫人离京在道，铎谓从事曰："黄巢渐以南来，夫人又自北至，旦夕情味，何以安处?"幕僚请曰："不如降黄巢。"

【译文】

唐朝的中书令王铎性格软弱，镇守江陵，担任都统一职负责抵御黄巢，他只带姬妾一起到江陵，他妻子心生妒忌。突然一天有人报告夫人已经离开京城前来江陵，他对手下说："黄巢渐渐从南面杀过来，夫人又从北面过来，情况紧急，该如何是好?"幕僚建议说:"不如投降黄巢吧。"

【原文】

4. 宰相王屿好①与人作碑志。有送润毫者,误扣右丞相王维门,维曰:"大作家在那边。"

【注释】

①好:喜欢。

【译文】

宰相王屿喜欢给人写碑文。有人登门送润笔费作为酬谢,结果来人误敲了右丞相王维家的门,王维说:"大作家在另一边。"

【原文】

5. 桓灵宝①征殷中堪,道出庐山,因诣远公,语次及征讨之意,远不答。又问以见愿,远答曰:"愿檀越安稳,使彼亦复无他。"桓出山,语左右曰:"实乃生所未见此人。"

【注释】

①桓灵宝:东晋桓玄,一名灵宝。

【译文】

桓玄要攻打殷中堪,路过庐山,便趁机拜访远公,交谈中谈到这次攻打之事,远公没有回答。桓玄又问远公有什么嘱托,远公回答说:"希望你们能够安然无恙,也希望对方平安无事。"桓玄出山后,对手下人说:"我实在没见过这样的人。"

【原文】

6. 孔君鱼①为姑臧长,清俭逼下。有讥之者,答曰:"奋自处脂膏,不能自润。"

【注释】

①孔君鱼:孔奋,生卒年不详,字君鱼,扶风茂陵(今陕西西安西北)人。东汉初年官员,孔子第十五世孙。

【译文】

孔奋担任姑臧县长官,清正廉洁,给手下们造成一定的压力,有人讽刺他,他回答:"我身在脂膏之中,却不知道怎么滋润自己。"

【原文】

7. 王右军^①少重患，一二年辄发动。后答许椽诗，忽复，恶中得二十字云："取欢仁智乐，寄畅山水阴。清泠涧下濑，历落松竹林。"既醒，左右^②诵之，诵竟，右军叹曰："癫何预盛德事耶？"

【注释】

①王右军：王羲之（303—361 年，一作321—379 年），字逸少，琅琊临沂（今山东临沂）人，后迁会稽山阴（今浙江绍兴），晚年隐居剡县金庭，东晋时期著名书法家，有"书圣"之称，代表作《兰亭序》被誉为"天下第一行书"。

②左右：身边的人。

【译文】

王羲之年少时就得了重病，一两年就发作一次。后来他准备写诗夸赞许某，却再次犯病，于是带病写下二十字："取欢仁智乐，寄畅山水阴。清泠涧下濑，历落松竹林。"等醒来时，身边的人念给他听。念完后，王羲之感叹说："癫跟品德高尚不沾边。"

【原文】

8. 子瞻在惠州，天下传其已死。后七年北归，时丞相方贬雷州。子瞻见南昌太守叶祖洽，叶问曰："传端明已归道山，今尚尔游戏人间耶？"坡曰："途中遇章子厚，乃回返耳。"

【译文】

苏轼在惠州时，天下人传言他已经去世。此后七年他又回到北方，当时丞相刚刚被贬谪到雷州。苏轼见到了南昌太守叶祖洽，叶祖洽问："世上传闻您已经去世，为什么今天仍能在人间活动？"苏轼说："去阴曹地府的路上遇到了章惇，于是又原道返回了。"

【原文】

9. 韩康公绛谢事后，自颍入京，以上元至十六日，私第会从官九人，皆门生故吏，一时名德，如傅钦之、胡完夫、钱穆父、苏东坡、刘贡父、顾子敦皆在坐。出家妓十余人，中宴，有新宠鲁生者，舞罢，为游蜂所螫，公意不喜。久之，呼出，以白团扇从东坡乞诗。坡书一绝："窗摇细浪鱼吹日，舞罢花枝蜂绕衣。不觉南风吹酒醒，空教明月照人归。"上句记其姓，下句记其事。康公大笑，坡云："但恐他姬斯赖^①耳。"

①赖：耍赖。

【译文】

康公韩绛退休以后，从颍州来到京城，在正月十五和十六这两天，请来了属从官吏八九人举行私家宴，他们都是自己的学生和旧部下，还有当时的社会名流，如傅钦之、胡完夫、钱穆父、苏轼、刘贡父、顾子敦。他安排家中十多位歌妓歌舞表演助兴，其间有位他新近喜欢的歌妓，跳完舞后，不小心被游蜂蜇了一下，韩绛很不高兴。过了一会儿，又把她叫出来，拿着白团扇请苏轼题诗，苏轼作了一首绝句："窗摇细浪鱼吹日，舞罢花枝蜂绕衣。不觉南风吹酒醒，空教明月照人归。"上句写的是她的姓，下句写的是她的事迹。韩绛大笑，苏轼说："恐怕其他臣妾会耍赖。"

【原文】

10. 苏公一日与温公论事，坡偶不合，曰："相公此论，故为鳖厮踢。"温公不解，曰："鳖安能厮踢？"坡曰："是之谓鳖厮踢。"

【译文】

苏轼有一天与司马光一起讨论事情，偶尔与司马光闹点矛盾，就说："您的这种议论就像老鳖乱踢。"司马光甚为不解，说："老鳖怎么能乱踢呢？"苏轼说："正因如此，所以才叫老鳖乱踢！"

【原文】

11. 苏子瞻与章子厚同游南山诸寺。寺有山魈为祟，客不敢宿，子厚独宿，山魈不敢出。抵游仙潭，下临绝壁，岸甚狭，横木如桥。子厚推子瞻过潭书壁，子瞻不敢过。子厚平步过之，用索系树，蹑之上下，神色不动。以漆墨濡笔大书石壁曰："章惇、苏轼来游。"子瞻拊①其背曰："子厚必能杀人。"子厚曰："何也？"子瞻曰："能自拼命者，能杀人也。"

【注释】

①拊：拍。

【译文】

苏轼与章惇一同到南山的一些寺院游玩。寺院中有山魈一害，游客都不敢在此过夜，章惇独自留在寺院里过夜，山魈不敢出来。到达游仙潭的时候，下临绝壁，岸边狭窄，横陈着一根木头像一座独木桥。章惇拉着苏轼走过潭去题字，苏轼胆子小不敢过，章惇非常平稳过去了，用一根绳索系在树上，踩在上面，坦然自若。他蘸着墨水在石壁上大字书写："章惇、苏轼到此一游。"苏轼拍着他的背说："章惇一定敢杀人。"章惇说："何以见得？"苏轼说："能自己不怕死的，也是敢杀人的。"

【原文】

12. 宰相杨再思晨入朝，值一重车将牵出西门。道滑，牛不前，驭者骂曰："一群痴宰相，不能和得阴阳，而令我泥行①，如此辛苦。"再思徐谓之曰："尔牛亦自弱，不得嗔他宰相。"

【注释】

①泥行：在泥泞中行走。

【译文】

宰相杨再思早晨上朝，正好遇到一辆大车要驶出西门。道路湿滑车子无法移动，驾车的人破口大骂："你们这群宰相太愚蠢，无法控制天气状况，令我陷入泥泞中，这般辛苦。"杨再思淡定地对他说："你的牛也很羸弱，怨不得其他人。"

【原文】

13. 范忠宣①谪永州，夫人不如意，辄骂章惇。舟过橘州，大风雨，船破，仅得及岸。正平持盖，公自负夫人以登，燎②衣民舍。公顾曰："岂亦章惇所为耶？"

【注释】

①范忠宣：范纯仁（1027—1101 年），谥忠宣，吴县（今江苏苏州）人，范仲淹次子，著有《范忠宣公集》。

②燎：烘烤。

【译文】

范纯仁被贬谪到永州，妻子遇到不开心的事情，就大骂章惇。到橘州的时候，因遇到大雨，船破损了，勉强靠岸。他的儿子范正平举着雨伞，范纯仁把妻子背上了岸，到一户农家烘烤衣服。范纯仁看着妻子说："难道这也是章惇干的坏事吗？"

【原文】

14. 谢康乐①小时，便文藻艳逸。祖车骑甚奇之，谓亲知曰："我乃生瑛

（谓瑛不慧也），瑛那得不生灵运？"

【注释】

①谢康乐：谢灵运（385—433 年），袭封康乐公，南北朝时期杰出的诗人、文学家、旅行家、道家。

【译文】

谢灵运小时候，文采斐然，惊艳飘逸。他的祖父车骑将军谢玄感到疑惑不解，对亲朋说："我都能养出谢瑛这样不聪明的孩子，谢瑛当然也养出灵运这样的孩子。"

【原文】

15. 真宗既封，访天下隐者，得杞人杨朴。上问："有人作诗送卿不？"朴言："臣妻有一首云：'更休落魄耽杯酒，再莫猖狂爱作诗。今日捉将官里去，这回断送老头皮。'"上大笑，即放回。苏轼在湖州作诗，追赴诏狱，妻子见轼出门，皆哭。轼无以语之，但顾曰："子独不能如杨朴之妻作一诗送我乎？"轼妻不觉失笑。

【译文】

宋真宗封了东边的泰山以后，访求天下隐士，遇到了杞人杨朴。皇上问："有人给你写过诗吗？"杨朴说："我的妻子写过一首诗：'更休落魄耽杯酒，再莫猖狂爱作诗。今日捉将官里去，这回断送老头皮。'"皇上听后哈哈大笑，就让他走了。苏轼在湖州作诗，被人举报不幸被捕，妻儿见苏轼被人抓走，都大哭起来。苏轼无言以对，只是回头说："你们母子就不能像杨朴妻子那样也给我写首诗？"苏轼的妻儿听后破涕为笑。

【原文】

16. 东坡自海南还，过惠州，州牧故人出郊迎之。因问海南风土人情如何，东坡云："风土极善，人情不恶。某初离昌化时，有十数父老，皆携酒馔，直至水次，送某登舟，执手泣涕而去。且曰：'此回与内翰相别后，不知甚时相见？'"

【译文】

苏轼从海南归来，途径惠州，知州是苏轼的好朋友，外出迎接。交谈中，问起了海南的风土人情如何，苏轼说："那里民风淳朴，人情不坏。我离开昌化的时候，有十几位乡亲父老，都备好酒菜，一直把我送到船上，他们拉着我的手含泪作别，并且说：'这次与内翰作别，不知何时还能相聚？'"

【原文】

17. 欧阳季默常问东坡："鲁直①诗何处见好？"东坡不答，但极口称诵。季默云："如'卧听疏疏还密密，晓看整整复斜斜'，岂是佳耶？"坡云："正是佳处。"

【注释】

①鲁直：黄庭坚（1045—1105 年），字鲁直，号山谷道人、涪翁，洪州分宁（今江西省九江市修水县）人，北宋著名文学家、书法家、江西诗派开山之祖。

【译文】

欧阳季默曾经问苏轼，黄庭坚的诗好在哪里。苏轼没有回复，只是大加称赞。季默说："如'卧听疏疏还密密，晓看整整复斜斜'，难道这就是精妙之处？"苏轼说："这就是精妙之处。"

【原文】

18. 万历甲寅春，张卿子过新都黄玄龙，石岭看梨花，花已半谢。玄龙曰："春老矣，奚不早来？"卿子曰："余意正在凄凉。"

【译文】

万历四十二年春天，张卿子去新都看望黄玄龙，二人到石岭看梨花，梨花已凋谢大半。玄龙说："春天都过去一段时间了，你为什么不早点来？"张卿子说："我正喜欢这种凄凉的感觉。"

【原文】

19. 汪南明①架上牙签数万卷，客眄睨久之，谓曰："公能遍识耶？"公曰："汉高取天下，属意者关中耳。"

【注释】

①汪南明：汪道昆（1525—1593 年），字伯玉，号高阳生、别署南溟、南明。安徽歙县西溪南松明山（今属黄山市徽州区）人。明代著名戏曲家、抗倭名将。

【译文】

汪道昆的书架上有几万卷书，一位客人看了很久，对他说："这些书你都读过吗？"汪道昆说："汉高祖夺取天下，也仅仅关注关中这一部分罢了。"

【原文】

20. 宋世祖至殷贵妃墓，谓羊志曰："卿等哭贵妃若悲，当加厚赏。"羊即呜咽甚哀。他日，有问羊者曰："卿那得此副急泪?"羊曰："我自哭亡妻耳!"

【译文】

宋世祖到殷贵妃的坟墓前，对羊志说："你如果能够在贵妃的坟墓前大哭一场，我就重重有赏。"羊志随即失声痛哭。有一天，有人问羊志说："你怎么能够说哭就哭，流那么多泪水呢?"羊志说："我只是触景生情，缅怀自己的妻子罢了!"

【原文】

21. 杜少陵①《宿龙门》诗云"天阙象纬逼"，王介甫改"阙"为"阅"，黄山谷对众极言其是。刘贡父闻而笑曰："恐是怕他。"

【注释】

①杜少陵：杜甫（712—770 年），字子美，号少陵，唐代伟大的现实主义诗人，后人称他为"诗圣"。

【译文】

杜甫在《宿龙门》一诗中说："天阙象纬逼。"王安石将"阙"改成"阅"，黄庭坚当众夸赞他改得到位。刘攽听后笑着说："我觉得你应该是怕他才这么说的。"

【原文】

22. 黄庭坚作艳语，人争传之。秀铁面呵之曰："翰墨之妙，甘施于此乎?"庭坚笑曰："又当置我于马腹中耶?"

【译文】

黄庭坚写了一些与男女情爱有关的艳诗，人们争相传阅。法秀和尚厉言正色地斥责说："那么美妙的文笔，难道就甘愿浪费在这些事物上面?"黄庭坚笑着说："你这是也要像批评李公麟画马那样批评我吗?"

【原文】

23. 张宁晚年无子，祷于家庙曰："宁何阴祸，至辱先人?"旁一妾云："误我辈即伤阴骘①耳。"

①阴骘：阴德。

【译文】

张宁晚年膝下无子，就在家里祈祷，说："我私底下做了些什么竟然会这样辱没祖先？"身边的一个小妾说："耽误了我们，完全是因为你上辈子没有积德行善。"

【原文】

24. 我明旧例，科道俱乘马，不得乘轿。王化按浙，一举人入谒①，化问曰："若冠起自何时？"举人徐曰："即起于大人乘轿之年。"

【注释】

①谒：拜见。

【译文】

按照大明王朝的律例，六科给事中与各道监察御史出行一律不能坐轿子而要乘马车。有一次王化到浙江巡视，有个举人前来拜访，王化说："你是从什么时候做官的？"举人慢慢说："从大人坐轿那一年就开始了。"

【原文】

25. 陆树声请告，诸大老送之，时李巳、赵锦皆在坐。赵曰："陆公此行，使天下知朝廷有不爱爵禄之臣。"李谓陆曰："公病愈乎？"

【译文】

陆树声告老还乡时，许多大臣来为他送行，当时李巳、赵锦都在场。赵锦说："陆公这一走，会让天下人认为朝廷对您不好。"李巳对陆树声说："您没事吧。"

【原文】

26. 一进士戏坐夏原吉①公轿，或告公，公曰："有志。"言者惭退。

【注释】

①夏原吉：夏原吉（1366—1430 年），明代内阁大学士，湖广长沙府湘阴（今湖南湘阴）人，祖籍江西德兴，明朝初年重臣。

【译文】

一位进士开玩笑地坐在夏原吉的轿子里，有人就举报给夏原吉，夏原吉说：

"这个人有志气。" 举报的人羞愧地离开了。

【原文】

27. 洪武，京城既完，上谓刘伯温曰："城高如此，谁能逾①之？"对曰："人实不能，除是燕子耳。"

【注释】

①逾：翻越。

【译文】

洪武年间京城的建筑工程即将竣工，皇上对刘伯温说："城墙这么高，谁能翻过去呢？"刘伯温回答说："人是不能翻过去的，只有燕子可以。"

【原文】

28. 王导①末年略不复省事，正封篆诺之。自叹曰："人言我愦愦，后人当思此愦愦。"

【注释】

①王导：王导（276—339年），字茂弘，小字赤龙、阿龙，东晋时期政治家、书法家，历仕晋元帝、明帝和成帝三朝，是东晋政权的奠基人之一。

【译文】

王导晚年不再管理政务，只是负责签字画押之类的事情。他自己感叹道："人们都说我糊涂，只是后来人迟早会怀念我的这种糊涂。"

【原文】

29. 松江张进士美容姿，过吴门访范学宪。范奇丑，二人同步阊门市中，小儿无不随观。张谓范曰："为我看也。"范笑曰："还是看我。"

【译文】

松江有位姓张的进士长相英俊，路过吴门时他去拜访范学宪。范学宪面貌丑陋，两人一起走在苏州阊门的街道上，小孩们都前来围观。张进士对范学宪说："是来看我的。"范学宪笑着说："其实是来看我的。"

【原文】

30. 会稽张状元诸孙四五辈，皆不饮酒，善肴物。每至席所，箸下如林，必一尽乃止。沈曼长曰："张氏兄弟，赋性奇哉！遇肴，不论美恶，只是吃；

遇酒，不论美恶，只是不吃。"

【译文】

会稽有位姓张的状元，他的四五个孙子都不喜欢饮酒，而喜欢吃菜肴。每次参加酒席，都要动筷把饭菜吃个干净。沈曼长说："张氏兄弟真的很奇怪啊！只要看到饭菜，无论好吃或不好吃都要吃；看到酒，无论好喝还是不好喝都不喝。"

【原文】

31. 谢公①问王子敬："君书何如君家尊？"答曰："固当不同。"公曰："外人论殊不尔。"王曰："外人那②得知！"

【注释】

①谢公：谢安（320—385 年），字安石，陈郡阳夏（今河南太康）人。东晋政治家、名士，太常谢裒第三子、镇西将军谢尚从弟。

②那：通"哪"。

【译文】

谢安问王献之："您的书法和令尊大人相比谁的更略胜一筹？"王献之回答说："我与父亲的书法在风格上有所不同。"谢安说："外人可不是这样评论的。"王献之说："外人根本不知情！"

【原文】

32. 殷觊病困，看人政见半面。殷荆州①兴晋阳之甲，往与觊别，涕零，属以消息所患。觊答曰："我病自当瘥。"

【注释】

①殷荆州：荆州刺史殷仲堪，能清言，与韩康伯齐名。

【译文】

殷觊的病情很严重，看人只能看半边脸。荆州刺史殷仲堪起兵造反，临行前与殷觊道别，流着泪问殷觊还有哪些担心的。殷觊回答说："我担心的不是自己。"

【原文】

33. 王子猷作桓车骑骑兵参军。桓问曰："卿何署？"答曰："不知何署。时见牵马来，似是马曹①。"

①马曹：管马的部门。

【译文】

东晋的王徽之在车骑将军桓冲手下担任骑兵参军。桓冲问："你隶属于哪个官署？"王徽之回答说："不清楚在哪个官署。时常看见有人牵马，好像是一个管马的部门。"

【原文】

34. 张苍梧是张凭之祖，尝语凭父曰："我不如汝。"凭父未解所以。苍梧曰："汝有佳儿。"

【译文】

张凭的祖父是苍梧太守张镇，他曾经对张凭的父亲说："我不如你。"张凭的父亲不知所以然，张镇又说："你有个优秀的儿子。"

【原文】

35. 张逸密学知成都，僧文鉴来求诗，华阳簿张唐辅同在客次。唐辅欲搔首，方脱乌巾，睥睨^①文鉴，置于其首。文鉴大怒，诉于张公。公问其故，唐辅曰："某方头痒，取下幞头，无处顿放。见此师头闲，权顿少时，不意其怒也。"公大笑。

【注释】

①睥睨：斜视。

【译文】

枢密直学士张逸在成都任益州知州一职时，文鉴和尚前来向他求诗，华阳的主簿张唐辅也在张逸的家里做客。张唐辅头皮发痒，想挠一挠，刚刚摘掉帽子，看见文鉴和尚就把自己的帽子戴在文鉴和尚的头上。文鉴和尚非常恼怒，就向张逸告状。张逸问什么原因，唐辅说："刚才我头痒，就摘下帽子挠头，无处存放，见这位法师的头上空着，就暂时存放在那一会儿，没想到他会恼怒。"张逸听后哈哈大笑。

【原文】

36. 胡九韶家贫力耕，仅给衣食。每日向天揖曰："蒙赐清福。"其妻笑曰："三餐苦菜和羹，此清福耶？"胡摇手止曰："清福正在个中，上天甚所秘惜，无得轻示与人。"复顾其子曰："汝不得不传。"

【译文】

　　胡九韶家境贫寒，勉强能解决温饱。他每天都会向天作揖："感谢老天赏赐的清福。"他的妻子笑着说："每天都是些粗茶淡饭，这也叫清福？"胡九韶摇头说："这些就是清福，上天非常珍惜这个秘密，不会轻易示人。"又回头看看他的孩子说："你必须坚守这个秘密。"

【原文】

　　37. 王寅少喜子房①策，故字曰仲房。后人有荐其赞画者，寅曰："时晚矣。有赤松子②不妨为予一览。"

【注释】

　　①子房：张良（公元前250—前186年），字子房，河南颍川城父（今河南宝丰）人。秦末汉初杰出的谋士、大臣，与韩信、萧何并称为"汉初三杰"。

　　②赤松子：传说中的仙人。

【译文】

　　王寅少年时喜欢张良的策略，因此给自己取名为仲房。后来有人推荐他到军中做谋士，王寅少说："为时已晚，不妨也为我物色一个赤松子（据说是张良晚年遇到的仙人）。"

【原文】

　　38. 张灵①嗜酒傲物。或造之者，张方坐豆棚下，举杯自酬，目不少顾。其人含怒去，复过唐伯虎，道张所为，且怪之。伯虎笑曰："汝讥我。"

【注释】

　　①张灵：张灵，生卒年不详，字梦晋，吴郡（今江苏苏州）人。诗人、画家、狂士。

【译文】

　　张灵是明代的画家，喜欢喝酒，桀骜不驯，有人去拜访他，张灵正坐在豆棚下，目不斜视。那个人愤怒离去，就到唐伯虎那里，责备张灵的所作所为。伯虎听后笑着说："你这是在笑话我。"

【原文】

　　39. 司马德操徽①括囊谨慎。人有以人物质之者，初不辨其高下，每辄言"佳"。其妇谏曰："人质所疑，君宜辨论，而一言佳，岂人所以咨君之意乎？"

徽曰："如卿所言，亦复佳。"

【注释】

①司马德操徽：司马徽（？—208年），字德操，颍川阳翟（今河南禹州）人。东汉末年名士，精通道学、奇门、兵法、经学。有"水镜先生"之称。

【译文】

三国时的司马徽做人小心谨慎，对别人提出的问题总是缄默不语，有人问他对某些人物的评价，他不分青红皂白总是说好。他的妻子对他说："人们问你疑难问题，你应该作出分析辩论，而不应该总是说好，这难道就符合别人询问你的初衷吗？"司马徽说："像你说的这些，也不错。"

【原文】

40. 方逊志卧病绝粮，家人屡①以告。方笑而言曰："古人有三旬九食、甑无储粟者，此时吾愁汝。"曰："主翁亦所不免，岂我耶？"曰："愁汝多告劳也。"

【注释】

①屡：多次。

【译文】

方逊志生病在床，家里粮食不多了，仆人多次向他反映此事。方逊志笑着说："古人有一个月吃九顿饭的先例，家里没有粮食，我倒要替你担忧。"仆人说："连你都难免要忍饥挨饿，更何况我呢？"方逊志说："我担心你一次次告诉我，这样太辛苦了。"

【原文】

41. 谢公夫人帏诸婢，使在前作伎，使太傅暂见，便下帏。太傅索更开，夫人云："恐伤盛德。"

【译文】

谢安的夫人设计帷幕，让丫鬟们在里面载歌载舞，只允许谢安观赏一小会儿，便放下帷幕。谢安让人把帷幕重新拉开，夫人说："恐怕有损您的美好品德。"

【原文】

42. 李元忠虽居要任，惟饮酒自娱，不以物务干怀。时欲用为仆射，或言其常醉，不可。其子操闻之，请节①饮。元忠曰："我言作仆射，不胜饮酒；尔爱仆射，劝勿饮。"

【注释】

①节：节制。

【译文】

李元忠虽然身居要职，但是喜欢饮酒自乐，不把工作放在首要位置。当时朝廷想任用他为仆射，有人就说他经常喝醉，不能担当此任。他的孩子李操听了后就让他节制饮酒。李元忠说："我觉得做仆射不如喝酒快乐；是你想做仆射，所以劝我不要喝。"

【原文】

43. 张士简①嗜酒疏脱，在新安，遣家僮载米三千斛还吴，失大半。士简问其故，答曰："雀鼠耗也。"士简叹曰："壮哉雀鼠！"

【注释】

①张士简：张率（475—527 年），字士简，吴郡吴县（今苏州）人，南朝齐平都侯张环之子。

【译文】

南朝的梁人张率嗜酒成性，洒脱旷达，派仆人运载三千斛大米回东吴，结果损失大半。张率问及原因，仆人回答说："是被雀鼠吃掉的。"张率感叹道："这些雀鼠真大啊！"

【原文】

44. 温公①喜慢语，卞令②礼法自居。二人尝至庾公许，大相剖击。温发口鄙秽，庾公徐曰："太真终日无鄙言。"

【注释】

①温公：温峤（288—329 年），字泰真，一作太真，东晋政治家，太原祁县（今山西祁县）人。

②卞令：卞壶（281—328 年），字望之，济阴冤句（今山东菏泽）人。东晋名臣、书法家。

【译文】

东晋的温峤喜欢信口开河，而尚书令卞壶则用礼法来约束自己。两人一起到庾亮那里，因言语不和打起了嘴仗。温峤满嘴污言秽语，庾亮慢慢开口说道：

"温峤，您一整天可没说过一句难听的话啊。"

【原文】

45. 宋相郊居政府，上元夜在书院内读《周易》，闻其弟学士祁，点花灯、拥歌妓，醉饮达旦。翌日，谕所亲令诮让云："相公寄语学士：闻昨夜烧灯夜宴，穷极奢侈。不知记得某年上元同在某州学内吃斋煮饭时不？"学士笑曰："却须寄语相公：不知某年同某处吃斋煮饭是为甚的？"

【译文】

宋郊身居官府要职，上元夜在书院内读《周易》，听说他的弟弟宋祁点花灯，与歌妓戏耍，开怀畅饮，通宵达旦。第二天，宋郊的亲信见到宋祁后，说："相公让我给您传话，听说昨夜您张灯结彩，非常奢侈，不知道您是不是还记得有一年的上元节我们同在学府吃咸菜喝稀饭的日子？"宋祁笑着说："你回去告诉你们相公，不知道吃咸菜喝稀饭的最终目的是什么？"

【原文】

46. 司马温公①屡言王广渊，章八九上，留身乞诛，以谢天下，声震朝廷。是时，滕元发为起居注，侍立殿均。既归，广渊来问元发："早来司马君实上殿，闻乞斩某以谢天下，不知圣语如何？"发曰："我只听得圣语云：'依卿所奏。'"

【注释】

①司马温公：司马光（1019—1086年），字君实，号迂叟，陕州夏县（今山西夏县）涑水乡人，世称涑水先生，北宋政治家、史学家、文学家。

【译文】

司马光多次抨击王广渊，上了八九道奏章，退朝后也不走，请求皇上杀掉王广渊，来向天下谢罪，声势之大震动朝廷。当时滕元发担任起居注一职，站立在宫殿的台阶上耳闻目睹了一切。回来后，王广渊问滕元发："早上司马光上奏章要杀掉我，从而向天下谢罪。不知道皇上是怎么说的？"滕元发说："我只听到皇上说：'依照你说的执行。'"

【原文】

47. 杨大年与梁同翰、朱昂同在禁掖，大年未三十，而二公皆高年矣。大年呼朱翁、梁翁，每戏侮之。一日，梁谓大年曰："这老亦待留以与君也。"朱于后亟摇手曰："不要与。"

【译文】

　　杨大年与梁同翰、朱昂同为翰林院学士，杨大年不到三十岁，而其他两人年事已高。杨大年叫他们朱翁、梁翁，经常戏弄他们。有一天，梁同翰对杨大年说："总有一天你也会有老迈的时候。"朱昂听后连连摇头说："不要让他活到那个岁数。"

【原文】

　　48. 严子陵①隐迹富春山，司徒霸遣使奉书。使者求报，严曰："我手不能书。"乃口授之。使者嫌少，可更足。严曰："买菜乎？"

【注释】

　　①严子陵：严光，生卒年不详，字子陵，东汉著名高士（隐士），浙江会稽余姚（今宁波慈溪市）人。

【译文】

　　东汉著名高士严光在富春山隐居，司徒霸派人给他送信，使者请他回信。严光说："我的手受伤了不能写字。"于是就口述让使者记下来。使者觉得内容太少，让他多说一些。严子陵说："你这是在讨价还价吗？"

【原文】

　　49. 米芾知无为军，见州廨立石甚奇，命取袍笏拜之，呼曰"石丈"。言事者闻而论之，朝廷传以为笑。或问曰："诚有不？"徐曰："吾何尝拜？乃揖之耳。"

【译文】

　　米芾任无为知州，见到州府衙门里立了一块很奇特的碑石，就让人取来官服五板进行参拜，称它为"石丈"。很多人听说后就上书讥笑他，在朝廷里成为笑料。有人说："当真有这回事？"米芾慢慢地说："我没有祭拜，不过是作了几个揖罢了。"

【原文】

　　50. 上虞江有一处名三石头，王弘之常垂纶①于此。经过者不识之，或问："渔师得鱼卖不？"弘之曰："亦自不得，得亦不卖。"

①垂纶：钓鱼。

【译文】

上虞江有一个叫三石头的地方，是王弘之的垂钓之地。路过的人不认识他，就对他说："师傅你钓的鱼卖吗？"王弘之说："我到现在还没钓到，就算钓到了也不卖。"

【原文】

51. 谢凤子名超宗，谢庄子名朏，宋明帝召二人由凤庄门入。超宗曰："君命也。"乃趋而入。朏曰："君处臣以礼。"遂不入。

【译文】

谢凤的儿子叫谢超宗，谢庄子的儿子叫谢朏。宋明帝召见他俩，让他俩从凤庄门进去。谢超宗说："这是圣旨，不得违抗。"于是就快步走了进去。谢朏说："君王要以礼对待大臣。"就一直留在原地没有进去。

【原文】

52. 唐太宗之征辽，作飞梯临其城。有应募为梯首，城中矢石如雨，而竟无为先登。英公指谓中书舍人许敬宗曰："此人岂不大健①？"敬宗曰："非健，要是不解思量。"太宗闻而欲罪之。

【注释】

①健：勇健。

【译文】

唐太宗讨伐辽东的时候，制造出飞梯用来攻城，有人就前来应聘充当第一个登梯的人。城墙上的石头和弓箭雨点般砸过来，而他竟然率先登上了城头。英国公李勣指着这个人对中书舍人许敬宗说："这个人真是太骁勇善战了吗？"许敬宗说："不是这样，而是他做事情太冲动了。"唐太宗听到后想治他的罪。

【原文】

53. 阮孝绪所居，以一鹿床为精舍，竹树环绕。任昉寻其兄履之，欲造而不敢，望而叹曰："其室则迩，其人则远。"

【译文】

阮孝绪的住处，把平时坐卧饮茶的地方改装成书房，四周树木环绕。任昉寻找他的哥哥任履之，想要拜访却没有勇气，他望着那座屋舍感叹道："他的房屋离我们近在咫尺，但他本人却与我们远隔天涯。"

【原文】

54. 隆兴初，有胡昉者，大言夸诞，当国者以为天下奇才，力加荐引。曾未数年，为两浙漕。一日，语坐客云："朝廷官爵，是买吾曹头颅，岂不可畏？"闻人伯卿^①在座末，趋前云："有买脱空^②。"胡默然。

【注释】

①闻人伯卿：人名。闻人，复姓。

②脱空：空话。

【译文】

宋孝宗隆兴初年，胡昉说话喜欢夸大其词，荒诞不经，当权者认为他是个奇才，就大力引荐他，没过多久，他就晋升为两浙的转运使。有一天，他对在座的客人说："朝廷的官爵，会要我们的头颅，是不是很可怕？"闻人伯卿坐在最末尾的座位上，他小步走上前，说："也可能买一堆假大空。"胡昉听后无言以对。

【原文】

55. 冯公具区髯晚出而早白，人问曰："公髯几年变白？"公捻髯良久^①，曰："未记与黑周旋。"

【注释】

①良久：好久。

【译文】

冯具区的胡须很晚才长出来，但是白得却很早，有人问："您的胡须多长时间变白的？"冯具区捻着胡须想了好久才说："从来就没有黑过。"

【原文】

56. 冯道、和凝同在中书，一日，和问冯曰："公靴新，价其直几何？"冯举左足示和曰："九百。"和性褊急，遽回顾小吏云："吾靴何得用一千八百？"因诟责。久之，冯徐举其右足曰："此亦九百。"

【译文】

冯道、和凝同在中书省任职。有一天，和凝问冯道，说："您的靴子看起来很新，多少钱一双啊？"冯道抬起左脚对和凝说："九百。"和凝突然急躁起来，转头对小吏说："为什么我的靴子用了一千八？"因此开始责骂他。过了一阵儿，冯道又举起右脚对他说："这只也是九百。"

【原文】

57. 崔膺性狂率，张建封爱其文，以为客。随建封行营，夜中大叫惊军，军士皆怒，欲食其肉，建封藏之。明日置宴，监军曰："某有与尚书约，彼此不得相违。"建封曰："唯。"监军曰："某有请，请崔膺。"建封曰："如约。"逡巡，建封又曰："某有请，请崔膺。"座中大笑，得免。

【译文】

崔膺性格狂妄草率，张建封因为喜欢他的文章，把他收纳为自己的门客。崔膺跟随张建封到军营巡视，夜里大喊大叫惊动了军队，兵将们都怒不可遏，恨不能吃他的肉。张建封只好把他藏了起来。第二天设置宴会的时候，监军说："我要与尚书立个约定，双方都要遵守。"张建封说："好。"监军说："我有个请求，请让我处分崔膺。"张建封说："好的，一切照办。"过了一会儿，张建封又说："我也有个请求，请让我处分崔膺！"在座的人无不哈哈大笑，崔膺这才免于一死。

【原文】

58. 王仲舒为郎官，与马逢友善。每责逢曰："贫不可堪，何不求碑志相救？"逢曰："适见谁家走马呼医，吾可待也。"

【译文】

王仲舒在朝中任郎官一职，与马逢的关系很好，常常责备马逢说："你那么贫穷，为什么不帮人写点碑文贴补一下生活？"马逢说："刚才看见有个人骑马去叫医生，我可以等着给他写碑文赚点钱了。"

【原文】

59. 朱异遍治五经，涉猎文史，博弈书算，皆其所长。年二十，诣都，沈约戏语曰："卿年少，何乃不廉？"

【译文】

朱异涉猎非常广泛，不仅研究五经，还研究文史、博弈、书法、算术，都有一定的造诣。二十岁时，到京城去，沈约开玩笑地说："你年纪轻轻，为什么这样复杂？"

【原文】

60. 赵宗儒为太常卿，赞^①郊庙之礼，罢相三十余年，年七十六，众论其精健。有常侍李益旁谓曰："赵乃仆为东府时所送进士也。"

【注释】

①赞：主管。

【译文】

赵宗儒任太常卿时，主管皇帝郊庙祭祀的礼仪。他不做宰相三十余年，年龄已七十六岁，众人夸赞他精明强干。有位叫李益的常侍，在旁边说："赵宗儒这个人是我在扬州做刺史时选送的进士。"

【原文】

61. 崔铣作南祭酒，罢归，囊无江南一物。谓人曰："人言祭酒是'金'，我道祭酒如'玉'耳。"

【译文】

崔铣做南京国子监祭酒，罢免回家时，行囊里没带江南一件东西，他对人说："人们都说祭酒是个油水很大的美差，我却觉得是个清水衙门。"

【原文】

62. 徐献忠每见诗文之佳者，曰："此人肚内有丹。"

【译文】

徐献忠每当见到诗文出众的人，便说："这个人肚子里一定有灵丹。"

【原文】

63. 罗汝鹏多髯^①，少年即白。一日，赴吊丧家，司丧者谓曰："公年尚未，何早白乃尔？"罗对曰："今日之来，不得不如此。"

【注释】

①髯：胡须。

【译文】

罗汝鹏胡须很多，年纪轻轻就白了。有一天，他到一户人家去吊丧。主持丧事的人问："你看起来很年轻，为何胡须都白了？"罗汝鹏回答说："今天在这个场合里，必须如此。"

【原文】

64. 唐姚南仲廉察陕郊，有客投刺云李过庭者，南仲曰："过庭之名甚新，未知谁家子弟？"姚岘作熟思曰："恐是李趋儿。"

【译文】

唐朝的姚南仲考察陕县郊区，有个叫李过庭的人毛遂自荐，姚南仲说："李过庭这个名字很新鲜，不知是谁家的孩子？"姚岘做出深思的样子，说："恐怕是李趋的儿子。"

【原文】

65. 窦怀贞为京兆尹，神龙之际，政令多门，京尉由墨敕入台者，不可胜数。或谓怀贞曰："县官相次入台，县事多办不？"怀贞对曰："倍办于往时。"问其故，怀贞曰："好者总在。"

【译文】

唐中宗神龙年间，窦怀贞任京兆尹一职，政令太多，无法统一起来，由皇帝直接提拔进内阁的京尉，数不胜数。有人对窦怀贞说："县官都进入阁内，那么县里的事情又如何处理呢？"窦怀贞回答说："与以前相比事半功倍。"问他为什么会这样，窦怀贞说："留在县里的都是好官。"

【原文】

66. 张华见褚陶，语陆平原曰："君兄弟龙跃云津，顾彦先①凤鸣朝阳。谓东南之宝已尽，不意复见褚生。"陆曰："公未睹不鸣不跃者耳！"

【注释】

①顾彦先：顾荣（？—312年），字彦先，吴郡吴县（今江苏苏州）人。西晋末年大臣、名士，曾与陆机、陆云号称"洛阳三俊"。著有《顾荣集》，今已佚。

【译文】

张华认识褚陶以后，向平原内史陆机说道："你们兄弟如飞龙腾跃于云海之间，顾荣如凤凰对着太阳歌鸣不已。我以为拥有了东南的全部珍宝，没想到现在又认识了褚生。"陆机说："那是因为您没看见那些默默无闻的人物罢了。"

【原文】

67. 苏东坡在维扬，一日设客，米元章在座。酒半，元章忽起自赞曰："世人皆以芾为颠，愿质之子瞻。"坡笑曰："吾从众。"

【译文】

苏轼在扬州时，有一次设宴招待朋友。酒喝了一半，米芾忽然站起来自我评论说："世人都说我米芾癫狂，我想听听你的评价。"苏轼笑着说："别人怎么说我就怎么说。"

【原文】

68. 陆楚生远，进士陆大成从堂叔。大成发解南畿，颇有声望。远每对人呼大成"舍侄"，人多厌之，咸以为言。时王弇州^①在座，曰："实是'远阿叔'。"

【注释】

①弇州：王世贞（1526—1590年），字元美，号凤洲，又号弇州山人，南直隶苏州府太仓州（今江苏太仓）人。明代文学家、史学家。

【译文】

陆远是进士陆大成的远房堂叔。陆大成在南京举行的乡试中考上举人，在当地很有声望。陆远常常当众叫他"大成侄子"，许多人认为陆远这样称呼陆大成有些不妥，把这件事儿当成笑谈。当时王世贞也在座，说："实在是远阿叔（远既指陆远又暗示远房）。"

【原文】

69. 潘长官尝要苏东坡，以^①坡不能饮，以醴设之。坡笑曰："此必错煮水也。"

【注释】

①以：因为。

【译文】

潘长官邀请苏轼喝酒，苏轼不擅饮酒，潘长官就用甜酒招待。苏轼笑着说："这一定是用清水煮了一番。"

谐语第七

【原文】

　　吴苑曰：语之次序，自慧、名、豪、狂、傲五种之下，不能细有标辨，以定安排。如冷之一义，有何关说而居众语上耶？直①以语之有致无致，顺手拈录之耳。若此之谐与谑，与后之讽与讥，此二种乃大同而小异，不得不有先后，故次谐语第七。

【注释】

　　①直：仅仅。

【译文】

　　吴苑说：各种语类的顺序，从慧、名、豪、狂、傲五种以下，不能细致地安排它们的顺序。就像"冷"这一项内容，为什么非要将它排在众语之上呢？只是根据语句的有趣与否，顺手抄下来罢了。就像这里的谐语与虐语以及后面的讥语和讽语，这两种并没有太大的区别，只不过需要分出个先后，因此谐语排在第七。

【原文】

　　1. 龙图刘烨，尝与内相刘筠聚会饮茗，问左右曰："汤滚也未？"左右皆应曰："已滚。"筠曰："佥曰鲧哉。"烨应声曰："吾与点也！"

【译文】

　　龙图阁直学士刘烨，曾经与翰林学士刘筠聚在一起饮茶，问身边的人说："水沸腾了吗？"身边的人回答说："已经沸腾了。"刘筠说："佥曰鲧哉（原意：大家都说让鲧去吧，"鲧"与"滚"同音。出自《尚书尧典》）。"刘烨回答说："我同意曾点的话。"

【原文】

　　2. 东坡倅杭，不胜杯酌，部使者知公才望，朝夕聚首，疲于应接，乃目杭倅为"酒食地狱"。其后袁毂倅杭，适①郡将不协，诸司缘此亦相疏，袁语所亲曰："酒食地狱，正值狱空。"

【注释】

　　①适：正巧。

【译文】

　　苏轼不擅长饮酒，做杭州通判时，各个部门的人仰慕苏轼的才能和名声，早晚前来小聚，苏轼难以应付，就将杭州通判一职视为"酒食地狱"。后来袁毂又任杭州通判，恰逢各个部门不和谐，部门之间也就渐渐疏远了，袁毂对身边的人说："所谓的'酒食地狱'，现在渐渐变得空荡了。"

【原文】

　　3. 刘贡父①饷客②，苏子瞻有事欲起，刘以三果一药调之曰："幸早里，且从容。"坡答曰："奈这事，须当归。"满座大笑。

【注释】

　　①刘贡父：刘攽（1023—1089年），字贡夫，一作贡父、赣父，号公非。北宋史学家，助司马光纂修《资治通鉴》，负责汉史部分，著有《东汉刊误》等。

　　②饷客：请客吃饭。

【译文】

　　刘攽请客吃饭，苏轼有事要先行离开，刘攽就用三种水果名一种药名来调侃说："幸早里，且从容。"苏轼说"奈这事，须当归。"在座的人都哈哈大笑。

【原文】

　　4. 汉武游上林，见一好树，问东方朔，朔曰："名'善哉'。"帝阴使人识其树。后数岁，复问朔。朔曰："名为'瞿所'。"帝曰："朔欺久矣！名与前不同，何也？"朔曰："夫大为马，小为驹；长为鸡，小为雏；大为牛，小为犊；人生为儿，长为老。且昔①为'善哉'，今为'瞿所'，长少死生，万物败成，岂有定哉！"帝大笑。

【注释】

①昔：过去。

【译文】

汉武帝在上林苑一带游玩的时候，见到一棵非常好看的树，就问东方朔是什么树，东方朔说："这棵树叫'善哉'。"汉武帝就派人记下了这棵树的名字。后来过了几年，汉武帝又问东方朔那棵树的名字。东方朔说："这棵树叫'瞿所'。"汉武帝说："你竟然欺骗我这么久！为什么名字与之前说的不一样？"东方朔说："大的叫马，小的叫驹；长大后叫鸡，小的叫雏；大的叫牛，小的叫犊；小时候叫儿，老了叫老人。这棵树以前叫'善哉'，现在叫'瞿所'，老与少，死与活，成与灭，难道非得一成不变吗？"汉武帝大笑。

【原文】

5. 吴郡张融，字思光，长史畅之子。尝谒太祖①于太极西堂，弥时方登。上笑曰："卿至何迟？"答曰："自地升天，理不得速。"

【注释】

①太祖：齐高帝萧道成（427—482年），字绍伯，小字斗将，东海郡兰陵县（今山东省临沂市）人。南朝齐开国皇帝（479—482年在位），因喜爱围棋，曾有《齐高棋图》二卷问世，成为史上首位亲自著作围棋书籍的皇帝。

【译文】

吴郡张融，字思光，是长史张畅的儿子。曾经在太极西堂拜谒萧道成，过了很久才登上去。皇上大笑说："你为什么这么慢？"他回答说："平地升天，肯定快不了。"

【原文】

6. 王俭尝集有才之士，累物而丽之，谓之"丽事"，自此始也。诸客皆穷，唯庐江何宪为胜，乃赏以五花簟、白团扇。宪坐簟执扇，意气甚自得。秣陵王摛后至，操笔便成，事既焕美，词复华丽，摛乃命左右抽簟掣扇，登车而去。俭笑曰："所谓大力者负之而趋。"诸士大笑。

【译文】

　　王俭曾经召集有才华的人，列举典故并将它们联系在一起，所谓丽事，由此开始。在座的人都被难住了，只有庐江何宪表现优异，王俭于是就赏给他五花竹席、白团蒲扇。何宪坐在席子上手里拿着蒲扇，意气风发，扬扬自得。秣陵人王摛后来才到，拿起笔一挥而就，典故美轮美奂，辞藻华丽绝伦，王摛于是就命令身边的人抽掉席子，拿着蒲扇，乘车而去。王俭笑着说："这不就是典型的大力士背起来跑掉。"在座的人听后大笑起来。

【原文】

　　7. 后魏高祖名①子曰恂、愉、悦、怿，崔光名子励、勔、勉。高祖谓曰："我儿名旁皆有心，卿儿名旁皆有力。"答曰："所谓君子劳心，小人劳力。"

【注释】

　　①名：起名。

【译文】

　　后魏高祖给四个儿子分别起名为恂、愉、悦、怿，崔光给三个儿子分别起名为励、勔、勉。后魏高祖说："我的儿子名字都有个心字旁，你的儿子名字都有个力字旁。"崔光回答说："这就是君子费心，小人费力。"

【原文】

　　8. 礼部尚书范阳卢恺，兼吏部，选达野客师为兰州总管，客师辞曰："客师何罪，遣与突厥隔墙?"恺曰："突厥何处得有墙?"客师曰："肉为酪，冰为浆，穹庐为帐，毡为墙。"

【译文】

　　礼部尚书范阳人卢恺，兼任吏部，提拔达野客师当兰州总管，客师推辞说："客师犯了什么罪，要让我与突厥之间隔着一道墙?"卢恺说："突厥何处有墙?"客师说："肉为酪，冰为浆，穹庐为帐，毡为墙。"

【原文】

　　9. 王元景尝大醉，杨遵彦①谓之曰："何太低昂?"元景曰："黍熟头低，麦熟头昂，黍麦俱有，所以低昂矣。"

【注释】

　　①杨遵彦：杨愔（511—560年），字遵彦，南北朝时期北齐宰相，弘农华阴（今陕西

华阴）人，北魏司空杨津之子。

【译文】

王元景曾经大醉，杨愔对他说："为什么你的头总是高低起伏？"王元景说："黍子熟了头就耷拉着，麦子熟了头就抬起来，我黍子麦子都有，所以头总是抬起又低下。"

【原文】

10. 张亢滑稽敏捷，有门客因会话，亢问曰："近日作赋乎？"门客曰："近作《坤厚载物赋》。"因自举其破题曰："粤有大德，其名曰坤。"亢答曰："奉续两句，可移赠和尚。"乃曰："非讲经之座主，是传法之沙门。"

【译文】

张亢性情滑稽，敏捷聪慧，他问一个门客说："最近作赋了吗？"门客说："最近写了一首《坤厚载物赋》。"于是就说出这首赋的开头部分说："粤有大德，其名曰坤。"张亢回答说："我在接续上两句，你可以转赠给和尚。"于是说："非讲经之座主，是传法之沙门。"

【原文】

11. 曹琰为郎中，尝有僧以诗卷投献，琰阅其首篇《登润州甘露阁》云："下观扬子小。"琰曰："何不道'早吠狗儿肥'？"次又阅一篇《送僧》云："猿啼旅思凄。"琰曰："何不道'犬吠张三嫂'？"

【译文】

．曹琰任郎中一职时，曾经有一个和尚拿自己的诗歌给他看，他看了第一篇《登润州甘露阁》，里面写道："下观扬子小。"曹琰说："为何不写成'早吠狗儿肥'？"又看了一篇《送僧》，里面写道："猿啼旅思凄。"曹琰说："为何不写成'犬吠张三嫂'？"

【原文】

12. 涪翁尝和东坡《春菜》诗云："公如端为苦笋归，明日春衫诚可脱。"苏得诗，戏语曰："吾固不爱做官，遂直欲以苦笋硬差致仕。"

【译文】

苏轼曾经写《春菜》一诗，黄庭坚在这首诗的和诗中说："公如端为苦笋归，明日春衫诚可脱。"苏轼看到这首诗后笑着说："我本来不爱做官，他就拿苦笋来让我辞职。"

【原文】

13. 东坡见一家有界尺笔槽而破者，向其主人曰："韩直木如常，孤竹君无恙，但半面之交，忽然析事矣。"主人笑倒。

【译文】

苏轼看见一户人家有戒尺笔槽，笔槽已经破损，就向主人说："韩直木还是老样子，孤竹君完好无损，仅仅半面之缘，就忽然永别了。"主人笑得快要趴下。

【原文】

14. 刘烨尝与刘筠连①骑趋朝，筠马病足，行迟，烨曰："君马何迟？"筠曰："只为五更三。"烨曰："何不与他七上八？"言点蹄，则下马行也。

【注释】

①连：一起。

【译文】

刘烨曾经与刘筠一起骑马去上朝，刘筠的马腿部有点毛病，行动迟缓，刘烨说："你的马为什么这么慢？"刘筠说："只是因为五更三。"刘烨说："为什么还不七上八下呢？"言外之意就是说刘筠的马走路点腿，让他下马行走。

【原文】

15. 东坡尝约刘器之同参玉版，器之每倦山行，闻玉版，欣然①从之。至廉泉寺，烧笋而食，器之觉笋味胜，问："此何名？"东坡曰："玉版。此老僧善说法，令人得禅悦之味。"器之乃悟。

【注释】

①欣然：高兴。

【译文】

苏轼曾经约刘器之一同拜访玉版，刘器之每次都不愿意在山中行走，久闻玉版的大名，就欣然前往。等到了廉泉寺，烧笋吃，刘器之觉得笋的味道相当不错，就问："这叫啥名？"苏轼说："叫玉版。这位玉版大师擅长阐述法理，常常令人参透到喜悦的程度。"刘器之顿悟。

【原文】

16. 柳耆卿①、苏长公②各以填词名，而二家不同。东坡问一优人曰："我词何如柳学士？"优曰："学士那得比相公？"坡惊曰："如何？"优曰："公词须用丈二将军，铜琵琶，铁绰板，唱相公的'大江东去'。柳学士却着十七八女郎，唱'杨柳岸，晓风残月'。"坡为之抚掌。

【注释】

①柳耆卿：柳永（约984—约1053年），字耆卿，因排行第七，又称柳七，福建崇安人，北宋著名词人，婉约派代表人物。

②苏长公：苏轼，字号长公。

【译文】

柳永、苏轼都因为填词而闻名，然而两人的风格却大不相同。苏轼问过一个艺人说："我的词跟柳永的词相比较谁的更好一些？"艺人说："他的词哪能跟您的比？"苏轼说："此话怎讲？"艺人说："您的词需要身材高大的将军，弹琵琶，打铁绰板，唱相公的'大江东去'。而柳永的词却需要十七八个女孩，唱'杨柳岸，晓风残月'。"苏轼听后拍手称快。

【原文】

17. 汉武帝尝问东方朔曰："先生视朕何如主？"朔对曰："自唐虞之后、成康之际，未足以喻。臣伏睹陛下功德，陈五帝之上，在三王之右。非徒若此而已，诚得天下贤士公卿在位，咸得其人矣。譬若以周、邵为丞相，孔丘为御史大夫，太公为将军，毕公高拾遗于后，卞严子为卫尉，皋陶为大理，后稷为司农，伊尹为少府，子贡使外国，颜、闵为博士，子夏为太常，益为右扶风，季路为执金吾，契为鸿胪，龙逄为宗正，伯夷为京兆，管仲为冯翊，鲁班为将作，仲山甫为光禄，申伯为太仆，延陵季子为水衡，百里奚为典属国，柳下惠为大长秋，史鱼为司直，孔父为詹事，蘧伯玉为太傅，孙叔敖为诸侯相，王庆忌为期门，子产为郡守，夏育为鼎官，羿为旄头，宋万为式道侯……"上乃大笑。

【译文】

汉武帝曾经问东方朔说："先生认为我做皇帝做得怎么样？"东方朔说："自唐尧虞舜之后，周康王、周成王之间没有人可以与皇上相提并论。我看到的陛下功德，远在五帝之上，与三王不相上下。不仅如此，皇上在位时真正做到了天下贤士都人尽其用，找到了最佳人选。就好像用周、邵为丞相，孔丘为御史大夫，太公为将军，毕公高拾遗于后，卞严子为卫尉，皋陶为大理，后稷为司农，伊尹为少府，子贡使外国，颜、闵为博士，子夏为太常，益为右扶风，季路为执金吾，契为鸿胪，龙逢为宗正，伯夷为京兆，管仲为冯翊，鲁班为将作，仲山甫为光禄，申伯为太仆，延陵季子为水衡，百里奚为典属国，柳下惠为大长秋，史鱼为司直，孔父为詹事，蘧伯玉为太傅，孙叔敖为诸侯相，王庆忌为期门，子产为郡守，夏育为鼎官，羿为旄头，宋万为式道侯……"皇上听后哈哈大笑。

【原文】

18. 汉武帝诏赐从官肉，大官丞日晏不来，朔拔剑谓其同官曰："伏日当蚤归，请受赐。"即怀肉去。大官奏之。朔入，上曰："昨赐肉，不待诏，以剑割肉而去，何也？"朔免冠谢。上曰："先生起自责！"朔再拜曰："朔来！朔来！受赐不待诏，何为礼也！拔剑割肉，一何壮也！割之不多，又何廉也！归遗细君，又何仁也！"上曰："使先生自责，乃反自誉^①！"

【注释】

①誉：赞美。

【译文】

汉武帝下令给那些随从官员赏赐大肉，时候已经不早了大官丞还没有到来，东方朔拔剑对其他官员说："大热天应当早点回去，请给我肉吧。"于是拿着肉就离开了。有一位官员向皇帝打了小报告。东方朔被叫了进来，皇上说："昨天赏肉，你没等诏令就独自割肉而去，是不是很无礼？"东方朔摘下帽子叩头谢罪。皇上说："先生应当站起来自责！"东方朔又深深叩拜皇上："东方朔啊东方朔，你没等到诏令就割肉，为何这般无礼！拔剑割肉又是多么壮观啊！割的肉不是很多，又是多么清廉啊！回家后又给了妻子，这是多么仁义啊！"皇上说："我本来让你自责，结果你却自我赞美。"

【原文】

19. 王戎妻语戎为卿，戎谓曰："妇那得卿婿？于礼不顺。"答曰："我亲卿爱卿，是以卿卿；我不卿卿，谁当卿卿？"戎笑，遂听。

【译文】

王戎的妻子称王戎为卿，王戎对她说："你怎么能叫我卿？不合乎礼仪啊。"妻子回答说："我亲卿爱卿，所以把卿当作卿；我不把卿当作卿，谁会把卿当作卿？"王戎笑了，于是就听之任之。

20. 郑玄家奴婢皆读书。尝使一婢，不称旨，将挞^①之。方自陈说，玄怒，使人曳著泥中。须臾，复有一婢来，问曰："胡为乎泥中？"答曰："薄言往愬，逢彼之怒。"

【注释】

①挞：打。

【译文】

郑玄家的奴婢都读书识字。曾经有一个丫鬟办事不力，郑玄就要责打她。这个丫鬟为自己开脱，郑玄大怒，就让人将她推进泥地里。过了一会儿，有一个丫鬟过来，问她说："你为什么站在泥中？"她回答说："本想回家诉苦，正好碰上他们发怒。"

【原文】

21. 王太尉^①不与庾子嵩交，庾卿之不置。王曰："君不得为尔。"庾曰："卿自君我，我自卿卿。我自用我法，卿自用卿法。"

【注释】

①王太尉：王衍（256—311 年），字夷甫，琅琊郡临沂县（今山东临沂北）人。西晋末年重臣、著名清谈家。工书法，尤擅行书，《宣和书谱》有其作品《尊夫人帖》。

【译文】

王衍与庾子嵩交情并不深，但是庾子嵩却称呼他为卿。王衍说："您这么称呼不合理。"庾子嵩说："您称呼我为君，我称呼您为卿。咱们各用各的称呼法。"

【原文】

22. 晋元帝皇子生，普赐群臣。殷洪乔曰："皇子诞育，普天同庆。臣无勋焉，而猥颁厚赉。"中宗笑曰："此事岂可使卿有勋邪？"

【译文】

晋元帝龙子诞生，元帝赏赐群臣。殷洪乔说："皇子诞生，全天下都要为之庆祝。臣并没有什么功德，却得到皇上如此丰厚的恩赐。"元帝笑着说："这件事当然不能让你立功。"

23. 康僧渊目深而鼻高，王丞相每调^①之。僧渊曰："鼻者面之山，目者面之渊。山不高则不灵，渊不深则不清。"王不能复答。

【注释】

①调：调侃。

【译文】

康僧眼睛深陷鼻梁高挺，王导经常调侃他。康僧说："鼻梁是脸上的大山，眼睛是脸上的深渊。山不高就不会有灵气，渊不深就不会有清流。"王导无言以对。

【原文】

24. 石曼卿尝乘马出，驭者失控，马惊，曼卿堕马。从吏遽扶掖升鞍。曼卿曰："赖我石学士也，若瓦学士，则跌碎矣。"

【译文】

石曼卿曾经骑马出行，牵马的人没有操控好，马受惊以后，石曼卿从马背上掉了下来。随行人员赶紧将他扶到马背上。石曼卿说："幸亏我是石学士，要是瓦学士，就成碎片了。"

【原文】

25. 邵康节赴河南尹李君锡会，投壶，君锡末箭中耳，君锡曰："偶尔中耳。"康节曰："几乎败^①壶。"

【注释】

①败：弄坏。

【译文】

邵康节在河南尹李君锡的聚会上，与大家一起玩投壶游戏，李君锡最后一箭射到了壶的耳朵上，李君锡说："不小心打中的。"邵康节说："都快把壶给打坏了。"

【原文】

26. 裴子雨为下邳令，张晴为县丞，二人俱有声气，而善言语。会论事移时，吏相谓曰："县官甚不和：长官称雨，赞府道晴，终日如此不和也。"

【译文】

　　裴子雨做县令，张晴做县丞，两个人威望很高并且能言善辩。有一次为一件事情他俩谈论了很长时间都没有达成共识，属吏们互相交流说："县官们关系不太好啊：长官称雨，赞府说晴，一天到晚都这样互为矛盾。"

【原文】

　　27. 有人献木屐于齐宣王，无刻斲①之迹。王曰："此屐岂非出于生乎？"艾子曰："鞋楦是其核也。"

【注释】

　　①斲：砍削。

【译文】

　　有人献给齐宣王一双木鞋，看起来非常新。齐宣王说："难道这双鞋是长出来的吗？"艾子说："鞋楦是它的内核。"

【原文】

　　28. 张端为河南司录，府当祭社，买猪，已呈尹，其夜突入录厅，端即令杀之。吏以白①尹，尹问端，对曰："按诸无故夜入人家，登时杀之，勿论。"尹大笑，为别市②猪以祭。

【注释】

　　①白：告诉。

　　②市：购买。

【译文】

　　张端为河南司录，府吏就将买好的猪献给河南尹来祭祀土地神，这头猪夜里突然闯进司录大厅，张端一时性急就让人杀了它。府吏上报了这件事，府尹问张端，张端回答说："按照现在的法律是，不管什么东西只要无缘无故夜闯他人家里，当时就可以处决，不需要承担责任。"府尹大笑，于是就让他人到市场上又买了一头猪用以祭祀。

【原文】

　　29. 梅圣俞以诗知名，三十年终不得一馆职。晚年与修①《唐书》，语其妻刁氏曰："吾之修书，可谓猢狲入布袋。"刁曰："汝之仕宦，何异鲇鱼上竹竿！"

①修：编撰。

【译文】

梅圣俞写诗很有名气，三十年都没有得到提拔。晚年他参与编撰《唐书》，对妻子刁氏说："我参与编撰书籍就好像猢狲钻进布袋。"刁氏说："你的仕途生涯，就好像鲇鱼爬上竹竿！"

【原文】

30. 艾子好饮酒，少醒日，门人谋曰："此未可口舌争，宜以险事怵^①之。"一日，大饮而哕，门人窃袖彘膈置哕中，持以示曰："凡人具五脏，今公因饮而出一脏矣，何以生耶？"艾子熟视而笑曰："唐三藏尚活世，今况四脏乎？"

【注释】

①怵：吓唬。

【译文】

艾子喜欢喝酒，大部分时间处于醉酒状态。门客们商量说："光口头劝解没用，应当夸大险情来吓唬他。"有一天，他喝得酩酊大醉呕吐不已，门客们就将一块猪肝放进他的呕吐物里，拿出来给他看说："普通人都具有五脏，现在你因为喝酒而吐出一脏来，以后该怎么活啊？"艾子仔细看了一会儿笑着说："唐三藏（脏）都活得好好的，更何况我现在有四脏。"

【原文】

31. 杜邠公饮食洪博，既饱即寝。人谏非摄生之理，公曰："君不见布袋盛米耶，放倒即漫。"

【译文】

杜邠公非常能吃，吃饱了就呼呼大睡。人们都说这样不利于养生，杜邠公说："这就好像布袋盛米，一旦放倒了米袋，米就漫出来了。"

【原文】

32. 石中立尝与同列观南园狮子，主者曰："县官日破肉五斤饲^①之。"同列戏曰："吾侪反不及此狮子乎？"中立曰："吾辈员外郎，安敢比园内狮子？"

【注释】

①饲：喂养。

　　石中立曾经与同僚们一起观看南园的狮子，主管人员说："狮子每天能享用五斤肉。"同僚们开玩笑说："这些狮子的待遇比我们高啊。"石中立说："我们这些员外郎（园外狼）当然比不上园里的狮子。"

【原文】

　　33. 伶官敬新磨，以谑得罪庄宗，庄宗大怒，弯弓射之。新磨急呼曰："陛下无杀臣！臣与陛下为一体，杀之不祥！"庄宗惊问其故，对曰："陛下开国，改元同光，且同，铜也，若杀敬新磨，则无光矣。"帝释之。

【译文】

　　伶官敬新磨，开玩笑过失得罪了后唐庄宗，后唐庄宗勃然大怒，要用弓箭射杀他。敬新磨急忙求救说："陛下开恩啊！臣与陛下是水乳交融，不能杀！"后唐庄宗惊奇地问什么原因，他回答说："陛下开国时候，将年号改元为同光，同就是铜，如果杀了敬新磨，那么以后就不亮了。"后唐庄宗这才释放了他。

【原文】

　　34. 丁谓尝以文谒王禹偁，禹偁称其文与孙何，可比韩柳。名遂大振。既而何冠多士，谓登第四，自以为与何齐名，耻居其下。胪传之际，殿下有言，太宗曰："甲乙丙丁，合居第四，复何言？"

【译文】

　　丁谓曾经让王禹偁看自己的文章，王禹偁称他的文章可与孙何、韩愈相比肩。于是声名大噪。后来孙何中了状元，丁谓排列第四名，他自认为可以与孙何平起平坐，觉得排在他后面是种耻辱。皇上召见他们之际，丁谓就在殿下大发牢骚，太宗说："甲乙丙丁，丁就应该排在第四位，还有什么异议吗？"

【原文】

　　35. 冯祭酒具区，携妓泛西湖，泊于定香桥畔，有群青衿士拥观。公不堪，令移舟。青衿辈大怒，随舟厉声曰："尔已过会元，已过祭酒，独不畏吾将来耶？"公命使者报声曰："致上秀才：纵若随后赶来，老夫已过学士港矣！"

【译文】

　　国子监祭酒冯具区携带歌妓们泛舟西湖，将船停泊在香桥畔，有一群学子前来围观。冯公难以忍受，就转移到其他地方。学子们大怒，尾随着船大骂：

"你已经在科举考试中获得了第一名，你已经当上了国子监酒祭，难道就不怕我们将来报复你吗？"冯公就让使者回答说："告诉你们这些秀才，纵使你们后来居上，老夫也早已隐退了！"

【原文】

36. 阮德如尝于厕见鬼，长丈余，色黑而眼大，着皂单衣，平上帻，去①之咫尺。德如笑语之曰："人言鬼可憎，果然！"鬼赧而退。

【注释】

①去：距离。

【译文】

阮德如曾经上厕所时遇到了鬼，长有一丈多，面色黝黑眼睛很大，身穿皂单衣，戴着平头帽，离他只有咫尺之遥。阮德如笑着对他说："人们都说鬼长得很丑，今天一见果不其然！"鬼羞愧地退走了。

【原文】

37. 西王母献桃于武帝，云："此桃三千年生花，三千年熟。"指方朔曰："仙桃三熟，此儿已三偷得此桃。"帝曰："尝闻鼻下长一寸，是百年人。"方朔笑曰："彭祖寿年七百岁，鼻下合长七寸？"

【译文】

西王母给汉武帝进献桃子，说："这棵树三千年开花，三千年结果。"她指着东方朔说："这个孩子也偷了三次成熟的仙桃。"汉武帝说："我曾经听说鼻子下长一寸，是一百年。"东方朔笑着说："彭祖寿今年七百岁，难道鼻子下长了七寸？"

【原文】

38. 五代冯瀛王道①，门客讲《道德经》首章"道可道，非常道"，门客见"道"字是冯名，乃曰："不敢说可不敢说，非常不敢说。"

【注释】

①冯瀛王道：冯道（882—954 年），字可道，号长乐老，瀛州景城（今河北沧州西北）人，五代宰相。死后追封瀛王，谥号"文懿"。

【译文】

五代时瀛王冯道的门客讲《道德经》第一章"道可道，非常道"，门客见道字是冯道的名字，就说："不能这么说，不能这么说，绝对不能这么说。"

【原文】

39. 陆长源以旧德为宣武军行司马，韩愈为巡官。或讥年辈相悬，长源曰："大虫①老鼠，俱为十二相属，何怪之有？"

【注释】

①大虫：老虎。

【译文】

陆长源任用有德望的老臣做宣武军司马，韩愈做巡官。有人讽刺他们年龄相差太大，陆长源说："老虎与老鼠都属于十二生肖，不足为奇。"

【原文】

40. 武林①邹虞知延平，延平素产绣补，亲友皆先从虞索之。后抵任，补绝少，惟四时多笋，过者以笋馈之，语曰："吾任'损有余，补不足'也。"

【注释】

①武林：杭州。

【译文】

杭州人邹虞做延平知府，延平盛产绣补，亲友们都事先向邹虞预定。后来到了任所，发现绣补不多，但是一年到头能收获很多竹笋，谁来造访他就送竹笋给谁，说："在我的任期内是损有余奉不足。"

【原文】

41. 西施教歌舞之地名西施山，袁宏道与陶望龄同游，陶诗云："宿几夜骄歌艳舞之山。"袁笑曰："此诗当注明，不然，后日累君谥文恪也。"

【译文】

袁宏道与陶望龄一同去西施山游玩，那是西施教歌舞的地方，陶望龄作诗说："宿几夜骄歌艳舞之山。"袁宏道笑着说："这首诗应当做好注解，否则会影响你获得文恪谥号的。"

【原文】

42. 叶月潭须髯初白，或告之曰："尊须有一二茎报信。"月潭遂于袖中取镊摘之，曰："报信者一钱①。"

①钱：通"钳"。

【译文】

叶月潭胡须开始变白的时候，有人告诉他说："您的胡须有一两根是白的。"叶月潭于是就从衣袖里掏出镊子拔掉了，说："赏给报信者一钱（钳）。"

【原文】

43. 江进之举进士，其父贫甚，为报捷者索重赏，至困，不觉愤懑。罗汝鹏过而慰之曰："公且耐。生儿不肖，奈何？"闻者大笑。

【译文】

江进考中进士的时候，他的父亲非常贫穷，但是为他传送捷报的人索求重赏，最终搞得极为困顿，愤愤不平。罗汝鹏过来安慰他说："江公您先忍一忍吧，您的儿子不像您那么没出息，有什么办法呢。"听到的人哈哈大笑。

【原文】

44. 袁中郎偶中热减衣，丘长孺谓之曰："天且寒，何不加衣？"中郎曰："加则恐流鼻红。"长孺笑曰："减则恐流鼻白。"

【译文】

袁中郎偶尔得了热症就脱了些衣服，丘长孺对他说："天气寒冷，为什么不多穿衣服？"中郎说："多穿衣服恐怕会流鼻血。"丘长孺笑着说："少穿衣服则会流鼻涕。"

【原文】

45. 太仓王内阁荆石，性僻洁，不轻接引。司寇凤洲性坦易，多所容纳。其乡人曹子念曰："内阁是常清常净天尊，司寇是大慈大悲菩萨。"

【译文】

太仓王内阁荆石，生性洁癖，不爱接待客人。担任司寇的王世贞性格坦率，平易近人，喜欢广交朋友。他的老乡曹子念说："内阁是常清常净天尊，司寇是大慈大悲菩萨。"

【原文】

46. 潘方凯性风流不恒①，先与平康妓钟（锺）举昵，后舍之，复与董素卿合。李本宁太史谓之曰："均一重也，何舍金而取草？"对曰："均一重也，为一正而一偏。"李笑曰："略觉输下耳。"

【注释】

①恒：恒心。

【译文】

潘方凯风流成性，没有恒心，先是与平康妓钟举亲昵，后来又舍弃，最后又与董素卿结合在一起。太史李本宁对他说："都是一样的重，为什么会舍掉金而取草？"他回答说："都是一样的重，为什么一个正一个偏。"李本宁笑着说："还是稍微觉得偏低了些。"

【原文】

47. 梁吴均有诗曰："秋风泷白水，雁足印黄沙。"沈约语之曰："黄沙语太险。"均曰："亦见公诗云：'山樱发欲然。'"约曰："我始欲然，公已印讫。"

【译文】

南朝梁人吴均有首诗说："秋风泷白水，雁足印黄沙。"沈约对他说："'黄沙'一词显得既奇又险。"吴均说："你的诗中不是也有'山樱发欲然'吗？"沈约说："我刚准备'然（燃）'，你就已经'印'过了。"

【原文】

48. 江西有驿官，以干事自任，白刺史驿已理，请一阅①之。乃往，初一室为酒库，诸醞毕熟，其外画神，问曰："何也？"曰："杜康。"又一室茶库，诸茗毕贮，复有神，问："何也？"曰："陆鸿渐。"又一室曰菹库，诸茹毕备，复有神，问何神也？曰："蔡伯喈。"

【注释】

①阅：视察。

【译文】

江西有个驿官，很是能干，他告诉刺史驿站的工作已经准备妥当，请求他前来视察。于是刺史就前来视察，第一间房子是酒库，各种酒水都已经酿好，门外画着一幅神像，刺史问："这是谁？"他回答说："杜康。"又到了一间房子是茶室，各种茶叶都已经准备好，门外还有一幅神像，问这人是谁？他回答说："陆鸿渐。"又到了一间房子是腌菜室，各种腌菜都已经准备好，门外还有一幅神像，问这是什么神？他回答说："蔡伯喈。"

【原文】

49. 驸马梅殷守淮南，文皇正位，罢兵入见，上曰："都尉功劳可念①也。"对曰："臣领其半。"上曰："功劳惟有大小，安有全半？"对曰："劳而无功，非半乎？"

【注释】

①念：感激。

【译文】

驸马都尉梅殷镇守淮南，建文皇帝继位以后，他离开军营去见皇上，皇上说："都尉功不可没，令人感激。"他回答说："臣只能领一半的功劳。"皇上说："功劳只有大小，哪有整体一半之说呢？"他回答说："有苦劳但是没功劳，难道不应该是一半吗？"

【原文】

50. 龙大渠官至太守，其子德化，初选通判，大渠戒曰："尔平日多戏语，居官，不得复尔。"德化起应曰："堂尊承教。"

【译文】

龙大渠做官做到太守，他的孩子龙德化刚被任命为通判时，龙大渠告诫他说："你平时喜欢开玩笑，做了官以后就要有所改正。"龙德化起身答应说："唐尊铭记教导（'唐尊'指旧时对官员或父母的尊称）。"

【原文】

51. 道学者曰："天不生仲尼，万古如长夜。"刘谐曰："怪得羲皇以上圣人，尽日然①烛而行。"

【注释】

①然：通"燃"。

【译文】

道学家说："如果世上没有孔子，千秋万代都漆黑一片。"刘谐说："怪不得羲皇以上的圣人，都要点着蜡烛才能行走。"

【原文】

52. 东坡有歌舞妓数人，每留宾客饮酒，必云："有数个搽粉虞侯，欲出来祇应也。"

【译文】

苏轼养了很多歌舞妓女，每次留宾客在家饮酒时，他必定会说："这里有几个浓妆艳抹的侍从，随时等候各位差遣。"

【原文】

53. 米芾尝作诗云："饭白云有子，茶甘露有兄。"人问露兄故①实，乃云："只是甘露哥哥耳。"

【注释】

①故：典故。

【译文】

米芾曾经作诗说："饭白云有子，茶甘露有兄。"有人就问它露兄背后有什么典故，于是说："没什么典故，不过是甘露的哥哥罢了。"

【原文】

54. 宋元祐间有陈上舍，治①《春秋》，与宋门一娟狎。一日，会饮于曹门，因用《春秋》之文戏之曰："春正月，会吴姬于宋。夏四月，复会于曹。"

【注释】

①治：研究，治学。

【译文】

宋哲宗元祐年间有个姓陈的上舍，研究《春秋》，与开封宋门的一个妓女关系暧昧。有一次，他们一起在曹门饮酒，因此就用《春秋》的诗文来调戏，说："春天花红柳绿，气候宜人，适合在宋门与歌姬约会。夏季气候炎热，适合在曹门饮酒。"

【原文】

55. 张融尝乞假归，帝问所居，答曰："臣陆居非屋，舟居非水。"上未解，问张绪，绪曰："张融近东山，未有居止，权牵小船上岸，住在其间。"上大笑。

【译文】

张融曾经请假回老家，皇上问他住在哪里，他回答说："臣在陆地上居住但不是住在屋子里，在船上居住，但不是在水里。"皇上听后大为不解，问张绪，他回答说："张融的家在东山附近，可是没有固定的住房，只好牵着小船上岸，住在舱里。"皇上听后大笑。

56. 陈使聘齐，见朝廷有赤髭^①者，顾谓散骑常侍赵郡李驹騄曰："赤也何如?"驹騄曰："束带立于朝，可使与宾客言者。"

【注释】

①赤髭：红胡须。

【译文】

南北朝时期，陈国的使者到齐国访问，见到朝廷上有一个红胡须的人，就对散骑常侍赵郡李驹騄说："那红胡子的人是谁?"李驹騄说："是个可以立在朝廷，与使者们对话的人。"

【原文】

57. 齐高祖作隐语^①，以"卒律葛答"为煎饼。后复谓诸臣曰："汝等为我作一谜，我为汝射之。"石动筩复云："卒律葛答。"高祖射不得，问曰："此是何物?"答曰："是煎饼也。"高祖曰："我始作之，何因更作?"动筩曰："乘大家热铛子头，更作一个。"高祖大笑。

【注释】

①隐语：谜语。

【译文】

齐高祖出谜语，用"卒律葛答"作谜面，煎饼是谜底。后来他对各位大臣说："你们为我也出一个谜语，我来猜。"石动筩又重复说："卒律葛答。"齐高祖没有猜出来，问："这是什么?"石动筩回答说："是煎饼。"齐高祖说："我已经作了，你们为什么还要作?"石动筩说："趁热，再作一个。"齐高祖哈哈大笑。

【原文】

58. 唐玄宗尝登北苑楼，望渭水，见一醉人临水卧，问黄幡绰曰："此是何人?"黄曰："是年满令史。"上曰："汝何以知?"对曰："更一转入流。"

【译文】

唐玄宗曾经登上北苑楼远眺渭水，见到一个醉汉卧倒在水边，就问黄幡绰："那是什么人?"黄幡绰说："是行将就木的令史。"皇上说："你是怎么知道的呢?"他回答说："再一转就入流了。"

【原文】

59. 玄宗尝与诸王会食，宁王失口喷饭，直及龙颜，上曰："宁哥何以错喉？"黄幡绰曰："非错喉，是喷嚏。"

【译文】

唐玄宗曾经与各位王侯一起吃饭，宁王不小心将饭喷在了皇上的脸上，皇上说："宁哥怎么卡住喉咙了？"黄幡绰说："不是卡住喉咙，是打喷嚏。"

【原文】

60. 齐高祖尝令人读《文选》，有郭璞《游仙诗》，嗟叹称善。诸学士皆云："此诗极工①，诚如圣旨。"石动筩起云："此诗有何能？若令臣作，即胜伊一倍。"高祖不悦。良久语云："汝是何人，自言作诗能胜郭璞一倍，岂不合死？"动筩即云："若不胜，臣甘合死。"乃扬声曰："郭璞《游仙诗》：'青谿千余仞，中有一道士。'臣作云：'青谿二千仞，中有两道士。'"高祖大笑。

【注释】

①工：精彩。

【译文】

齐高祖曾经让人读《文选》，里面有郭璞的《游仙诗》，听完之后连连赞叹。各位学士都说："这首诗的确很精妙，就像皇上所说的那样。"石动筩站起来说："这诗有什么了不起的？我作一首，一定胜他一倍。"齐高祖不开心。很久才说："你是什么人，竟然说作诗可以超过郭璞一倍，难道不该死？"石动筩随即说："如果不能胜过，臣甘愿去死。"于是大声说："郭璞《游仙诗》：'青谿千余仞，中有一道士。'臣作诗：'青谿二千仞，中有两道士。'"齐高祖听后大笑起来。

【原文】

61. 石动筩尝于国学中看博士论，云："孔子弟子，达者七十二人。"因问曰："达者七十二人，几人已着冠？几人未着冠？"博士曰："经传无文，何因得考？"动筩曰："已着冠有三十人，未着冠有四十二人？"博士曰："据何文？"曰："《论语》云'冠者五六人'，五六三十也；'童子六七人'，六七四十二也，岂非七十二人乎？"坐中皆大笑。

【译文】

石动筩曾经在国学中看到博士的辩论："孔子的弟子，通达七十二人。"于是就问："通达的七十二人中有多少戴着帽子？有多少没有戴帽子？"博士说："经传没有记载，如何得知答案？"石动简说："戴帽子的三十人，没有戴帽子的四十二人？"博士说："你是怎么知道的呢？"说："《论语》云'冠者五六人'，五六三十也；'童子六七人'，六七四十二也，岂非七十二人乎？"在座的人都大笑。

【原文】

62. 隋侯白州举①秀才，至京，与越国公杨素并马言话。路旁有槐树憔悴死，素乃曰："侯秀才理道过人，能令此树活不？"曰："能！"素云："何计？"曰："取槐树子于树枝上悬著即活。"素云："何也？"曰："子在，回何敢死！"素笑，几堕马。

【注释】

①举：举荐。

【译文】

隋朝的侯白在州里被举荐为秀才，到了京城，与越国公杨素并肩骑马谈话。路边有一棵槐树死了，杨素就说："侯秀才机智过人，能让这棵树复活吗？"他回答说："能。"杨素说："用什么办法"。侯白说："取槐树子挂在树上就能活。"杨素说："为什么？"他说："孔子在，颜回怎敢死？"杨素听后笑得差点从马上掉下来。

【原文】

63. 开皇中，有人姓出，名六斤，欲参杨素，赍名纸至省门，遇侯白，请为题其姓，乃书曰："六斤半。"名既入，素召其人，问曰："卿姓六斤半？"答曰："是出六斤。"曰："何为六斤半？"曰："向请侯秀才题之，当是错矣。"即召白至，谓曰："卿何为错题人姓名？"对云："不错。"素曰："若不错，何因姓出名六斤，乃题六斤半？"对曰："向在省门，会仓卒，无秤可称，斟酌之，只应是六斤半。"

【译文】

隋朝开皇年间有个人姓出，叫六斤，想要拜见杨素，带着名帖来到中央官署门前，遇到了侯白，请他写上自己的姓名，于是侯白就写下："六斤半。"名帖送入后，杨素就召见他，问："你叫六斤半？"他回答说："是叫出六斤。"杨素问："可帖子上写的为啥是六斤半？"他说："我请侯白写的，可能是当时写错了。"于是就将侯白召进来，对他说："你为什么给别人题错名字？"侯白回答说："没有错。"杨素说："如果没有错，为什么他姓出，名六斤，你却题成六斤半？"他回答说："当时在官署门前太紧急，没有秤可以称，估量了一下，只应是六斤半。"

【原文】

64. 侯白赴一人宴，后至。众曰："罚尔作谜，必不得幽隐难识及诡谲希奇，亦不假合而成、人所不见者。"白即云："有物大如狗，面貌极似牛，此是何物？"或云是獐，或云是鹿，皆云："不是。"即令自解，云："此是犊子。"满座哗然。

【译文】

侯白有一次赴宴，去晚了一会儿。众人说："罚你出一个谜语，不能太深奥也不能太离奇，也不能是东拼西凑他人不常见的。"侯白随即说："有物大如狗，面貌极似牛，这是什么东西？"有人说是獐，有人说是鹿，他说："都不是。"于是就自己解答说："这是牛犊子。"全场哄堂大笑。

【原文】

65. 隋河间郡刘焯与从侄炫，并有儒学，俱犯法被禁，县吏不知其大儒也，咸①与之枷著。焯曰："终日枷中坐，而不见家。"炫曰："亦终日负枷坐，而不见妇。"

【注释】

①咸：都。

【译文】

隋代时的河间郡刘焯和侄子刘炫在儒学方面有很深的研究，但都因为触犯法律坐牢，县吏不知道他们是大儒，都给他们戴上了枷锁。刘焯说："整天枷中坐，而不见家在哪里。"刘炫说："终日负枷坐，而不见妇人。"

【原文】

66. 杜正伦讥任环怕妻，环曰："妇当怕者有三：初娶时如菩萨，岂人不怕菩萨；既生育如鬼子母，岂人不怕鬼子母；年老面皱如鸠盘茶，岂有人不怕鸠盘茶耶。"

　　杜正伦嘲笑任环怕老婆，任环说："怕老婆有三个理由：刚娶进门时像菩萨，所以怕；生孩子的时候像鬼子母，所以怕；年老皮肤皱巴巴的，像鸠盘荼，所以怕。"

【原文】

　　67. 王玄同任荆时，出主社事，偶有犬来遗秽，玄同自取砖击之。人怪其率，问曰："何为自举击之？"玄同曰："苟利社稷，专之亦可。"

【译文】

　　王玄同在荆州任职的时候，负责祭祀事务，这时有一只狗拉了粪便，王玄同就拿砖头去砸它。人们怪他太过鲁莽，问他："为什么亲自拿砖头去砸？"他回答说："如果对江山社稷有利，专横点也是可以理解的。"

【原文】

　　68. 唐吏部侍郎杨思玄，恃①外戚之贵，待选流多不以礼，而排斥之。为选人夏侯彪所讼，御史中丞郎余庆弹奏免。中书令许敬宗曰："固知杨吏部之败也。"或问之，宗曰："一彪一狼，共着一羊，不败何待？"

【注释】

　　①恃：凭借。

【译文】

　　唐代的吏部侍郎杨思玄凭借皇亲国戚的身份，对候选的官员很无礼，对他们大为排斥。候选人夏侯彪前去投诉他，御史中丞郎余庆得知后罢免了杨思玄的职务。中书令许敬宗说："我早就知道杨吏部会垮掉。"有人问为什么，许敬宗说："一彪一狼，共同对付一只羊（杨），不败才怪呢？"

【原文】

　　69. 李程为夏口日，有客辞焉，李曰："且更两三日。"客曰："业已行矣，舟船已在汉口。"李曰："但①相信住，那汉口不足信。"客掩口而笑。

【注释】

　　①但：只是。

【译文】

　　李程在夏口任职的时候，有客人前来作别，李程说："暂且住上两三日吧。"客人说："已经启程了，船已经到了汉口。"李程说："如果相信我住下来的话，那么现在就不可能到达汉口。"客人听后掩口而笑。

【原文】

70. 薛绍纬未登第前，就肆①买履。肆主曰："秀才脚第几？"对曰："绍纬作脚来，未曾与立行第。"

【注释】

①肆：店铺。

【译文】

薛绍纬没有考中进士之前，就到店铺里买鞋子。店主说："秀才的脚多大？"他回答说："我只是带着脚来，不能给它排名。"

【原文】

71. 庾杲之清素自业，食惟有韭菹、瀹韭、生韭杂菜，或谓之曰："谁谓庾郎贫，食鲑常有二十七种。"

【译文】

庾杲之以艰苦朴素自居，吃的食物大多是韭菹、瀹韭、生韭杂菜，有人对他说："谁说你很贫穷，你吃的食物种类多达二十七种。"

【原文】

72. 丁晋公①自崖州还，坐客论天下州郡，何地最雄盛，公曰："惟崖州地望最重。"客问其故，答曰："宰相只作彼州司户参军，他州何可及？"

【注释】

①丁晋公：丁谓（966—1037年），字谓之，后更字公言，两浙路苏州府长洲县（今江苏苏州）人。北宋宰相（先后共在相位七年）、奸臣。

【译文】

北宋的丁谓从崖州回到家以后，与来到家里的客人一起讨论哪一个州最繁荣强大，丁谓说："只有崖州的名望最大。"客人问为什么这样，他回答说："宰相只能做本地的司户参军，其他州当然比不上。"

【原文】

73. 秦太虚①为御史贾所弹，张文潜戏之曰："千余年前贾生过秦，今复尔也。"

【注释】

①秦太虚：秦观（1049—1100 年），字太虚，别号邗沟居士，江苏高邮人。北宋婉约词人，"苏门四学士"之一。

【译文】

北宋的秦观被御史贾某所弹劾，张文潜开玩笑说："一千年前贾谊写《过秦论》来抨击秦国，今天又重复同样的悲剧。"

【原文】

74. 礼侍郎叶盛转吏侍郎，礼尚书姚夔设宴郑重，因曰："敝乡亲友干谒者众，烦公垂念。"叶唯唯。亡何①，姚进太宰，叶携酒往贺，执杯献于姚曰："今日送乡里还先生矣。"

【注释】

①亡何：不久。

【译文】

礼部侍郎叶盛转任吏部侍郎，礼部尚书姚夔设宴郑重款待他，趁机说："我家乡的亲朋好友多是些请您办事的人，麻烦您就多操点心。"叶盛连连答应。不久，姚夔升为太宰，叶盛带酒前去祝贺，端起酒杯敬姚夔说："我今天把父老乡亲给您带来了。"

【原文】

75. 周文襄在吴中，好徜徉梵刹，旌节所至，钟磬交接。每至佛殿，必拜，人或诮之，文襄笑曰："即以年齿论，彼长我二三千岁，岂不直得一拜?"

【译文】

周文襄在吴中时，喜欢游览当地的寺庙，所到之处，锣鼓喧天。他每到一处佛殿，必定跪拜，有人就讽刺他，周文襄笑着说："即便用年轮来计算的话，它也比我大两三千岁，必须跪拜。"

【原文】

76. 李东阳在京邸会试贡士，酒数行，俱①起辞谢，公曰："且止，有场中题，愿商之：东面而征，西夷怨；南面而征，北狄怨。"众未解，公笑曰："只是待汤耳。"

①俱：一起。

【译文】

李东阳在京城款待参加会试的同乡贡生，一番畅饮后，贡生们纷纷起身辞谢，李东阳说："且慢，我这里有一道考场中的题目，希望大家能够解答一下：东面而征，西夷怨；南面而征，北狄怨。"在座的人都没有解答，李东阳笑着说："无非是在等汤。"

【原文】

77. 守备太监某，挟①贵夸诩，喜延接士大夫，独王司徒鸿儒不往，或以为言，王曰："往来虽无我，谈笑却有我。"闻者大笑。

【注释】

①挟：凭借。

【译文】

某太监任守备大员，凭借身份，行事高调，他常常邀请士大夫前去做客，只有司徒鸿儒没有参加，有人就将这件事情当作茶余饭后的谈资，王司徒说："虽然我没前去，但是一直活跃在你们的言论里啊。"听到的人大笑起来。

【原文】

78. 熊际华望演易台，迷烟雨不见，笑曰："遵养时晦，宜其濛濛也。"

【译文】

熊际华远眺演易台，烟雨迷濛，视线模糊，笑着说："暂时隐逸，慢慢滋养，演易台本来就应该模糊不堪的。"

【原文】

79. 熊敦朴与馆选，改兵部，左迁通判，往辞张江陵相公，公曰："公是我衙门内官，痛痒相关，此行宜着意。"熊曰："老师恐未见痛。"相公问故，答曰："王叔和《医诀》云：通则不痛，痛则不通。"相公大笑。

【译文】

熊敦朴从史官改任为通判，临行前他与张居正道别，张居正说："您是我衙门内的官员，与衙门休戚相关，这次出行一定要小心。"熊敦朴说："老师不会痛的。"张居正问什么原因，他回答说："王叔和《医诀》说：通则不痛，痛则不通。"张居正听后哈哈大笑。

【原文】

80. 王仲祖闻蛮语不解，茫然曰："若使介葛卢来朝，故当不昧^①此语。"

【注释】

①昧：糊涂。

【译文】

王仲祖听不懂蛮人讲话，就茫然地说："如果让介葛卢来朝廷做翻译，定然会理解这些话。"

【原文】

81. 顾长康^①拜桓宣武墓，作诗云："山崩溟海竭，鱼鸟将何依。"人问之曰："卿凭重桓乃尔，哭之状其可见乎？"顾曰："鼻如广莫长风，眼如悬河决溜。"

【注释】

①顾长康：顾恺之（348—409 年），字长康，晋陵无锡（今江苏省无锡市）。杰出画家、绘画理论家、诗人，代表作有《女史箴图》《洛神赋图》等。

【译文】

顾长康曾经拜谒桓温的坟墓，作了一首诗："山崩溟海竭，鱼鸟将何依。"有人就问他说："你如此看重桓温，那么哭泣到什么程度呢？"顾长康说："鼻息就像沙漠里的浩荡长风，眼泪就像决堤的滚滚洪流。"

【原文】

82. 安鸿渐有清才而复惧内^①，妇翁^②死，哭于路。其妻呼入穗幕中诟之曰："路哭，何因无泪？"复戒曰："来日早临，须见泪。"渐明日以宽巾纳湿纸置于额，大叩其颡而恸。恸罢，其妻又呼入窥之，惊曰："泪何从额流？"渐对曰："水出高原。"闻者大笑。

【注释】

①内：妻子。

②翁：父亲。

【译文】

安鸿渐才华横溢但是很害怕妻子，老丈人死了，他就在路上哭。他的妻子把他叫到灵幔的后面对他说："为什么你在路上哭没有眼泪？"然后又警告他说："明天早晨来的时候，必须看到你流眼泪。"安鸿渐就用毛巾蘸满水放在额头上用力叩击额头大哭。哭完之后，他的妻子就将他叫进去查看，惊奇地说："为什么你的泪水会从额头上流下来？"安鸿渐对他说："水从高处流下。"听到的人大笑起来。

【原文】

83. 潘景升家虽贫，而客来者甚众，必百计以款送之。尝谓罗远游曰："人穷皆有底，余穷独无底。"罗曰："何也？"曰："穷客日来，岂有底乎？"罗曰："穷客日来，正是穷底①。"

【注释】

①底：根底。

【译文】

潘景升家境并不好，但是来拜访的客人很多，他必定不会怠慢他们。他曾经对罗远游说："他人穷都有尽头，唯独我的穷是无底洞。"罗远游说："为什么呢？"他回答说："穷客人天天来，怎能有底线？"罗远游说："穷客人天天来，正是穷的源头。"

【原文】

84. 卢思道尝在宾门日中立，德林谓之曰："何不就树荫？"思道曰："热则热矣，不能林下立。"

【译文】

卢思道曾经站在宾门外的太阳底下暴晒，李德林对他说："为何不站在树荫下呢？"卢思道说："即使很热，我也不能在树下站立。"

【原文】

85. 汝南袁德师，尝于东都买得娄师德故园地，起①书楼。洛人语曰："昔日娄师德园，今日袁德师楼。"

【注释】

①起：建起。

【译文】

汝南人袁德师买下了娄师德当年的园林地，改建成一座藏书楼。洛阳人说：

"昔日是娄师德园，今天是袁德师楼。"

86. 王元景使梁，刘孝绰送之泣下，元景无泪，谢曰："卿勿怪我，别后当阑干耳。"

王元景出使梁朝的时候，刘孝绰出门送他涕泪纵横，王元景没有哭，向刘孝绰道谢，说："您不要怪我，离别以后我会热泪盈眶的。"

谑语第八

【原文】

　　吴苑曰：诙谐戏谑，一类耳，一类而两之，非字之蛇足乎？字既蛇足，即许、李辈尚不能辨，况我耶？吾请以茊之所取诸语定二字耳。第戏不及虐为谐，及虐为谑，故谑字从虐，于此可以小分。乃次谑语第八。

【译文】

　　吴苑说：诙谐戏谑，是同一类，同一类分成了两部分，难道不是文字上的画蛇添足吗？文字出现蛇足，即使东汉的徐慎、元代的李文仲等人都无法分辨，何况我呢？请允许以我所收录的言谈来确定这两个字的含义。还没有达到"虐"的就称为"谐"，达到了"虐"的就称为"谑"，所以"谑"字右半边从"虐"，由此可以有所区别。因此，谑语排列第八。

【原文】

　　1. 王平甫躯干魁硕，而眉宇秀朗，尝盛夏入馆中，方下马，流汗浃衣，刘攽见而笑之曰："君真所谓汗林学士也。"

【译文】

　　北宋的王安国身材高大，而且眉清目秀。盛夏时候他进入翰林院，刚刚下马，就汗流浃背，刘敞见了后取笑他说："您真的是所谓的汗林学士啊！"

2. 段少连，陈州人。晚年因休官还里中，与乡老会饮。段通音律，酒酣，自吹笛，座中有知音者，亦皆以乐器和之。有一老儒独叹曰："某命中无金星之助，是以不能乐艺。"段笑曰："岂惟金星，水星亦不甚得力也。"

【译文】

段少连，陈州人，晚年趁出官差的机会回到故乡，与老乡们一起饮酒。段少连精通音律，喝酒喝到尽兴时，就独自吹起笛子，在座有精通音乐的人，就演奏起乐器与他合奏。有一个老年儒生独自感叹说："我命中没有金星的帮助，所以对音乐一窍不通。"段少连笑着说："不仅没有金星，而且没有水星。"

【原文】

3. 贾嘉隐年七岁，以神童召见。时太尉长孙无忌、司空李勣于朝堂立语，李戏之曰："吾所倚者何树？"嘉隐对曰："松树。"李曰："此槐也，何忽言松？"嘉隐曰："以公配木，则为松树。"无忌连声问曰："吾所倚者何树？"曰："槐树。"公曰："汝不能复矫对耶？"嘉隐曰："何须矫对，但取其以鬼配木耳。"勣曰："此小儿作獠面，何得如此聪明？"嘉隐又应曰："胡面尚为宰相，獠面何废聪明？"勣状貌胡也。

【译文】

贾嘉隐当时七岁，他以神童的身份被皇上召见。当时太尉长孙无忌、司空李勣在朝廷中站着交谈，李勣开玩笑说："我所倚靠的是什么树？"贾嘉隐回答说："是松树。"李勣说："这明明是槐树，怎么能是松树？"贾嘉隐说："用公配木，就是松树。"长孙无忌连声问："我所倚靠的是什么树？"他回答说："是槐树。"长孙无忌说："这次你不能再乱讲了吧？"贾嘉隐说："不是乱讲，只是用鬼配木罢了。"李勣说："这个小孩长得一副獠面，为什么能如此聪明？"贾嘉隐回应说："长得像胡人都可以做宰相，长得一副獠面当然也可以聪明绝顶。"李勣长得像胡人。

【原文】

4. 东坡登禁林，以高才狎侮诸公卿，率有标目，殆遍，独于司马温公不敢有所重轻[①]。一日，与共论免役、差役利害，偶不合，及归舍，方卸巾弛带，乃连呼曰:"司马牛!司马牛!"

①重轻:褒贬。

【译文】

苏轼进入翰林院,凭着高妙的口才戏弄了各位大臣,对每位都点评了一番,唯独没有褒贬司马光。有一天,苏轼与司马光一起讨论免差役、出差役的利害,意见不统一,等到回到家,摘掉头巾宽衣解带的时候,连连呼叫:"司马牛,司马牛!"

【原文】

5. 苏子瞻与姜制之饮,姜制之令云:"坐中各要一物是药名。"乃指子瞻曰:"君,药名也。子苏子。"子瞻答曰:"君亦药名也。君若非半夏,定是厚朴。"众请其故,曰:"非半夏,非厚朴,何故曰'姜制之'?"众皆绝倒。

【译文】

苏轼与姜制之一起饮酒,姜制之规定酒令说:"每个人要指出一件事物,必须是药名。"于是就指着苏轼说:"你的名字就是药名,子苏子。"苏轼回答说:"你的名字也是药名,如果不是半夏就是厚朴。"在座的人都问什么原因,他说:"如果不是半夏不是厚朴,为什么是姜制之?"众人都笑得前仰后合。

【原文】

6. 秦少章云:"郭功甫尝过杭州,出诗一轴①示东坡,先自吟诵,声震林木。既罢,谓东坡曰:'祥正此诗几分?'坡曰:'十分。'祥正喜之,坡曰:'七分来是读,三分来是诗。'郭不怿。"

【注释】

①轴:卷。

【译文】

秦少章说:"北宋的郭功甫曾经去杭州,拿出一卷诗请苏轼点评,他先自己吟咏一番,声音很洪亮。等吟咏完了,就对苏轼说:'我的这首诗能得多少分?'苏轼说:'十分。'郭功甫很高兴。苏轼接着说:'吟咏诗占七分,诗作占三分。'郭功甫很不开心。"

【原文】

7. 无锡孙南公躯干微小，郝公琰戏抱之，孙曰：“当日张江陵抱主登位，正是如此。”郝曰：“汝非孙子耶？”

【译文】

无锡人孙南公个头不高，郝公琰用开玩笑的方式把他抱起来。孙南公说：“当年张居正就是这样抱着皇上登基的。”郝公琰说：“你不是孙子是什么？”

【原文】

8. 米元章居京师，被服怪异，带高檐帽，不欲置从者之手，恐为所污。既坐轿，为顶盖所碍，遂撤去，露帽而坐。一日出保康门，遇晁以道，以道大笑。下轿握手，问：“晁四，你道似甚底？”晁云：“我道你似鬼章。”二人抚掌绝倒。时西边获贼寨首领鬼章，槛车入京，故以道为戏。

【译文】

米芾住在京城，穿奇装异服，戴高檐帽，不愿意让随从沾手，恐怕被他们弄脏。坐轿子出行的时候，觉得轿顶有些碍事，于是撤去，帽子露在轿子外面。有一天从保康门出行，遇到了晁以道，晁以道看见后大笑起来。米芾下轿子后与他握手，问晁以道：“你说我像什么？”晁以道说：“跟鬼章一样。”两人拍掌大笑。当时西边的边境上抓获了叛乱的首领鬼章，晁以道就以用囚车押运鬼章进京这件事，和米芾开玩笑。

【原文】

9. 隋京兆杜公瞻，卫尉台卿犹子也。尝邀阳玠过宅，酒酣，因而嘲戏。公瞻谓：“兄既姓阳，阳货实辱孔子。”玠曰：“弟既姓杜，杜伯实射宣王。”

【译文】

隋代的京兆尹杜公瞻是卫尉杜台卿的侄儿，曾经邀请阳玠到家里做客，喝到尽兴时，于是就开始揶揄他。杜公瞻说：“老兄姓阳，历史上有个叫阳货的人，确实侮辱过孔子。”阳玠说：“老弟姓杜，历史上有个叫杜伯的人，确实射杀过周宣王。”

【原文】

10. 殿内将军陇西牛子充尝谓阳玠曰：“君羊有疥，恐不任厨。”玠曰：“君牛既充，正可烹宰。”又见玠食芥菹，曰：“君身名玠，何得复啖芥菹？”对曰：

"君既姓牛，何得不断牛肉？"

【译文】

　　殿内将军、陇西人牛子充对阳玠说："你的羊有疥，恐怕不能吃。"阳玠说："你的牛已经很肥美，正好可以用来做美食。"牛子充又看到阳玠吃芥菜，说："你的名字叫芥，就不能吃芥菜"阳玠回答说："你既然姓牛，也不能吃牛肉。"

【原文】

　　11. 太仓令张策，在云龙门与玠议，理屈，谓玠曰："卿本无德量，忽共叔宝同名。"玠抗声曰："尔既非英雄，敢与伯符连讳。"

【译文】

　　太仓县令张策，在云龙门与阳玠一起议论事情，觉得理亏，对阳玠说："你本来没有什么德行，不能与西晋的卫玠同名。"阳玠抗议道："你既然不是英雄，也不能与三国的孙策同名。"

【原文】

　　12. 太子洗马兰陵萧诩，爽俊有才辩，尝谓玠曰："流共工于幽州，易北恐非乐土。"玠曰："族骧兜于崇山，江南岂是胜地？"

【译文】

　　兰陵人萧诩任太子洗马一职，此人英俊清爽，能言善辩，曾经对阳玠说："共工流放到幽州，易北（阳玠的故乡）地区恐怕难以安宁。"阳玠说："当年虞舜曾将骧兜流放到崇山，江南（萧诩的故乡）也不是景色宜人的地方。"

【原文】

　　13. 宋王彧之子绚，年五六岁，警悟，外祖何尚之赏异焉。尝教读《论语》，至"郁郁乎文哉"，因戏之曰："可改'耶耶乎文哉'。"绚应曰："便可道'草翁之风则舅'乎？"

【译文】

　　宋人王彧的儿子王绚，当时才五六岁，外祖父何尚非常喜欢他，认为他天赋异禀。曾经教他读《论语》，当读到"郁郁乎文哉"，就对他开玩笑说："可以改成'耶耶乎文哉'。"王绚回应说："难道可以读作'草翁之风则舅'吗？"

【原文】

14. 汉武帝时，郭舍人与东方朔校射覆，不胜，上令倡监榜①舍人，舍人不胜痛，呼謈。朔笑之曰："咄！口无毛，声謷謷，尻②益高。"舍人恚曰："朔擅诋欺天子从官，当弃市。"上问朔何故诋之？对曰："臣非敢诋之，乃与为隐耳。"上曰："隐云何？"朔曰："夫口无毛者，狗窦也；声謷謷者，鸟哺鷇也；尻益高者，鹤俯啄也。"

【注释】

①榜：打。

②尻：屁股。

【译文】

汉武帝时，郭舍人与东方朔比赛猜谜，结果输了，皇上就让监管歌舞的人来打他，郭舍人痛苦难忍，就大声求救。东方朔笑着说："咄！口无毛，声謷謷，尻益高。"郭舍人很怨恨地说："东方朔辱骂天子的侍从官，应当暴尸街头。"皇上问东方朔为什么诋毁他，东方朔回答说："我并没有诋毁他，只是为他作了隐语罢了。"皇上说："什么隐语？"东方朔说："口上无毛是狗洞；声音謷謷是在哺育雏鸟；屁股抬高是仙鹤在低头啄食。"

【原文】

15. 孙权尝飨①蜀士费祎，逆敕群臣伏食勿起。祎至，权为辍食，而群下不起。祎云："凤凰来翔，麒麟吐哺；骡驴无知，伏食如故。"

【注释】

①飨：款待。

【译文】

三国时期东吴的孙权曾经设宴招待西蜀官员费祎，事先下令群臣们低头吃饭就可以，不必站起来迎接他。等到费祎到达的时候，群臣们只是低头吃饭。费祎说："凤凰飞来，麒麟吐出口中的食物；骡子驴子愚蠢无知，只顾低头吃饭。"

【原文】

16. 邓艾口吃，语称艾艾。晋文王戏之曰："艾艾为是几艾？"对曰："凤兮凤兮，故是一凤。"

邓艾有口吃的毛病，说话常常"艾艾艾"。晋文帝开玩笑，说："艾艾是几个艾？"他回答说："凤兮凤兮，就是一只凤。"

【原文】

17. 晋蔡洪赴洛，洛中人问曰："幕府初开，群公辟命，求英奇于仄陋，采贤俊于岩穴。吴楚之士，亡国之余，有何异才，而应斯举？"答曰："夜光之珠，不必出于孟津；盈握之璧，不必采于昆仑。大禹生于东夷，文王生于西羌，圣贤所出，何必常处？昔武王伐纣，迁顽民于洛邑，诸君得无是其苗裔乎？"

【译文】

西晋的蔡洪到了京城洛阳，洛阳人问："朝廷刚刚建立，各位大臣要负责招聘，从蛮荒之地寻找英才，从山林洞穴中物色贤能。吴楚之地，都是亡国的子孙，有什么奇异人才值得推荐呢？"他回答说："夜光之珠，很可能出自孟津河以外的地方；大块的碧玉，很可能不是在昆仑山采集的。大禹生于东夷，文王生于西羌，出现圣贤的地方，可能不在常规地区。当年周武王伐纣后，曾经把那些顽固的殷商遗民迁移到洛阳，各位是他们的子孙吧？"

【原文】

18. 陆机在王武子座，偶潘安至，陆便起，安仁曰："清风至，乱物起。"陆应曰："众鸟集。"

【译文】

陆机在王济家里坐谈，没想到潘安来到，陆机便站起来，潘安说："清风吹来，乱物就起来了。"陆机回答说："真是一群鸟聚在一起了。"

【原文】

19. 王导妻妒，导有众妾在别馆，妻知之，持食刀将往。公遽命驾，患牛迟，手捉麈尾^①，以柄助打牛。蔡谟闻之，后诣王，谓曰："朝廷欲加公九锡。"王自叙谦。蔡曰："不闻余物，惟闻短辕犊车，长柄麈尾。'"

【注释】

①麈尾：拂尘。

【译文】

王导的妻子嫉妒心很强，王导在外私养了很多小妾，妻子知道后，就拿着菜刀前去算账。王导赶紧让人驾车前去保护，担心牛走得太慢，就手拿拂尘，用拂尘的柄去打牛。蔡谟听说后，就前去拜访王导，对他说："朝廷想要赐给你九锡。"王导假装推辞了一番。蔡谟说："没听说有其他的，就是些短辕的牛车和长柄的拂尘。"

【原文】

20. 诸葛恢与丞相王导，共争姓族先后，王曰："何以不言葛王？"答曰："譬如言驴马，驴安能胜马也？"

【译文】

诸葛恢与丞相王导一起讨论家族姓氏的排名顺序，王导说："为什么葛王不在讨论之列？"他回答说："譬如说驴马，驴子能胜过马吗？"

【原文】

21. 晋张天锡从事中郎韩博，奉表并送盟文。博有口才，桓温甚称之。尝大会，温使司马刁彝谓博曰："卿是韩卢后。"博曰："卿是韩卢后。"温笑曰："刁以君姓韩，故相问耳。他人自姓刁，那得是韩卢后？"博曰："明公未之思尔，短尾者则为刁。"阖坐哄然。

【译文】

晋朝的张天锡在中郎韩博手下任职，奉命来江东呈送表文和盟约。韩博口才不错，桓温非常欣赏他。曾经在一次会客中，桓温让司马刁彝对韩博说："您是韩国名犬的后代。"韩博说："您才是韩国名犬的后代。"桓温笑着说："刁彝因为您姓韩，才这么问您。他姓刁怎么能是韩国名犬的后代？"韩博说："先生只是没反应过来罢了，刁（貂）不就是短尾巴吗？"在座的人都哄然大笑。

【原文】

22. 秦苻坚克襄阳，获习凿齿、释道安。时凿齿足疾，坚见之，与语，大悦。叹曰："昔晋平吴，利在二陆①；今破南土，获士一人有半耳。"

【注释】

①二陆：陆机、陆云。

【译文】

前秦的苻坚攻克襄阳，俘获了习凿齿、释道安。当时习凿齿的腿脚不好，符坚接见了他并与他交流，非常开心。符坚慨叹道：“过去平定吴国，得到了陆机、陆云两位人才；现在平定了南方，得到了半个人才。”

【原文】

23. 王戎弱冠诣阮籍，时刘公荣在座，阮谓王曰：“偶有二斗美酒，当与君共饮。彼公荣者无预焉。”二人交觞酬酢，公荣遂不得一杯，而言语谈戏，三人无异。或有问之者，阮答曰：“胜公荣者，不得不与饮酒；不如公荣者，不可不与饮酒；惟公荣可不与饮酒。”

【译文】

王戎二十岁的时候去拜访阮籍，当时刘公荣也在座，阮籍对王戎说：“我有两斗美酒，应当与您共饮，没有公荣的份儿。”两人推杯换盏，而刘公荣没有喝一杯酒，三人之间谈笑风生，一如往常。有人问为什么这样，阮籍回答说：“比公荣厉害的，必须与他喝酒；不如公荣的，也要与他喝酒；唯独可以不与公荣喝酒。”

【原文】

24. 齐仆射东海徐孝嗣，修葺高座寺，多在彼宴息，法云师亦萧寺，日夕各游二寺，而不相往来。孝嗣尝谓法云曰：“法师尝在高座，而不游高座寺。”答曰：“檀越①既事萧门，何不至萧寺？”

【注释】

①檀越：施主。

【译文】

东海人徐孝嗣任南齐的仆射一职时，常在修葺了的高座寺里休息，法云大师也在萧寺闲居，他们早晚各游两寺不相往来。徐孝嗣曾经对法云说：“法师曾经在高座上说法，应当去高座寺。”他回答说：“施主既然侍奉萧门，不也没到萧寺吗？”

【原文】

25. 梁安成王萧偹，以文词擅名，所敌拟者，唯河东柳信言。然柳内虽不服，而莫与抗。及闻偹卒，时为吏部尚书。宾客候之，见其屈一足跳，连称曰：“独步来，独步来。”众轰然大笑。

梁朝的安成王萧恢，因文词被众人熟知，能与他相提并论的只有柳信言。然而柳信言虽然不服气，但却不能与他比拟。当他官至吏部尚书时，听到王萧恢死了的消息。宾客去拜访他，看到他蜷着一条腿跳着走，连声说道："独步来，独步来。"众人哄然大笑。

【原文】

26. 梁陆晏子聘魏，魏遣李谐郊劳，过朝歌城，晏子曰："殷之余人①，正应在此。"谐曰："永嘉南渡，尽在江外。"

【注释】

①余人：剩下的人。

【译文】

梁朝的陆晏子出使北魏，北魏派遣李谐到郊外迎接。路过朝歌城时，陆晏子说："这里应当有殷朝的遗民。"李谐说："其实这些人都去了江南。"

【原文】

27. 梁汝南周舍谓沙门法云曰："孔子不饮盗泉之水，师何以捉鍮石香炉？"答曰："檀越既能成蠹，贫道何为不执鍮？"

【译文】

南北朝时，梁朝的汝南人周舍，对僧人法云说："孔子不喝盗泉里的水，您为什么却拿着鍮石香炉？"法云回答道："施主既然可以成蠹（"蠹"与"盗"谐音，代指将官），我为什么不能执鍮石香炉？"

【原文】

28. 齐王元景为尚书。性虽懦缓，而每事机捷。有一奴名典琴，尝旦起，令索食，谓之解斋。典琴曰："公不作斋，何故云解斋？"元景笑曰："汝作字典琴，何处有琴可典！"

【译文】

北齐的王元景担任尚书，性格懦弱行事小心翼翼，但每次遇到事情都能巧妙应对。有一丫鬟名叫典琴，有一次元景起来，要吃的，称为解斋。典琴说："您没有戒斋，又谈何解斋？"元景笑着说："你没有琴可抵押，为什么叫典琴呢？"

【原文】

29. 北齐李庶无须，时人呼曰天阉。崔谌谓之曰："教弟种须法：以锥遍刺作孔，插以马尾。"庶曰："持此还施贵族艺眉，有验，然后树须。"崔氏世有恶疾，故云。

【译文】

北齐李庶不长胡子，当时人们叫他天阉。崔谌对他说："教给你一种长胡子的方法，用锥子扎出小孔，再插进去马尾。"李庶说："你先拿去让你家族的人长出眉毛来，如果成功了，再种胡须。"崔家世代患有严重的疾病，所以才说这样的话。

【原文】

30. 北海王晞，字叔朗，为大丞相府司马。尝共相祭酒卢思道禊饮，晞赋诗曰："日暮应归去，鱼鸟见留连。"时有中使召晞，驰马而去。明旦，思道问晞："昨被召以朱颜，得无以鱼鸟致贵。"晞曰："昨晚陶然，颇以酒浆被责。卿等亦是留连之一物，何独鱼鸟而已？"

【译文】

北海人王晞，字叔朗，担任大丞相府的司马一职。有一次他与丞相府的祭酒卢思道一起参加修禊的酒宴，王晞写了一首诗："日暮应归去，鱼鸟见留连。"当时有人召见王晞。他就骑马奔驰而去。第二天卢思道问王晞："昨天你红脸被召见，是否因为流连鱼鸟而节节高升？"王晞说："昨晚很快乐，却因为喝多了酒被责罚，我不仅仅流连鱼鸟，还有你们。"

【原文】

31. 范阳卢叔虎，有子十人，大者字畜生，最有才思。卢思道谓人曰："从叔有子十人，皆不及畜生。"

【译文】

范阳人卢叔虎，有十个儿子，大儿子字畜生，此人在兄弟中最有才华。卢思道对他人说："我堂叔也有十个儿子，他们的才华都不如畜生。"

【原文】

32. 高平徐之才、父雄，并善方术，世传其业。纳言祖孝征孝之，乎为师公。之才曰："即为汝师，又为汝公。在三之义，顿居其两。"

【译文】

高平人徐之才，父亲是徐雄，祖父是徐成伯，都擅长方术，世代相承。以直言著称的祖孝征开着玩笑，称他为师公（巫师）。徐之才说："不仅是你的老师，也是你的亲公，三种尊贵关系里，我占据了两种。"

【原文】

33. 徐之才尝以剧谈调仆射魏收，收熟视①之曰："面似小家方相。"之才答曰："若尔，便是卿之葬具。"

【注释】

①熟视：仔细看。

【译文】

徐之才常常以玩笑的方式来调侃仆射魏收，魏收仔细看了一会儿说："你的面相看起来可以驱鬼辟邪。"徐之才回答说："如果是这样，我便是你下葬的工具。"

【原文】

34. 唐韦庆本两耳前卷，朝士多呼之为"卷耳"，有女选入为妃。长安公松寿见而贺之曰："仆固知足下女得为妃。"庆本曰："何以知之？"松寿乃自摸其耳而卷之曰："卷耳，后妃之德。"

【译文】

唐朝的韦庆本两只耳朵向前卷曲，朝廷大臣们称他有一双"卷耳"。他有个女儿被选为妃子，长安公松寿见到他后对他说："我知道你的女儿一定能当选。"韦庆本说："何以见得？"松寿于是摸着他的耳朵卷起来："卷耳，后妃之德。"

【原文】

35. 秋官侍郎狄仁杰戏同官郎卢献曰："足下配马乃作驴。"献曰："中劈明公，乃成二犬。"杰曰："'狄'字犬旁火也。"献曰："犬边有火，乃是煮狗。"

【译文】

秋官侍郎狄仁杰同侍郎官卢献开玩笑说："您的姓氏配上马就叫作驴。"卢献说："把您的姓从中间劈开，那是两只狗。"狄仁杰说："狄字旁边加的是火字。"卢献说："犬字旁边有火，那不是煮狗吗？"

【原文】

36. 张昌龄谓苏味道曰："某诗所以不及相公者，为无'银花合'也。"苏曰："子诗虽无'银花合'，还有'金铜钉'。"昌龄有"今同丁令威"之句。

【译文】

张昌龄对苏味道说："我的诗之所以逊色于你，是因为没有银花合。"苏味道说："您的诗虽没有银花合，但有金铜钉啊。"张昌龄有一句诗是"今同丁令威"。

【原文】

37. 窦晓形容短小，眼大露睛，乐彦玮身长露齿。彦玮弄窦曰："足下甚有功德。"旁人怪问，彦玮曰："既复短肉，又复精进，岂不大有功德?"窦应曰："公自有大功德，因何道晓?"人问其故，窦曰："乐公小来长斋。"又问长斋之意，窦云："身长如许，口齿齐崖，岂不是长斋!"众大笑。

【译文】

窦晓身材矮小，眼睛大却是肿眼泡；乐彦玮长得很高，却是大龅牙。乐彦玮戏弄窦晓，说："您很有功德。"身边的人感到奇怪就问为什么，乐彦玮说："您不仅身材矮小，而且精明上进，难道不是很有功德吗?"窦晓回应说："您自己都有大功德，为啥还要说我窦晓?"有人问什么原因，窦晓说："乐公从小就是长斋。"又问长斋是什么意思，窦晓说："你身材很长，牙齿又长如悬崖。难道不是长斋吗?"在座的人大笑。

【原文】

38. 裴晋公度在相位日，有人寄槐瘿一枚，欲削为枕。时郎中庚威，世称博物，召请别之。庚捧玩良久，白曰："此槐瘿是雌树生者，恐不堪用。"裴曰："郎中甲子多少?"庚曰："某与令公同是甲辰生。"公笑曰："郎中便是雌甲辰。"

【译文】

唐代的裴度在做宰相期间，有人就送给他一枚槐瘿，他想做成一个枕头。当时的郎中庚威，人们都说他见多识广，裴度就把庚威叫来进行辨别。庚威反复观察了好久，对他说："这槐瘿是雌树上的，恐怕无法使用。"裴度说："郎中年龄多大了?"庚威说："我与你都是甲辰年出生的。"裴度笑着说："郎中是雌甲辰年出生的。"

【原文】

39. 白居易与张祜初相见，谓曰："久钦藉甚，记得款头诗。"祜愕然曰："舍人何所谓？"白曰："'鸳鸯钿带抛何处，孔雀罗衫属阿谁？'非款头诗何耶？"张笑而答曰："祜亦记得舍人《目连变》。"白曰："何也？"曰："'上穷碧落下黄泉，两处茫茫皆不见。'非目连变何邪？"

【译文】

白居易与张祜初次相见的时候，对他说："我仰慕你很久了，记得您的款头诗。"张祜惊愕地说："白舍人所指的是哪首诗？"白居易说："'鸳鸯钿带抛何处，孔雀罗衫属阿谁？'这不就是款头诗吗？"张祜笑着说："张祜记得舍人的《目连变》。"白居易说："什么内容？"张祜说："'上穷碧落下黄泉，两处茫茫皆不见。'这不就是《目连变》吗？"

【原文】

40. 晋张湛好于斋前种松柏，袁山松出游，好令左右作挽歌。时人谓张"屋下陈尸"，袁"道上行殡"。

【译文】

晋朝的张湛喜欢在房前种植松柏，袁山松游山玩水时，喜欢让身边的人唱挽歌。当时人们说："张家屋下陈尸，袁家道上送殡。"

【原文】

41. 陆士龙、荀鸣鹤二人未相识，俱会张茂先所。茂先令接语。以并有大才，可勿常语。陆抗声曰："云间陆士龙。"荀曰："日下荀鸣鹤。"陆曰："既开青云睹白雉，何不张尔弓，布尔矢？"荀曰："本谓云龙騤騤，乃是山鹿野麋。兽微弩强，是以发迟。"张抚掌大笑。

【译文】

陆士龙、荀鸣鹤两人还不认识时，相遇在张茂先家里。张茂先让他们互相介绍，因为他们都才华横溢，所以就不像普通人那样交流。陆士龙大声说道："云间陆士龙。"荀鸣鹤："日下荀鸣鹤。"陆士龙说："既然天空开阔，看见了白鹤，为何不张弓射箭？"荀鸣鹤说："本来以为是云龙，竟然是山间的鹿、野外的麋，兽太小弓太强劲，所以才慢慢地射箭！"张茂先拍手称快。

【原文】

42. 晋刘道真遭乱，于河侧与人牵船^①，见一老妪操橹，道真嘲之曰："女子何不调机弄杼，因甚傍河操橹？"女曰："丈夫何不跨马挥鞭，因甚傍河牵船？"

【注释】

①牵船：拉纤。

【译文】

晋朝的刘道真遭遇兵乱，在河边拉纤维持生计，见到一个老妪在那儿摇橹，刘道真嘲笑她说："女子为什么不纺线织布，而是在河边摇橹？"女人说："大丈夫为什么不策马扬鞭，而是在河边拉纤？"

【原文】

43. 刘文树髭生颔下，貌类猴，恐黄幡绰见嘲，乃密赂之。幡绰言曰："文树不似猢孙，猢孙强似文树。"

【译文】

刘文树的胡须长在下巴的下面，看起来像猴子，担心黄幡绰见了会嘲笑他，于是就私自贿赂黄幡绰。黄幡绰说："文树不像猴子，但是猴子像文树。"

【原文】

44. 东坡知湖州，尝与宾客游道场山，屏退从者而入。有僧冯门熟睡，坡戏曰："髡阃上困。"有客即答曰："何不用'钉顶上钉'？"

【译文】

苏轼任湖州知州时，曾陪同客人去道场山游览，来到山上的庙门前，苏轼让随从退下请客人进入。有个和尚靠着门睡着了，苏轼开玩笑说："和尚在门上睡着了。"有客人接过话茬儿说："为什么不用钉子在头顶上钉住呢？"

【原文】

45. 唐进士曹唐《游仙》诗，才情缥渺，岳阳守李远每吟其诗而思其人。一日，曹往谒之，李倒屣而迎。曹仪质充伟，李戏之曰："昔者未见标仪，将谓可乘鸾鹤；此时拜见，安知壮水牛不胜其载矣！"

【译文】

唐朝进士曹唐的《游仙》诗，才思缥缈。岳阳太守李远每每吟咏其诗，就想认识一下这个人。有一天，曹唐前去拜访，李远急忙出来迎接。曹唐仪表不凡，李远开玩笑说："过去没有见到您，以为您可以乘坐驾鹤出行；今天一见，才知道强壮的水牛可能也载不动您啊！"

【原文】

46. 唐营丘有豪民姓陈者，染大风疾，众称之为"陈癞子"，闻人称之，皆不欲，人有谀其所苦减退，则酒食延待优丰。有游客心利所需，谓曰："足下之疾，近日尤减。"陈欣然，命酒赠赀。客将去，又谓曰："此疾还是添减症。"曰："何也？"客曰："添者添上肉泡，减者减却鼻孔。"陈不怿。

【译文】

唐朝营丘有个姓陈的有钱人，得了麻风病，人们称他为"陈癞子"，听到别人这么称呼他，很不开心。有人奉承他的病情有所减轻，他就拿出好酒好菜招待。有些人占到了小便宜，对他说："你的病这些日子减轻了很多。"这个姓陈的有钱人非常高兴，不仅设宴款待，还给对方一些钱财。客人即将离开时，又对他说："您这个病有增有减。"姓陈的有钱人问："此话怎讲？"客人说："得了这病，增添的是肉泡，减小的是鼻孔。"姓陈的有钱人听后，很不开心。

【原文】

47. 许玄度将弟出都婚，诸人无不钦迟。既至，见其弟乃甚痴，都欲嘲弄之。玄度为作宾主相对，刘真长笑曰："玄度为弟婚，施十重铁步障。"

【译文】

东晋的许询带着弟弟离开都城，为弟弟办理婚事，人们都抱着敬仰的心情恭候他们的到来。当他们到了以后，大家才发现许询的弟弟有点呆傻，都想嘲笑他一番。许询只得出面打圆场，刘真长笑着说："玄度为他弟弟的婚事，设置了重重保障。"

【原文】

48. 司马防尝举曹公为北部尉，后曹公进爵为王，召防到邺，与欢饮，语之曰："孤今日可复作尉不？"防曰："昔举大王时，适可作尉耳。"

【译文】

司马防曾经举荐曹操做北部尉一职，后来曹操为魏王，邀请司马防到邺城，与他一起开怀畅饮，并问道："我现在还能做北部尉这样的官吗？"司马防说：

"当年举荐您时，那时的您正适合做尉官。"

【原文】

49. 刘谅为湘东王所善，湘东一目眇。一日，与谅共游江滨，叹秋望之美，谅曰："今日可谓'帝子降于北渚'。"湘东曰："卿言'目眇眇而愁予'耶？"从此嫌之。

【译文】

刘谅被湘东王宠信，湘东王一只眼睛失明。有一天与刘谅一起游江滨，感叹秋天景色很美。刘谅说："今日可谓'帝子降于北渚'。"湘东王说："卿言'目眇眇而愁予'耶？"从此开始讨厌他。

【原文】

50. 侯白好俳谐，一日，杨素与牛弘退朝，白语之曰："日之夕矣。"素曰："以我为'牛羊下来'耶！"

【译文】

侯白喜欢开玩笑。有一天，杨素与牛弘退朝回家，侯白对他们说："太阳西斜了。"杨素说："你是要说牛羊归来吗！"

【原文】

51. 柳机、柳昂在周朝俱历要任，隋文帝受禅，并为外职。时杨素方用事，因文帝赐宴，素戏语机曰："二柳俱摧。"机答曰："不若孤杨独耸。"

【译文】

柳机、柳昂在北周朝都曾担任重要职务，隋文帝受禅后，他们都担任地方官。当时杨素正掌管大权，就借着隋文帝设宴的机会嘲笑柳机说："二柳（暗指柳机、柳昂）都枯萎了。"柳机回答说："比不上孤杨（暗指杨素）那样高耸。"

【原文】

52. 王浑与妇钟氏共坐，见武子从庭过，浑欣然谓妇曰："生儿如此，足慰人意。"妇笑曰："若使新妇得配参军，生儿故可不啻如此！"

【译文】

王浑与妻子钟氏共同坐在堂上，见到儿子王济从厅堂走过，非常高兴地对妻子说："有这样的儿子，足以让人倍感欣慰。"妻子笑着说："如果让我嫁给参军，生出的儿子可能更加出类拔萃。"

【原文】

53. 张吴兴年八岁，亏齿，先达知其不常，故戏之曰："君口中何为开狗窦①？"张应声答曰："正使君辈从此中出入！"

【注释】

①狗窦：狗洞。

【译文】

张吴兴八岁时，牙齿残缺了，先贤知道他与众不同，就故意开玩笑说："你的嘴里为什么开了个狗洞？"张吴兴回答说："正是为了让你们这些人进进出出。"

【原文】

54. 庾园客①诣孙监②，值行，见齐庄③在外，尚幼，而有神意④。庾试之曰："孙安国何在？"即答曰："庾稚恭家。"庾大笑曰："诸孙大盛，有如此儿！"又答曰："未若诸庾之翼翼。"还语人曰："我故胜，得重唤奴父名。"

【注释】

①庾园客：庾爰之，小名园客，是庾翼（字稚恭）的儿子。

②孙监：孙盛，字安国，任秘书监，所以称孙监。

③齐庄：孙放，字齐庄，是孙盛的儿子。

④神意：神采奕奕。

【译文】

庾园客去拜访孙盛，恰好他外出不在家，看到孙盛的儿子孙放在外面玩耍，孙放虽然年龄很小，但神采奕奕。庾园客决定考验一下他，便问："孙安国在哪里？"孙放回答说："在庾稚恭（庾园客的父亲叫庾翼，字稚恭）的家里。"庾园客笑着说："诸孙大盛（兴盛的意思，与孙放父亲的名字同音），有这样的儿子。"孙放又回答说："不如庾氏之翼翼（'翼翼'形容繁盛的样子，与庾园客父亲的名字同音）。"后来孙放又对他人说："结果我胜了，我能够两次叫庾园客父亲的名字。"

【原文】

55. 习凿齿、孙兴公未相识，同在桓公座。桓语孙："可与习参军共语。"

孙云:"'蠢尔蛮荆',敢与大邦为伍?"习云:"'薄伐猃狁',至于太原。"

【译文】

习凿齿与孙兴公还未相识的时候,一起在桓温那里做客。桓温对孙兴公说:"可以与习参军一起谈谈。"孙兴公说:"'愚蠢的楚国蛮人',竟然敢同大国结仇?"习凿齿说:"'那就讨伐猃狁',杀到太原。"

【原文】

56. 桓豹奴是王丹阳外甥,形似其舅,桓甚讳①之。宣武云:"不恒相似,时似耳!恒似是形,时似是神。"桓逾不说。

【注释】

①讳:忌讳。

【译文】

桓豹奴是丹阳尹王混的外甥,长得酷似舅舅,桓豹奴非常忌讳。伯父桓温说:"不是非常相似,而是有一点点相似。只有形体很相似,神态只是像一点点。"桓豹奴听完以后更加不开心了。

【原文】

57. 杨诚斋善谑,尝谓好色者曰:"阎罗王未曾相唤,自求押到,何也?"

【译文】

南宋的杨万里喜欢开玩笑,曾经对好色之徒说:"阎罗王没有叫你过去,你却不请自来,为什么?"

【原文】

58. 王文度、范荣期俱为简文所要。范年大而位小,王年小而位大。将前,更相推在前。既移久,王遂在范后。王因谓曰:"簸之扬之,糠秕在前。"范曰:"洮之汰之,沙砾在后。"

【译文】

王文度、范荣期都收到简文帝的邀请,范荣期的年龄大但是职位小,王文度的年龄小但是职位大。将要前往的时候,他们就互相谦让。过了很久,王文度于是走在范荣期的后面。王文度于是对范荣期说:"簸之扬之,糠秕在前。"范荣期说:"洮之汰之,沙砾在后。"

【原文】

59. 祖广行，恒缩头。诣桓南郡，始下车，桓曰："天甚晴朗，祖参军如从屋漏中来。"

【译文】

祖广走路总是缩着头。有一次他拜访桓玄，刚下车，桓玄说："明明是好天，祖参军却好像从漏雨的房屋里走出来。"

【原文】

60. 姜师度好沟洫，所在必发众穿凿，虽时有不利，而成功亦多。先是，太史令傅孝忠善占星纬，人为之语曰："傅孝忠两眼看天，姜师度一心穿地。"

【译文】

姜师度喜欢修渠引水，每到一处必发动群众开凿沟渠，虽然有时候不顺利，但成功的次数越来越多。在此之前，太史令傅孝忠喜欢占卜预测好坏，有人就对他说："傅孝忠两眼看天，姜师度一心穿地。"

【原文】

61. 高骈镇成都，命酒佐薛涛作一字令曰："须是一字象形，又须逐韵^①。"公曰："口，有似没梁斗。"涛曰："川，有似三条椽。"公曰："奈何一条曲？"涛曰："相公为西川节度，尚使没梁斗，酒佐三条椽，内惟一条曲，何足怪？"

【注释】

①逐韵：押韵。

【译文】

高骈镇守成都的时候，让酒佐薛涛制定一个酒令："必须是象形字，末尾要押韵。"高骈说："口，就像没梁的斗。"薛涛说："川，似乎有三条椽。"高骈说："为什么有一条是弯曲的？"薛涛说："大人您贵为西川节度使，还在用没梁的斗，而我一个小小酒佐的三条椽，有一条是弯曲的，有什么稀奇的？"

【原文】

62. 桓温自比宣王、刘琨之俦，征还北方，得一婢，问之，乃刘琨妓女也。一日问曰："吾似刘司空不？"曰："似甚。"曰："何似？"曰："面甚似，恨薄；眼甚似，恨小；须甚似，恨赤；形甚似，恨短；声甚似，恨雌。"温于是褫冠解带，昏然而睡，不怡者累日。

【译文】

桓温把自己比作宣王、刘琨，征战结束后返回北方，得到一个丫鬟，一问原来是刘琨的歌妓。有一天他问这个丫鬟："我长得像不像刘琨?"丫鬟回答说："很像。"桓温说："哪里像呢?"他回答说："脸面很像，但是太薄了；眼睛很像，太小了；胡须很像，但是有些红；形体很像，但是太矮了；声音很像，但是有些像女性。"桓温于是脱帽解带，昏昏大睡，一连几天都闷闷不乐。

【原文】

63. 齐地多寒，春深未荦甲①。方立春，有村老挈苜蓿一筐以馈艾子，且曰："初生，未敢尝，谨先以荐。"艾子喜曰："烦汝致新。我享之后，次及何人?"曰："献公罢，即以喂驴也。"

【注释】

①荦甲：发芽。

【译文】

齐地气候多寒冷天气，入春很久了，还没有发芽的迹象。刚刚立春，村里就有个老人送给艾子一筐苜蓿，并且对他说："刚刚生长出来的，没舍得吃，就让您先尝尝。"艾子很高兴说："让您送来新鲜的菜真是麻烦您了，我吃完后，其余的会给谁?"老人回答说："献给您之后，就给驴子当草料。"

【原文】

64. 吴阁老宽，致仕到家，访山人邢量。邢方自炊爨，公曰："卿亦知调羹耶?"邢曰："如公之扣蓬门，终是勉强从事。"

【译文】

阁老吴宽，告老还乡后，去拜访隐居之士邢量。邢量自己正在煲粥，吴宽问："您也会煲粥吗?"邢量说："就像您敲我的蓬门一样，勉勉强强而已。"

【原文】

65. 王凤洲门有客著棋者甚劣，见公至，起曰："某棋不足观。"公曰："君棋甚佳，但长不落。"

【译文】

王世贞有个门客喜欢下棋，但技艺不佳，看到王世贞过来，站起来说："我的棋不配让您观看。"王世贞说："你的棋很好，只会前进，不会后退。"

66. 苏州严相公讷,面麻。俚语于苏州有盐豆之诮。河南高相公拱作文,常用腹稿,俚语于河南有盗草之诮。二公相遇,高诮严曰:"公豆在面上。"严曰:"公草在腹中。"

【译文】

苏州人严讷官至丞相,脸上长满麻子,苏州俚语称之为盐豆。河南人高拱也官至丞相,做文章前,常常打腹稿,河南俚语称之为盗草。两人相遇,高拱讽刺严讷说:"你的豆子长在脸上。"严讷说:"您的草长在肚子里。"

【原文】

67. 吴门妓张好儿,虽是徐娘老景,然婉丽而美,少年争交欢之。有太医院目杜君拉游虎丘,觑张曰:"老便老,终是小娘。"张答曰:"小便小,终是老爹。"同游者无不捧腹。

【译文】

苏州的妓女张好,虽是半老徐娘,但是美丽温婉,少年都争着与她相好。有个太医院的吏目杜君拉着她一起游虎丘,对张好说:"老虽然老,但还是小娘。"张好回答说:"小便小,但却是个老爹。"同游的人没有不捧腹大笑的。

【原文】

68. 诗僧克文,有俊才。初学诗,常质于郝公琰,郝曰:"师必大作斋啖我,不然,必以师诗颠倒点抹。"罗远游笑谓克文曰:"师毋受郝瘦儿欺,尊诗总无抹处。"

【译文】

诗僧克文,才华横溢。刚开始写诗的时候,常常请教于郝公琰,郝公琰说:"法师一定要请我吃饭,不然的话,必然会将您的诗胡乱修改。"罗远游笑着对克文说:"法师不要被郝瘦儿骗了,您的诗没有可以修改的地方。"

【原文】

69. 黄琬少敏慧,似祖太尉琼。得拜童子郎,时司空盛允有疾,琼遣子琬候问,会江夏上蛮贼事副府,允发书视毕,微戏子琬曰:"江夏大邦,而蛮多士少。"子琬奉手对曰:"蛮夷猾夏,责在司空。"

【译文】

东汉的黄琬年少聪慧，因为祖父黄琼是太尉，他年纪小小就当上了童子郎。当时的司空盛允有疾病，黄琼就派遣黄琬前去问候，正好遇上江夏郡将蛮贼作乱的报告送到盛允的手中，盛允看了报告后，就对黄琬开玩笑说："江夏地域面积大，可是不懂道理的人多，知书达理的人少。"黄琬拱手回答说："那些野蛮的人在江夏胡作非为，责任应该归咎于司空。"

【原文】

70. 蔡君谟戏陈亚曰："陈亚有心终是恶。"陈应曰："蔡襄无口便成衰。"

【译文】

蔡君谟对陈亚开玩笑说："陈亚有心终是恶（'亚'字下面加'心'是'恶'）。"陈亚回应说："蔡襄无口便成衰（'襄'字去掉两个口便是'衰'）。"

【原文】

71. 司马宣王辟周泰为新城太守，尚书锺毓调泰曰："君释褐登宰府，三十六日，拥麾盖，守兵马郡，乞儿乘小车，一何驶！"泰曰："君，明公之子，少有文彩，固守吏职，弥猴乘土牛，一何迟也！"

【译文】

司马懿征召周泰做新城太守，尚书锺毓对周泰开玩笑说："您从黎民百姓到将军府做官，仅仅是三十六天，却拥有威武的仪仗，镇守一方兵马，这就像乞丐乘坐小车，太快了！"周泰说："您是名门之后，年纪轻轻就很有文采，固守一个职位，就像猴子坐牛车，太慢了！"

【原文】

72. 卢思道尝谓通直郎渤海封孝骞曰："卿既姓封，是封豕①之后。"骞曰："卿既姓卢，是卢令之裔。"

【注释】

①封豕：古籍中所记载的猎狗。

【译文】

隋代的卢思道曾经对通直郎渤海封孝骞说："你既然姓封，就应该是封豕的后代。"封孝骞说："你既然姓卢，就应该是卢令的后代。"

73. 沈存中方就浴^①，刘贡父遽哭之曰：“存中可怜已矣！”众愕问之，曰："盆成括也。”

【注释】

①浴：洗澡。

【译文】

北宋的沈括正在洗澡时，刘攽于是就哭丧着说："可怜沈括已经死了！"众人惊愕地问他怎么了，说："他都已经成为'盆成括'了。"

【原文】

74. 殿中丞丘浚，尝在杭州谒释珊，见之殊傲。顷之，有州将子弟来谒，珊降阶接之甚恭。丘不能平，伺子弟退，乃问珊曰："和尚接浚甚傲，而接州将子弟，乃尔恭耶？"珊曰："接是不接，不接是接。"浚勃然起，杖珊数下，曰："打是不打，不打是打。"

【译文】

殿中丞丘浚曾经在杭州拜访释珊和尚。释珊和尚见到他，表现出一副傲慢无礼的姿态。过了一会儿，有太守的子弟前来拜访，释珊和尚走下台对他十分恭敬。丘浚感到气愤难当，等子弟退后，就问释珊和尚："您接待我时傲慢无礼，而接待太守的子弟为什么如此恭敬？"释珊和尚说："接是不接，不接是接。"丘浚愤怒地站起来，用木杖打了释珊和尚几下，说："打是不打，不打是打。"

【原文】

75. 曹娥秀，京师名妓也。赋性聪慧，色艺俱绝。一日，鲜于伯机开宴，座客皆名士。鲜于因事入内，命曹行酒，适遍，公出自内，客曰："伯机未饮。"曹亦曰："伯机未饮。"客笑曰："汝以'伯机'相呼，可谓亲爱之至。"鲜于佯怒曰："小鬼头，敢如此无礼！"曹曰："我呼伯机便不可，只许尔叫王羲之也。"一座大笑。（机学王羲之书，故云。）

【译文】

曹娥秀，京师名妓，天资聪慧，容颜与才艺都很好。有一天，鲜于伯机举办宴会，在座的人都是社会名流。鲜于有事进去了，让曹娥秀倒酒，刚倒完一遍，鲜于就从内房出来了，客人说："伯机没有喝。"曹娥秀也说："伯机没有喝。"客人笑着说："你也称呼他为伯机啊，真可以说亲密无间了。"鲜于假装愤怒，说："小鬼头，休得无礼！"曹娥秀说："你可以称呼王羲之，我就可以称呼伯机。"在座的人大笑。（鲜于枢喜欢王羲之的书法，因此有此对比。）

【原文】

76. 程师孟知洪州，作静堂，自爱之，无日不到，作诗曰："每日更忙须一到，夜深常是点灯来。"李元规笑曰："此登溷诗也。"

【译文】

程师孟做洪州知府期间，建造了一座静堂，他非常喜欢，天天过去，还为此写诗："每日更忙须一到，夜深常是点灯来。"李元规笑着说："这首诗是用来吟咏上厕所的。"

【原文】

77. 王文穆夫人悍妒，欲置左右，竟不可得。后宅圃中作堂，名"三畏"。杨文公戏之曰："可改作四畏。"公问故，曰："兼畏夫人。"

【译文】

北宋王钦若的夫人凶悍善妒，王钦若想纳个小妾，最终难以实现。在他后院里有一间屋子，叫作"三畏"。杨亿开玩笑说："可以改成四畏。"王钦若问为什么，杨亿回答说："还有一项是害怕夫人。"

【原文】

78. 王定国①寄书于东坡，答书云："新诗篇篇皆奇，老拙此回真不及矣。穷人之具，辄欲交割与君。"魏道辅见而笑曰："定国亦难作交代，只是权摄已耳。"

【注释】

①王定国：王巩（1048—1117年），字定国，著有《甲申杂记》《闻见近录》《随手杂录》。

【译文】

王巩给苏轼写信，苏轼回信说："你的新诗每一首是奇篇，老朽我这次真的是望尘莫及了。写诗的技艺，我已经全部交给你了。"魏道辅见了笑着说："王巩也很难担当此任，仅仅是代理而已。"

【原文】

79. 顾临子敬，为翰苑，每言："赵广汉尹京，有治声，使我为之，不难当出其上。"子瞻笑曰："君作尹，须改姓。"顾曰："何姓？"曰："姓茅，唤作茅广汉。"

【译文】

顾临任翰林学士，常常说："赵广汉做京兆尹，治理得很不错，如果让我去做的话，应该可以超越他。"苏轼笑着说："你做京兆尹，要改姓。"顾临说："姓什么呢？"他回答说："姓茅，叫作茅广汉。"

【原文】

80. 李居仁与郑辉为友，居仁年逾耳顺①，须尽白。辉少年轻侮，乃呼之为李公，居仁于是尽摘其须去之。一日，辉乃佯惊曰："数日不见，而风采顿异，何也？"居仁整容喜曰："如何？"曰："昔日皤然一公，今日公然一婆。"

【注释】

①耳顺：六十。

【译文】

李居仁与郑辉关系很好，李居仁过了六十岁，须发苍苍了。而郑辉年少轻狂，称呼李居仁为"李老头"，李居仁于是就拔掉胡须。有一天，郑辉假装吃惊地说："很多天不见，你看起来风采奕奕，为什么呢？"李居仁满面喜容，说："不错吧？"郑辉说："昔日皤然（形容满头白发，"皤"与"婆"同音）一公，今日公然一婆。"

【原文】

81. 桓温少与殷浩友善，浩尝作诗示温，温玩之曰："汝慎勿犯我，当出汝诗示人。"

【译文】

桓温年少时与殷浩非常要好，殷浩曾经作诗给桓温看，桓温开玩笑说："你小心点不要惹我啊，否则我就将你的诗公布于众。"

【原文】

82. 曹公送祢衡于刘表，众咸祖之，且相戒曰："祢衡勃虐无礼，今因其后至，当以不起折之也。"及衡至，众人莫肯兴，衡坐而大号①。众问其故，衡曰：“坐者为冢，卧者为尸，尸冢之间，能不悲乎！”

【注释】

①号：大哭。

【译文】

　　曹公送祢衡到刘表那里，众人都来送别，并且互相通气说：“祢衡蛮横无理，今天因为他最后才到，我们应当借此机会羞辱他一番。”等祢衡到来时，众人都没有起来，祢衡就坐下来放声大哭。众人问什么原因，祢衡说：“一边是坟墓，一边是尸体，在坟墓与尸体之间，我能不悲伤吗？”

【原文】

　　83. 陈眉公好赏雪，每谓客曰：“古今二钝汉：袁安闭门，子猷返棹。明是避寒，作许题目。”

【译文】

　　陈继儒喜欢赏雪，常常对客人说：“古今有两位笨汉：袁安闭门，子猷返棹。明明是躲避严寒，偏要找出这么多冠冕堂皇的理由来。”

【原文】

　　84. 我太祖问陈君佐曰：“朕似前代何君？”对曰：“陛下酷似神农。”上问其故，曰：“若非神农，何以得尝百草？”上悟，大笑。盖①军中乏粮，士卒多以草根木皮为食，上亦同之。

【注释】

①盖：原来。

【译文】

　　我朝太祖问陈君佐：“我跟哪位先王相似？”他回答说：“很像神农。”太祖问及原因，陈君佐说：“如果不是神农，又如何去尝百草呢？”太祖恍然大悟，哈哈大笑。原来当时军中缺少粮食，皇上像士兵们一样以草根树皮充饥。

【原文】

　　85. 王僧虔子慈，年十岁，同蔡兴宗子约，入寺礼佛，正见沙门等忏悔。约戏之曰：“众僧今日何乾乾？”慈应曰：“卿如此不知礼，何以兴蔡氏之宗？”

【译文】

　　王僧虔的儿子王慈十岁时，和蔡兴宗的儿子蔡约，一起到寺院里拜佛，看见和尚们正在忏悔。蔡约开玩笑说："众僧今日何乾乾（暗谐王慈的父亲王僧虔）？"王慈回应道："你这样不懂礼数，如何去振兴蔡氏之宗（暗谐蔡约的父亲蔡兴宗）？"

【原文】

86. 谢超宗见王慈学书，谓之曰："卿书何如虔公？"答曰："慈书与大人，如鸡之比凤。"超宗，凤子也。

【译文】

谢超宗看了王慈学的书法，对他说："你的书法与你父亲的书法相比怎么样？"王慈回答说："我的书法与父亲的相比，简直就如同把鸡和凤凰作对比。"谢超宗，是谢凤的儿子。

【原文】

87. 东坡在黄，即坡之下种稻，为田五十亩，自牧一牛。一日，牛病，呼牛医疗之，云不识症状。王夫人多智，多经涉，谓坡曰："此牛发豆斑，疗法当以青蒿作粥，啖之。"如言而效。后举似章子厚云："我自谪居后，便作老农，更无乐事，岂知老妻犹能接黑牡丹也。"子厚曰："我更欲留君与语，恐人又谓从牛医儿来，姑且去。"坡大笑。

【译文】

苏轼在黄州的时候，在坡下面种了五十亩水稻，养了一头牛。有一天，牛病了他就找医生来医治，牛医说搞不明白病症。王夫人足智多谋，涉猎广泛，对苏轼说："这头牛发豆斑，应该用青蒿做粥来喂它。"苏轼按照她说的去做，果然奏效。后来把这方法推荐给章惇，说："我自从贬谪到这里，就开始务农，没有什么开心事，没想到老妻竟然还能照顾这头牛。"章惇说："我本想留下和你聊一聊，但是又怕人们说我是来找牛医儿（这里指王夫人），所以我还是回去吧。"苏轼听后大笑。

清

语

第

九

【原文】

　　吴苑曰：晋人尚清谈，清谈之语，除世务之外，凡风流、豪爽、放达、高傲之类，皆清也。是前人所取之义广。吾既以此区分类别，则清之之意，不得不隘矣。陶之汰之，则在山林之士乎？乃次清语第九。

【译文】

　　吴苑说：晋朝人崇尚清淡，清淡的话语，除了世俗事务之外，大凡是风流、豪爽、放达、高傲之类，都是清淡的。这说明前人所取的语义很广。我既然用此来加以分类，那么清的含义就很狭隘了。经过反复筛选之后，大概是在山林的隐士之间了吧？因此，清语排列第九。

【原文】

　　1. 戴仲若颙，春日携双柑斗酒，人问何之，颙答曰："往听黄鹂声。此俗耳针砭，诗肠鼓吹。"

【译文】

　　戴颙，字仲若，春天里携带两只柑子一壶酒，走在路上，有人问到哪儿去，他回答说："去听黄鹂的歌声。这是对俗世耳朵的针砭，也能够让人诗意澎湃。"

【原文】

2. 潘师正居嵩山逍遥谷,唐高宗召问所须^①,师正对曰:"臣所须者,茂松清泉,山中不乏。"

【注释】

①须:需要。

【译文】

潘师正居住在嵩山逍遥谷,唐高宗问他还需要些什么,潘师正回答说:"我所需要的正是茂密的森林和清澈的泉水,这些东西山中有很多。"

【原文】

3. 田游岩频召不出,唐高宗幸嵩山,亲至其门,游岩野服出拜,仪止谨朴。帝问:"先生比佳不?"游岩对曰:"臣所谓泉石膏肓,烟霞痼疾。"

【译文】

田游岩多次受到朝廷的征招而不愿做官,唐高宗幸临嵩山,亲自登门拜访,田游岩穿着褴褛衣衫出去拜见,行为举止非常朴素。唐高宗问:"先生最近还好吗?"田游岩回答说:"我就是那种泉石成病,烟霞成痼疾的人。"

【原文】

4. 王右军既去官^①,与东土人士营山水弋钓之娱;又与道士许迈共修服食,遍采名药,不远千里,游东中诸郡名山,泛沧海,叹曰:"我卒当以乐死!"

【注释】

①去官:辞去官职。

【译文】

王羲之辞去右军将军的职务后,与东部地区的一些士人一起享受山水、垂钓之乐;又和道士们一起研究服饰美食,不远千里采遍各种名药,游玩东中部地区的各名山,在无边无际的大海上泛舟,感叹说:"我会因快乐而死去。"

【原文】

5. 陶征士尝言:"五六月北窗下卧,凉风暂至,自谓是羲^①皇上人。"

①羲：伏羲。

【译文】

陶渊明曾经说："五六月期间，躺在北窗下面，清爽的风渐渐袭来，让人感觉回到了伏羲时代。"

【原文】

6. 有客过陈眉公岩栖草堂，问："是何感慨而甘栖遁？"陈拈古句答曰："得闲多事外，知足少年中。"问："是何功课？"曰："种花春扫雪，看篆夜焚香。"问："是何利养？"曰："砚田无恶岁，酒谷有长春。"问："是何往还？"曰："有客来相访，通名是伏羲。"

【译文】

有位客人造访陈继儒的岩栖草堂，问："你是出于什么样的想法才甘心隐居的？"陈继儒用古人的句子作答："得闲多事外，知足少年中。"客人又问："你平时做些什么事？"他回答说："种花春扫雪，看篆夜焚香。"客人又问："你靠什么生活？"他回答说："砚田无恶岁，酒谷有长春。"客人又问："平时与什么人来往？"他回答说："有客来相访，通名是伏羲。"

【原文】

7. 宗少文好山水，所至皆图之，以张于室，谓人曰："抚琴动操，欲令众山皆响。"

【译文】

宗少文喜欢游山玩水，每到一处就会画一幅画，让人张贴在室内，对人说："我弹琴演奏乐章，就是为了让山都发出美妙的回声。"

【原文】

8. 孔稚珪风韵清疏，门庭之内，草莱不剪，中有蛙鸣，稚珪曰："以此当两部鼓吹①。"

【注释】

①鼓吹：演奏乐队。

【译文】

孔稚珪风韵清淡，门庭之内，杂草丛生，不去修剪，蛙鸣四起，孔稚珪说：

"这相当于两支演奏乐队的实力。"

【原文】

9. 谢譓不妄①交接，门无杂宾。有时独醉，尝曰："入吾室者，但有清风；对吾饮者，唯许明月。"

【注释】

①妄：随便。

【译文】

谢譓不随意与人交往，家里没有杂七杂八的人。有时独自喝酒喝到大醉，他曾经说："能够进入我室内的，只有清风；能够与我对饮的，只有明月。"

【原文】

10. 吾乡汪曼容，工古篆刻，老而愈精，即文三桥、何雪渔不及也。结室黄萝山下，曰"一树庵"，日诵呗其中。偶有事暂至市，裾袖间冉冉有白云时出，事毕即返。人或问曰："何返之速也？"答曰："白云伴我出市，安可不送白云入山？"

【译文】

我故乡的汪曼容，擅长篆刻工艺，年老后技艺炉火纯青，即使是文三桥、何雪渔也逊色于他。他在黄萝山下修建了一座房屋，取名为"一树庵"，日日在里面吟咏经文。偶尔有事临时到集市，裾袖之间会有白云冉冉升起，办完事之后立刻返回。有人问他说："为何这么快就返回？"他回答说："白云伴着我出去办事难道不应该将它送回去吗？"

【原文】

11. 孙腾、司马子如尝共诣李元忠，逢其方坐树下，拥被对壶，庭室芜旷，使婢卷两褥质酒，徐①谓二人曰："不意今日披藜藿也。"

【注释】

①徐：慢慢地。

【译文】

孙腾、司马子如一起去拜访李元忠，当时正好遇见李元忠在树下，裹着被子对着一把酒壶，庭院内一片荒芜空旷，他让丫鬟拿两床褥子去换酒，慢慢地对他俩说："没想到今天你们会到寒舍做客。"

【原文】

12. 罗远游家呈坎山中，多古书旧帖。曹臣常过之，数日不归。一日，臣欲急归，罗留不允，时天欲雨，邻山初合，松竹之巅半露云表，指谓臣曰："汝纵不恋故人，忍舍此米家笔耶？"复留累日①。

【注释】

①累日：几日。

【译文】

罗远游家住在呈坎山中，古书旧帖很多。曹臣经常过去拜访他，好几天不回家。有一天，曹臣急着要回家，罗远游执意挽留，当时天要下雨，邻山刚刚被云雾笼罩，云层里半露出松竹，罗远游指着对曹臣说："你即使不留恋我这个老朋友，也要留恋这幅米家山水画啊！"于是曹臣又住了几天。

【原文】

13. 梅岭悬峭①，登者如弹珠千仞，神骨俱悚。过此，复又小康，人骑始得暂息。熊际华度之，心目契领，羡曰："山不先示人以易，此山灵着意处也！"

【注释】

①悬峭：高耸陡峭。

【译文】

梅岭多悬崖，十分陡峭，登上去的人如同千仞高峰上的一颗弹珠，对心理是一种巨大的挑战。从这过去之后，暂时会平缓一些，人马才开始得到休息。熊际华从这里经过，顿时觉得心旷神怡，羡慕地说："大山从来不会把绝妙的景色安排在人们容易攀登的地方，这是神仙刻意的安排。"

【原文】

14. 晋简文入华林园，顾谓左右曰："会心①处，不必在远，翳然林木，便自有濠、濮间想也。觉鸟兽禽鱼，自来亲人。"

【注释】

①会心：令人满意。

【译文】

东晋的简文帝司马昱走入华林园，回头对身边的人说："令人心满意足的地方不一定在远方，茂密的森林，潺潺流水，便会有置身于濠、濮间的感觉。有时候会觉得鸟兽鱼儿，都会主动前来亲近游人。"

【原文】

15. 顾长康从会稽还,人问其山川之美,顾云:"千岩竞秀,万壑争流;草木蒙笼其上,若云兴霞蔚。"

【译文】

顾恺之从会稽回来时,有人问他那里秀美的山川,顾恺之回答说:"千块岩石在竞争谁更秀丽,万道山谷都在争夺流水;草木葳蕤,好像有云雾笼罩,彩霞绚丽。"

【原文】

16. 王子敬云:"从山阴道上行,山川自相映发,使人应接不暇。若秋冬之际,尤难为怀。"

【译文】

王子敬说:"在山阴道路上行走,山光水色互为映照,让人目不暇接。如果是在秋冬时节,更是让人难以忘怀。"

【原文】

17. 晋明帝问谢鲲:"君自谓何如庾亮?"答曰:"端委庙堂①,使百官整则,臣不如亮。一丘一壑,自谓过之。"

【注释】

①庙堂:朝廷。

【译文】

东晋晋明帝司马绍问谢鲲:"你跟庾亮相比谁更优秀呢?"谢鲲回答说:"端端正正立身于朝廷,给百官做出示范,我的确不如他。但是如果要论游山玩水的话,那么我要略胜一筹。"

【原文】

18. 王子猷寄人空宅住,便令种竹。或问:"暂住,何烦尔?"王啸咏良久,直指竹曰:"何可一日无此君?"

【译文】

王徽之暂时居住在别人的空宅子里,刚一进门便让人种竹子。有人问他:"你只是暂时居住一段时间,何必自寻麻烦?"王徽之感慨许久,直接指着竹子说:"怎么能一日没有这个君子陪伴呢?"

【原文】

19. 刘野亭归乡，有权贵来访，皆不见。或风之，答曰："才与狼虎隔途，何忍遽^①与鸡犬相别？"

【注释】

①遽：立刻。

【译文】

刘野亭回到故乡，有权贵前来拜访，他一律不见。有人就劝他不能这样做，他回答说："刚刚离开险恶的官场，现在又怎么能立刻放弃隐居的安逸呢？"

【原文】

20. 苏郡隐士王宾，遁迹^①西山中。姚少师广孝以旧好访之山中，谓曰："寂寂空山，何堪久住？"答曰："多情花鸟，不肯放人。"

【注释】

①遁迹：隐居。

【译文】

苏州的隐士王宾，一直隐居在西山中。少师姚广孝以好友的身份去拜访他，对他说："这么空荡的一座山怎么能够长久居住呢？"他回答说："是花鸟太多情，不愿意放我走。"

【原文】

21. 熊际华过吉水邹南皋里，乐其幽寂，常忘归。每归，谓所亲曰："一入邹里，水石泠泠，便使人有廉励^①之想。及与人语水石，又逊下风。"

【注释】

①励：自我鼓励。

【译文】

吉水是邹南皋的故乡，熊际华去造访，对那里的寂静、清幽很是迷恋，常常忘记回家。每次回家，就对亲人说："一到邹南皋的故乡，水石就很清冽，使人有一种清廉自律，勤勉奋斗的想法。等到与他人交谈结束以后，水石又退到了下风向。"

【原文】

22. 李永和杜门却扫，绝迹下帷。弃产营书，手自删削。每叹曰："丈夫拥书万卷，何暇^①南面百城？"

【注释】

①暇：空闲。

【译文】

　　李永和闭门谢客，绝不扫地，垂下窗帘不再外出。抛弃财产一心整理书籍，亲自删减。经常感叹说："大丈夫拥有万卷藏书，哪里还有空闲去南面统一百城？"

【原文】

　　23. 渊明尝闻田间水声，倚杖听之。叹曰："秋稻已秀，翠色染人。时剖胸襟，一洗荆棘。此水过吾师丈人矣。"

【译文】

　　陶渊明曾经听见田间水声，就倚着手杖仔细聆听。他感叹说："稻谷已经吐花，浓绿欲滴。时常敞开胸襟，洗掉内心的杂物。这就是水胜过老师和前辈们之处。"

【原文】

　　24. 郗诜数月山行，喜闻樵语牧唱，曰："洗尽五年尘土肠胃。"欣然倚骖^①临水，久之乃去。

【注释】

①骖：车子。

【译文】

　　郗诜在山中走了几个月，喜欢听樵夫们说话牧人们唱歌，说："这真的是洗尽了我五年来肠胃里的烟尘俗气。"他非常高兴地倚靠在车上临水欣赏，很久才恋恋不舍地离去。

【原文】

　　25. 关文衍为散骑常侍，画九华山图于白绫半臂，号"九华半臂"。自云："令吾此身常自在云泉之内。"

【译文】

　　关文衍做散骑常侍的时候，将九华山画在自己的无袖短上衣上，称之为"九华半臂"。他自己说："这样就可以让我的身体沐浴在云泉里了。"

【原文】

26. 刘尹云："清风朗月，辄思玄度①。"

【注释】

①玄度：晋代许询，字玄度，东晋文学家，与孙绰并为东晋玄言诗的代表人物。

【译文】

刘尹云说："每当遇到清风朗月，就情不自禁想到许询。"

【原文】

27. 南安翁者，漳州陈元忠客居南海日，尝赴省试，过南安，会日暮，投宿野人家，茅茨数椽，竹树茂密可爱。主翁虽麻衣草履，而举止谈对，宛若士人；几案间有文籍散乱。陈叩之曰："翁训子读书乎？"曰："种园为生耳。""亦入城市乎？"曰："十五年不出矣。"问："藏书何用？"曰："偶有之耳。"

【译文】

有这样一个奇怪的南安翁，漳州陈元忠在南海居住的时候，曾经到省里参加考试，路过南安的时候，天已近黑，他就借宿在一户山野人家里，那里有很多间茅草房，竹子树林茂密美观。这家主人虽然穿着麻布衣服和草鞋，但是言行举止，像一个有修养的人；桌子上有散乱的文集。陈元忠问："老先生是在教育孩子读书吗？"老翁说："我仅仅是个种地的。"陈元忠又问："平时也到城市里吗？"他回答说："十五年没有出门了。"陈元忠又问："藏这些书有什么用？"他回答说："偶尔得到的。"

【原文】

28. 陈仲醇①居山中，有客问山中何景最奇，陈曰："雨后露前，花朝雪夜。"又问何事最奇，曰："钓因鹤守，果遣猿收。"

【注释】

①陈仲醇：指陈继儒。

【译文】

陈继儒在山中居住的时候，有客人问山中什么风景最为奇妙，陈继儒说："下雨后，降露前，开花的早晨和月亮明朗的夜晚。"客人又问什么事情最奇妙，他回答说："与仙鹤一起守候着钓鱼，和猿猴一起采摘成熟的果子。"

【原文】

29. 王司州至吴兴印渚中看，叹曰："非唯使人情开涤，亦觉日月清朗。"

【译文】

东晋的司州刺史王胡之来到吴兴的印渚，四处考察之后，感叹道："这里不仅使人的心情得以洗涤，同时也让人觉得日月明朗可鉴。"

【原文】

30. 天游子效负图先生①履迹遍名山，或问曰："山不同乎？"曰："然。春山淡冶而如笑，夏山苍翠而如滴，秋山明净而如妆，冬山惨淡而如睡。海山微茫而隐见，江山严厉而峭卓，溪山窈窕而幽深，塞山童赪而堆阜。桂林之山，玲珑剔透；巴蜀之山，巉差窟窆；河北之山，绵衍庞博；江南之山，峻峭巧丽。山之形色，不同如此。"

【注释】

①负图先生：马文升（1426—1510 年），字负图，别号约斋，又号三峰居士、友松道人，钧州（今河南禹州）人。明朝中期名臣、诗人。

【译文】

天游子模仿马文升访遍了天下名山，有人说："这些山有什么不同吗？"他回答说："当然。春天的山淡然如同微笑，夏天的山苍翠如同滴水，秋天的山明净如同上了新妆，冬天的山惨淡好像安睡。海山微茫而隐约可见，江山严厉而陡峭，溪水中的山窈窕而幽深，边塞的山光秃如山冈。桂林的山玲珑剔透；巴蜀的山险峻低伏；河北的山绵延无边；江南的山峻峭秀丽。山的颜色形态是截然不同的。"

【原文】

31. 屠长卿曰："红润凝脂，花上才过微雨；翠匀浅黛，柳边乍拂轻风。问妇索酿，瓮有新蒭①；呼童煮茶，门临好客。先生此时，情兴何如也？"吴苑笑曰："长卿此语，犹雷注疏，当止卢全七碗。效康节②半醺，便是调和手段。"

【注释】

①蒭：佳酿。

②康节：邵雍（1012—1077 年），字尧夫，北宋著名理学家、数学家、道士、诗人，与周敦颐、张载、程颢、程颐并称"北宋五子"。著有《皇极经世》《观物内外篇》《先天图》《渔樵问对》《伊川击壤集》《梅花诗》等。

【译文】

屠长卿说："如同雪白的肌肤透着红润，那是鲜花上刚刚下过微雨；如同淡淡的睫毛敷上了翠黛，那是绿柳边才吹过的清风。向妻子索要一碗好酒，酒坛里有刚刚准备好的佳酿；让小童去煮茶，有客人前来拜访。先生此时，兴致如何？"吴苑笑着说："长卿的这番话，还要再加上一个注解：应该像卢仝那样喝酒不超过七碗，像邵雍那样喝酒只喝个半醉，这就是好的协调方法。"

【原文】

32. 顾长康画谢幼舆在岩石里。人问其所以，顾曰："谢云：'一丘一壑，自谓过之。'此子当置丘壑中。"

【译文】

顾恺之将谢幼舆的像画在岩石里。有人问他原因，顾恺之说："谢云：'一丘一壑，自谓过之。'这位先生就应该画在丘壑中。"

【原文】

33. 屠纬真①曰："茶熟香清，有客到门可喜；鸟啼花落，无人亦自悠然。"

【注释】

①屠纬真：屠隆（1544—1605年），字长卿，一字纬真，号赤水、鸿苞居士，浙江鄞县人。明代文学家、戏曲家。书画造诣颇深，与胡应麟等并称"明末五子"。

【译文】

屠隆说："茶水煮熟了，香气四溢，有客人来自然喜气盈盈；鸟儿啼叫，花朵飘落，没有人来做客也很是悠然自得。"

【原文】

34. 萧恭谓梁元帝曰："下官历观时人，多不好欢。乃仰眠床上，看屋梁而著书，千秋万岁，谁传①此者？劳神苦思，竟不成名，岂如临清风，对明月，登山访水，肆意酣畅也！"

【注释】

①传：继承。

【译文】

萧恭对梁元帝说："下官经常观察当今的人，发现他们不喜欢玩乐，只是仰面躺在床上，看着屋顶著书立说，千秋万代之后，谁来继承呢？他们这样劳神苦思，最终也籍籍无名，哪能比得上沐浴清风，面对明月，游山玩水，肆意畅快呢！"

【原文】

35. 唐肃宗尝赐高士玄真子张志和奴、婢各一人，玄真配为夫妇，名为渔童、樵青。人问其故，答曰："渔童使捧钓收纶①，芦中鼓枻；樵青使苏兰薪桂，竹里烹茶。"

【注释】

①纶：钓线。

【译文】

　　唐肃宗曾赏赐给玄真子张志和仆人、丫鬟各一名，张志和让他们结为夫妻，取名为渔童、樵青。人们问他为什么这样做，他回答说："叫他渔童是为了让他帮着钓鱼收网，在芦苇中摇桨；叫她樵青是为了让她采兰花折桂花，在竹林里煮茶。"

【原文】

36. 陈眉公语客曰："余每欲藏万卷书，袭以异锦，熏以异香，茅屋芦帘，纸窗土壁，而终身布衣，啸咏其中。"客笑曰："果尔，此亦天壤间一异人。"

【译文】

　　陈继儒对客人说："我想拥有万卷藏书，用漂亮的锦缎做包书皮，用奇异的香来熏染，就在茅草屋芦苇帘、纸窗户土墙壁里，一生做平民，在里面唱歌吟诗。"客人笑着说："如果你能做到这一点，真是世间奇人。"

【原文】

37. 陈眉公曰："焚香倚枕，人事都尽，梦境未来。仆于此时，可名卧隐，便觉凿坏住山为烦。"

【译文】

　　陈继儒说："上一炷香，倚靠枕头，忘却人间纷纷扰扰的事情，美丽的梦境还没有实现。我现在的状况，可以称之为卧隐，但是觉得在山间开挖山洞居住太费劲了。"

【原文】

38. 倪文节①公曰："松声，涧声，山禽声，野虫声，鹤声，琴声，棋子落声，雨滴阶声，雪洒窗声，煎茶声，皆声之至清者也，而读书声为最。闻他人读书，已极喜；闻子弟读书，喜又不可言矣！"

【注释】

①倪文节：倪思（1147—1220年），字正甫，谥号"文节"，湖州归安（今浙江省湖州市菱湖镇射中村）人，南宋学者、官吏。著有《齐山甲乙稿》《兼山集》《经锄堂杂志》。

【译文】

南宋的倪思说："松声，涧声，山禽声，野虫声，鹤声，琴声，棋子落下声，雨滴台阶声，雪洒窗户声，煎茶声，这些声音都是清雅的声音，而以读书声最为美妙。每当听到他人读书时，就已经非常开心了；听到弟子的读书声，开心之情难以言喻。"

【原文】

39. 陈眉公曰："万绿阴中，小亭避暑，洞开八达，几簟①皆绿。忽闻雨过蝉声，风来花气，不觉令人自醉。"

【注释】

①几簟：茶几竹席。

【译文】

陈继儒说："浓密的绿荫之下，独自在小亭里避暑，亭子周围是敞开的，四通八达，茶几和竹席都是绿色的。这时忽然听见雨后的蝉声飘来，风中带着浓郁的花香，不知不觉令人陶醉。"

【原文】

40. 傅昭泊然静处，不妄①交游。袁粲每经其户，辄叹曰："经其户，寂若无人；披其帷，其人斯在。岂得非名贤乎？"

【注释】

①妄：随意。

【译文】

傅昭宁静淡泊，喜欢独处，不随意与他人交往。袁粲每次经过他家门前，总会感叹说："经过他的家门，寂静好似无人；撩开帷幕，原来他在屋子里坐着。这难道不是圣贤之士吗？"

【原文】

41. 屠纬真曰："翠微僧至，衲衣全染松云；斗室经残，石磬半沉蕉雨。"

【译文】

屠隆说："深山里来了一位僧人，衲衣全部染上了松树间的薄雾；在斗室里诵读经卷，石磬声在沉重的芭蕉雨声中慢慢消失了。"

【原文】

42. 陆羽问张志和孰与往来？志和曰："太虚①为室，明月为烛，与四海诸公共处，未见少别，何有往来？"

【注释】

①太虚：天空。

【译文】

陆羽问张志和平时和谁往来？张志和说："天空是房间，明月是蜡烛，与四海的各位先生共同相处，没有离别，又哪来交往呢？"

【原文】

43. 屠纬真曰："篱边杖履送僧，花须胃于巾角；石上壶觞坐客，松子落我衣裾。"

【译文】

屠隆说："在篱笆边持杖着履送别僧人，头巾的一角被花枝挂住，石头上摆满了酒水来款待客人，松子落在我的衣裤上。"

【原文】

44. 黄玄龙家黄萝山麓①，有梨数千枝，每花开时，日盘礴其间，至落尽，犹数往观之。人问其故，曰："白地生绿苔，可爱也！"

【注释】

①麓：山脚下。

【译文】

黄玄龙的家在黄萝山脚下，那里有数千枝梨花，每当花开的时候，他整天徘徊在花丛之中，即使花朵落光，也要一次次前去观看。有人问他为什么这样，他说："满地梨花生绿苔，真的很可爱！"

【原文】

45. 陈眉公曰："山鸟每夜五更，喧①起五次，谓之'报更'。盖山间真率漏声也。"

【注释】

①喧：鸣叫。

【译文】

陈继儒说："山里的鸟每天夜里五更时分，要一起鸣叫五次，这叫作报更。这是山间自然的报点之声。"

【原文】

46. 陈仲醇曰："山居胜于城市，盖有八德①：不责苛礼，不见生客，不混酒肉，不竞田产，不闻炎凉，不闹曲直，不征文逋，不谈仕籍。反此者，是侩牛店，贩马驿也。"

【注释】

①德：好处。

【译文】

陈继儒说："在山里居住远远胜过在城市里居住，大概有八项好处：不必苛求礼数，不见陌生人，不乱吃酒肉，不必争夺田产，不过问世态炎凉，不纠缠是非曲直，不会欠下文债，不谈论仕途俸禄。与之相反的是，到处都有卖牛的店和贩马的驿站。"

韵语第十

【原文】

　　吴苑曰：风流之士有韵，如玉之有瑕，犀之有晕，美处即其病处耳。然病、美无定名，溺之者为美，指之者为病。吾辈正堕此情韵海中，不能有所振脱，安肯以未定之名，而恬作己病乎？是必以韵为美矣。乃次韵语第十。

【译文】

　　吴苑说：风流儒雅之士很有韵味，就如同美玉有瑕疵，犀牛角有晕痕，美妙就是缺点。然而缺点没有固定的名称，沉溺其中的人认为是妙处，指责批评的人认为是缺点。我们这些人正深陷这韵味的海洋里，不能有所挣脱，怎么能以一个固定的名称来当作自己的缺陷？这就必然以有韵味为妙处。于是韵语就排在第十位。

【原文】

　　1. 王戎丧儿万子，山简往省之，王悲不自胜。简曰："孩抱中物，何至于此？"王曰："圣人忘情，最下不及情；情之所钟，正在吾辈。"

【译文】

　　王戎的儿子万子死了，山简前去探望。王戎难以掩盖内心的悲哀，山简说：

"孩子仅仅是怀抱中的婴儿，为何如此悲伤？"王戎说："圣人能够忘情，最低下的人感情不足，情感最强烈的，正是我们这类人。"

【原文】

2. 袁中郎^①作吴令，尝同方子公登虎丘，见红裙皆避去，因语方曰："乌纱帽挟红袖登山，前人自多风致，今时不能并，便觉乌纱碍人。"

【注释】

①袁中郎：袁宏道（1568—1610 年），字中郎，又字无学，号石公，又号六休，荆州公安（今属湖北省公安县）人。明代文学家，在文学上反对"文必秦汉，诗必盛唐"的风气，提出"独抒性灵，不拘格套"的性灵说。

【译文】

袁宏道做吴县县令时，曾经和方子公一起登虎丘山，看到女性在躲避他们，于是就对方子公说："官员偕同妇女登山，前人历来很有风趣，如今不能达到这种效果，便觉得乌纱帽碍事。"

【原文】

3. 王光禄云："酒，正使人自远。"

【译文】

晋代的王光禄说："酒，可以让人远离俗世。"

【原文】

4. 金陵女郎沙宛在，破瓜未久，于人群中逅吴鹿长，心悦之，抛以眉语，鹿长神解。两人渐相远引，同游者欲乱之，有客曰："无得惊醒情禅也。"

【译文】

金陵女郎沙宛在，刚刚十六岁，在人群中遇到了吴苑，心里很高兴，就向他抛媚眼。吴苑心领神会，两人渐渐远离人群。同游的人想搅和，有一个客人说："不要惊醒沉浸在恋情的人。"

【原文】

5. 王太尉曰："见裴令公，精明朗然，笼盖人世，非凡识也。若死而可作，当与之同归。"

【译文】

西晋的王衍说："中书令裴楷为人精明，性格开朗，个人魅力远远超过一般人，此人具有非凡的才能。如果死了可以像活着那样有所作为，希望能与他同在。"

【原文】

6. 王子猷、子敬兄弟共赏《高士传》人及赞。子敬赏井丹高洁，子猷云："未若长卿慢世。"

【译文】

王徽之、王献之兄弟，一起欣赏《高士传》中的人物与评论。王献之十分欣赏井丹高洁的品行，王徽之说："他不如司马相如那样桀骜不驯。"

【原文】

7. 庾太尉在武昌，秋夜，气佳景清，使吏殷浩、王胡之之徒登南楼理咏。音调始道①，闻函道中有屐声甚厉，定是庾公。俄而率左右十许人步来，诸贤欲起避之。公徐云："诸君少住，老子于此，兴复不浅！"因便据胡床，与诸人咏谑。

【注释】

①道：高昂。

【译文】

东晋的庾亮在武昌驻守时，一个秋夜里风景极佳，气候很好，他的下属殷浩、王胡之等人登上南楼谈理吟诗。正当音调高昂的时候，忽然听到楼梯上有非常响亮的木屐声，大家猜出是庾亮。过了一会儿，庾亮果然率领十几个人徒步而来，下属们要起身回避，他慢慢地说："各位稍微停一下，我老头对这件事也有很浓厚的兴趣。"于是便坐在椅子，与众人一起歌咏嬉戏起来。

【原文】

8. 大通禅师操律高洁，人非斋沐，不敢登堂。东坡携妓谒之，大通愠形于色。坡乃作《南歌子》一首，令妓歌之，大通亦为解颐。公曰："今日参破老禅矣。"其词云："师唱谁家曲，宗风嗣阿谁？借君拍板与门槌。我也逢场作戏、莫相疑。溪女方偷眼，山僧莫瞋眉。却愁弥勒下生迟，不见老婆三五、少年时。"

【译文】

　　大通禅师品行高洁，如果不是内心洁净的人是不能登门拜访的。苏轼带着歌妓前去拜访，大通禅师非常愤怒。苏轼于是就写了一首《南歌子》，让歌妓唱了一遍，大通禅师听后不禁高兴起来。苏轼说："今天参破了老禅。"他的词写道："师唱谁家曲，宗风嗣阿谁？借君拍板与门槌。我也逢场作戏、莫相疑。溪女方偷眼，山僧莫睫眉。却愁弥勒下生迟，不见老婆三五、少年时。"

【原文】

　　9. 参寥子①言："老杜诗云：'楚江巫峡半云雨，清簟疏帘看弈棋。'此句可画，但恐画不就耳。"东坡问："公，禅人，亦复爱此语耶？"寥云："譬如不事口腹人，见江瑶柱，岂免一朵颐？"

【注释】

　　①参寥子：道潜（1043—1106 年），北宋诗僧。本姓何，字参寥，赐号妙总大师。著有《参寥子诗集》。

【译文】

　　北宋诗僧道潜说："杜甫的诗说：'楚江巫峡半云雨，清簟疏帘看弈棋。'这样的句子可以入画，只是画不出其中的意境。"苏轼说："你是参禅之人，难道也爱听这样的话？"道潜说："譬如不喜欢吃喝的人，见到了江瑶柱，也难免要去尝一下。"

【原文】

　　10. 苏子瞻去黄州及岭外，每旦①起，不招客与语，必出访客，所与游亦不尽择，各随其人高下，谈谐放荡，不复为畦畛，有不能谈者，则强之使说鬼，或辞无有，则曰："汝妄言之，吾妄听之。"

【注释】

　　①旦：早晨。

【译文】

　　苏轼离开黄州来到岭南以后，每天早晨起来，不是邀请人做客就是出去访问客人。他不会挑剔与自己交往的人，只是根据他们的品位高低进行交谈，幽默诙谐，放荡不羁，不分彼此。有些人不善言谈，苏轼就让他们讲些鬼怪故事。有人推辞没有话说，他就说："你可以随便讲，我就随便听。"

【原文】

11. 吴逵曰:"世无花月美人,不愿生此世界。"

【译文】

吴逵说:"世界上如果没有鲜花、明月、美人,生活在这个世界上就没有意思。"

【原文】

12. 陈眉公曰:"名妓翻经,老僧酿酒,将军翔文章之府,书生践戎马之场,虽乏本色,亦是有致①。"

【注释】

①致:情趣。

【译文】

陈继儒说:"名妓翻看经书,老僧酿酒,将军在文坛上展翅翱翔,书生在沙场上纵横驰骋,尽管缺乏本色,也别有一番情趣。"

【原文】

13. 益州献蜀柳数株,枝条甚长,状若丝缕。武帝植于太昌云和殿前,尝嗟赏之曰:"杨柳风流可爱,似张绪当年。"

【译文】

西汉时期,地处西南的益州向朝廷进献了几株蜀国的柳树,柳条很长,形状如同丝缕。武帝就将树种在太昌云和殿的门前,曾经十分赞叹说:"这些杨柳像张绪当年那样风流可爱。"

【原文】

14. 京陵马姬,行三,善饮,众客颓废,姬神寂然。李太史本宁寓目,羡曰:"吾每恨步兵犹是男子,今转女郎。"

【译文】

金陵歌妓马某,排行第三,喜欢饮酒,陪客人喝酒时能把客人喝醉,而自己面不改色。太史李维桢看到后,非常美慕地说:"三国的阮籍擅长饮酒,那时他是位男子,现在转变成女子了。"

【原文】

15. 许谨选放旷，不拘小节。与亲友结宴花圃中，未尝张幄设座，只使童仆聚落花铺坐下，曰："吾自有花裀①。"

【注释】

①裀：坐垫。

【译文】

许谨（一作慎）选性情豪放旷达，从来不拘小节，与好友在花园里举行宴会，既不搭帐篷，也不设座位，只是让童仆收集一些花瓣铺好坐下，说："我自备花坐垫。"

【原文】

16. 袁尹疏放好酒，尝步屣白杨郊野间，道遇一士人，便呼与酤饮。明日，此人谓被知遇，诣门求通，袁曰："昨日饮酒无偶①，聊相要耳。"

【注释】

①偶：陪伴。

【译文】

袁尹闲散豪放喜饮酒，曾经在长满白杨的郊野里步行，路上遇到了一个读书人，便唤他来一起喝酒。第二天这个人以为遇到了伯乐，就登门拜访请门房通报，袁尹说："昨天喝酒找不到人陪伴，只是找个人聊聊罢了。"

【原文】

17. 王无功待诏门下省，故事：官给酒日三升。或问："待诏何乐耶？"答曰："良酝可恋耳！"

【译文】

王无功做门下省待诏，按照惯例，官府每天供酒三升。有人说："做待诏有啥意思吗？"王无功回答说："我留恋的是那份美酒。"

【原文】

18. 张卿子同邓林宗、闵子善、钟瑞先、刘叔任诸子，夜半步佑圣观，缺月当眉际，凉楚逼人，诸子欲归，张曰："落花残月，惟苦有情，吾侪正属其人，不得以硬肠忿性。"复步玩将晓而散。

【译文】

张卿子与邓林宗、闵子善、钟瑞先、刘叔任等人，半夜时在佑圣观散步，残缺的月亮照在眉梢，凉气逼人。这几个人想要回去，张卿子说："落花残月，只对你们有情。我们正是这类人，不能硬着心肠违背性情。"于是又继续散步，天快亮的时候才回去。

【原文】

19. 钱鹤滩①请告归，门生某守扬州，遣使迎公。越期不赴，后始一至。诸大贾争先迎谒，将有请属，公曰："老夫扶来看广陵涛，并问琼花消息耳，无作跨鹤人猜也。"

【注释】

①钱鹤滩：钱福（1461—1504 年）明代状元，字与谦，因家住松江鹤滩附近，自号"鹤滩"。南直隶松江府华亭（今上海松江）人，吴越国太祖武肃王钱镠之后。

【译文】

钱鹤滩请假还乡，他的某位门生在做扬州知州，就派人去迎接他，而钱公过了很长时间，也没有过去。后来刚一到达，各位富商就争先恐后去拜访他，打算委托他办点事。钱公说："老夫这次来是看广陵涛，并打探琼花的消息，不要把我当作鹤人了。"

【原文】

20. 陈眉公曰："人有一字不识而多诗意，一偈不参而多禅意，一勺不濡而多酒意，一石不晓而多画意，淡宕故也。"

【译文】

陈继儒说："有的人不识字却能够活得很有诗意，不能看懂一篇佛经而说出的话却很有禅意，滴酒不沾却显得很有酒意，不玩赏石头生活却过得很有画意，这就是内心淡然的缘故。"

【原文】

21. 玄墓山寺门有巨松，甚郁茂，堪舆家言："当门不利。"劝去之。天全翁至山中，僧以是请。公视松，爱之，不忍舍，徐谓僧曰："木在门，成'闲'字，不爱耶？"

【译文】

玄墓山寺门前有一棵巨大的松树，郁郁葱葱，风水先生说："这棵树对着门，不吉利。"就劝僧人们砍去。天全翁到山中的时候，僧人们就征求他的意见。天全翁看了这棵松树，很喜欢，不忍心砍去，慢慢对僧人说："木在门里，是一个'闲'字，难道大家不喜欢这样吗？"

【原文】

22. 支道林①常养数匹马。或言道人畜马不韵，支曰："贫道爱其神骏。"

【注释】

①支道林：支遁（314—366 年），字道林，世称支公，也称林公，别称支硎，本姓关。陈留（今河南开封市）人，或说河东林虑（今河南林县）人。东晋高僧、佛学家、文学家。

【译文】

东晋的高僧支遁曾经养了很多马。有人说僧人养马不风雅，支遁说："贫僧爱这些马的神韵和俊朗。"

【原文】

23. 郗公琰曰："吾常遇俗儿面孔，内自作恶，每举张卿子神色笑语一思，不但免俗，更觉世界清凉。"

【译文】

郗公琰说："我常常遇见一些俗人的嘴脸，内心里十分憎恶，经常回忆起张卿子的神情笑语，不仅可以免俗，而且觉得世界清凉无限。"

【原文】

24. 王子敬语王孝伯曰："羊叔子自复佳耳，然何与人事？故不如铜雀台上妓。"

【译文】

王献之对王恭说："羊叔子洁身自爱，但与他人有什么关系呢？所以，还不如铜雀台上的妓女能供人消遣娱乐。"

【原文】

25. 司马太傅斋中夜坐，于时天月明净，都无纤翳。太傅叹以为佳。谢景重在坐，答曰："意谓不如微云点缀。"太傅因戏曰："卿居心不净，乃复强欲滓秽太清邪？"

【译文】

太傅司马道子夜间坐在书房里，当时天空明净，没有云彩遮挡。太傅赞叹着认为很好。谢景重坐在那里，回答说："我认为不如有点云彩点缀一下更美。"太傅听后就开玩笑说："你居心不纯，难道还要弄脏清净的天空吗？"

【原文】

26. 刘公荣与人饮酒，杂秽非类，人或讥之。答曰："胜公荣者，不可不与饮；不如公荣者，亦不可不与饮；是公荣辈者，又不可不与饮。故终日共饮而醉。"

【译文】

刘公荣与他人一起饮酒，杂七杂八什么人都有，有人就讽刺他。他回答说："超过我的人，不可不与他喝酒；不如我的人不可不与他喝酒；和我同样的人，也不可不与他喝酒。所以，天天一起喝到大醉。"

【原文】

27. 阮籍嫂尝还家，籍见，与别。或讥之，籍曰："礼岂为我辈设耶？"

【译文】

阮籍的嫂子要回娘家，阮籍看见后，把嫂子送出家门。有人就讽刺他，阮籍说："礼仪难道是为我们这些人设定的吗？"

【原文】

28. 阮仲容①、步兵居道南，诸阮居道北。北阮皆富，南阮贫。七月七日，北阮盛晒衣，皆纱罗锦绮，仲容以竿挂大布犊鼻裈于中庭。人或怪之，答曰："未能免俗，聊复尔耳！"

【注释】

①阮仲容：阮咸，生卒年不详，字仲容，陈留尉氏（今河南开封尉氏）人。魏晋时期名士，文学家。与嵇康、阮籍、山涛、向秀、刘伶、王戎并称为"竹林七贤"。

【译文】

阮咸、步兵校尉阮籍居住在路南，其他姓阮的人居住在北边。北面姓阮的人都很富有，南面的却很贫穷。七月七日这天，北面姓阮的人所晒的衣服，都是用绫罗绸缎做成的，阮咸就用竹竿将粗布做的短裤挂在庭院中。有人就感到奇怪，他回答说："我也不能免俗，也跟着这么做了！"

【原文】

29. 午桥庄小儿坂，茂草盈原，裴晋公每使驱群羊散于坂上，曰："芳草多情，赖此点缀。"

【译文】

午桥庄小山坡上长满了茂盛的野草，裴度常常让人赶着羊群分散在坡上，说："芳草是多情的，借此来点缀一下。"

【原文】

30. 皇甫嵩曰："凡醉各有所宜：醉花宜昼，袭其光也；醉雪宜夜，清其思也；醉得意宜唱，宣其和也；醉将离宜击钵，壮其神也；醉文人宜谨节奏，畏其侮也；醉俊人宜益觥盂、加旗帜，助其烈也；醉楼宜暑，资其清也；醉水宜秋，泛其爽也。此皆审其宜，考其景，反此，则失饮之人矣。"

【译文】

皇甫嵩说："凡是醉酒都有与之相适宜的环境：醉在花间适宜于白天，这样就可以沐浴明亮的阳光；醉在雪里适宜于黑夜，这样就可以清静思绪；得意之时喝醉适宜唱歌，从而抒发自己柔和的情绪；离别之际喝醉适宜击钵，这样就可以排遣忧虑；在文人堆里喝醉，应当谨小慎微，害怕他人侮辱；醉在俊杰里，就要换大碗，这样可以彰显豪爽之气；在高楼喝醉适宜于盛夏，这样就可以感受高处的清爽；在水上喝醉，适宜于秋天，这样就可以感受泛舟的爽朗。这些都是研究与之相适宜的环境，考察四周的环境，与之相反的，证明此人不会饮酒。"

【原文】

31. 张季鹰纵任不拘，时人号为"江东步兵"。或谓之曰："卿乃可纵适一时，独不为身后名邪？"答曰："使我有身后名，不如即时一杯酒！"

【译文】

西晋的张翰放纵任性，狂妄不羁，当时人们称他为"江东阮籍"。有人对他说："你可以放纵一时，但是你不去考虑一下身后的名声吗？"他回答说："让我有身后名声还不如让我现在就有一杯酒！"

【原文】

32. 毕茂世云："一手持蟹螯，一手持酒杯，拍浮①酒池中，便足了一生。"

【注释】

①拍浮：浮沉。

【译文】

毕茂世说："一只手拿着蟹腿，一只手端着酒杯，在酒池肉林里浮沉，这一生就满足了。"

【原文】

33. 潘景升尝谓："小妓眼中生火，当景者怒之，亦痴也。"隘胸者曰："听之耶？"潘曰："我之悦者，彼亦不如是耶？"

【译文】

潘景升曾经说："当妓女眼睛火辣辣地看着别人，当事人就会因此大怒，这就是一种愚蠢的表现。"心胸狭隘的人会说："难道就这样听之任之？"潘景升说："那些欣赏我们的女子，不也是这么做的吗？"

【原文】

34. 人讥周仆射与亲友戏言，秽杂无节度①。周曰："万里长江，何能不千里一曲？"

【注释】

①节度：节制。

【译文】

有人讽刺尚书左仆射周凯与亲友们随便玩笑，话语之中夹杂着一些污秽低俗的词语，丝毫没有节制。周凯反问道："万里长江，为什么每隔千里就会有一段弯曲呢？"

【原文】

35. 唐苏晋，颐之子也，学浮屠术。尝得胡僧慧澄绣弥勒佛一轴，宝之。尝曰："是佛好饮米汁，正与吾性合，吾愿事之，他佛不爱也。"

【译文】

唐代的苏晋，是苏颐的儿子。他学习佛经，曾经得到胡地僧人慧澄所绣的弥勒佛像一卷，他非常喜欢，视若珍宝，并且还说："这位佛像喜欢喝米粥，与我性格相投，我愿意侍奉他，其他的佛我不喜欢。"

【原文】

36. 王忱见王恭六尺簟，谓有余，求之，恭即送。后忱见恭更无簟，问之，恭曰："平生无长物①。"

【注释】

①长物：多余的东西。

【译文】

王忱看见王恭有六尺长的席子，以为他还有备份，就求他送一个，王恭就送了一个。后来王忱看见王恭没有席子，就问为什么这样，王恭说："我平生没有多余的东西。"

【原文】

37. 袁丰居宅后有六株梅，叹曰："烟姿玉骨，世外佳人，恨无倾城笑耳！"

【译文】

袁丰居住的房屋后面有六棵梅树，他感慨道："烟姿玉骨，世外佳人，只恨没有倾城一笑！"

【原文】

38. 唐御苑新有千叶桃花，明皇亲折一枝插于妃子头上，曰："此个花尤能助①娇也。"

【注释】

①助：帮助。

【译文】

唐朝的御苑增添了千叶桃花，唐明皇亲手折下一枝插在妃子头上，说："这朵花能够衬托得你更加娇艳。"

【原文】

39. 飞燕进合德，帝大悦，以辅属体，无所不靡，谓为"温柔乡"，曰："吾老是乡矣，不能效武皇帝求白云乡也。"

【译文】

赵飞燕把自己的亲妹妹赵合德进献给汉成帝，成帝非常高兴，把脸贴在地的肌肤上，感到每一寸肌肤都很细腻柔滑，称之为"温柔乡"，并且说："看来我是要在这温柔乡里终老，不能像汉武帝那样去求仙。"

【原文】

40. 唐明皇秋八月，太液池有千叶白莲数枝盛开。帝与贵戚宴赏焉，左右皆叹美。久之，帝指贵妃示于左右曰："争如我解语花！"

【译文】

唐明皇年间，秋天八月份，太液池有千朵白莲花盛开。唐明皇与贵戚们一起宴饮观赏，身边的人都赞叹美慕。过了一会儿，唐明皇就指着贵妃对身边的人说："莲花再美也无法与我这朵通晓语言的花儿相提并论。"

【原文】

41. 孟万年好饮，愈多不乱①。桓宣武尝问："酒有何好而卿嗜之?"孟答曰："公但未知酒中趣耳。"

【注释】

①乱：出乱子。

【译文】

孟万年喜欢饮酒，喝的多但是不会出乱子。桓温曾问道："酒有什么好喝的让你这么迷恋?"孟万年回答说："您只是不知道酒中的乐趣。"

【原文】

42. 皇甫亮三日不上省，文宣亲诘其故，亮曰："一日饮，一日醉，一日病酒。"

【译文】

北齐的皇甫亮接连三天没有上班，文宣帝亲自问他什么原因，皇甫亮说："一天喝酒，一天喝醉，一天喝醉了很难受需要休息。"

【原文】

43. 谢耳伯、宋献儒在潘景升座，有三妓佐酒。谢奉佛，不饮酒近色，在座不无少自检持。宋语之曰："打过艳冶，即是圆通；成佛成仙，正在吾辈。"

【译文】

谢耳伯、宋献儒在潘景升家里做客，有三位妓女作陪。谢耳伯信奉佛教，不喝酒不近女色，一直都在席间把持自我。宋献儒对他说："过了美人关，就是达到圆通境界了，能够成仙成佛的，只有我们这一类人。"

【原文】

44. 孔北海家居失势，宾客日满其门，爱才乐士，常若不足。每叹曰："座上客尝满，尊中酒不空，吾无忧矣！"

【译文】

孔融赋闲在家，没有权势，每天会有很多宾客前来拜访，他爱惜人才，喜欢见贤士，常常感到不满足。他经常感叹："高朋满座，杯水盈盈，我就没有什么可担心的了。"

【原文】

45. 琅琊王肃仕南朝，好茗饮、莼羹，及还北地，又好羊肉、酪浆。人或问之："茗何如酪？"肃曰："茗不堪与酪为奴。"

【译文】

琅琊人王肃在南朝做官的时候，喜欢喝茶和莼菜汤，后来回到北方，又喜欢上了羊肉、乳酪。有人问他说："茶和乳酪相比，你更喜欢哪一个？"王肃说："茶没有资格给乳酪做仆人。"

【原文】

46. 郭顺卿行二，称之曰郭二姐，与王元鼎密。阿鲁温参政在中书，欲属意于郭，一日，戏曰："我何如王元鼎？"郭曰："参政，宰臣也；元鼎，文士也。经论朝政，致君泽民，则元鼎不及参政；嘲风弄月，惜玉怜香，则参政不敢望元鼎。"温一笑而别。

【译文】

郭顺卿排行第二，人称郭二姐，与王元鼎关系十分密切。阿鲁温在中书省任参政，格外关注郭顺卿。有一天，他开玩笑说："我和王元鼎相比谁更优秀？"郭顺卿说："参政您是重臣，元鼎是文士。掌管朝政，侍奉君主，恩泽百姓，元鼎不如参政；风花雪月，怜香惜玉，参政您不如元鼎。"阿鲁温笑了笑就辞别了。

【原文】

47. 郎基为县令，清慎无所营①。尝曰："任官之所，木枕亦不须作，况重于此乎？"惟颇令人写书，樊宗孟谓曰："在官写书，亦是风流罪过。"基曰："观过知仁，斯亦可矣。"

【注释】

①营：需求。

【译文】

郎基做县令的时候，廉洁谨慎无欲无求。他曾经说："在做官的地方，枕头都不必做，何况更珍贵的东西呢？"他只是喜欢让人抄书，樊宗孟对他说："在官位上组织抄书也是一种小小的错误。"郎基说："观察一个人的过失就能知道他的仁义，这样也是被允许的。"

【原文】

48. 任育长尝从棺邸下度，流涕悲哀。王丞相曰："此是有情痴。"

【译文】

任育长曾经从棺材店前经过，涕泪纵横，十分悲哀。王丞相说："这真是个痴情人。"

【原文】

49. 桓子野①每闻清歌，辄唤"奈何！"谢公闻之曰："子野可谓一往有深情。"

【注释】

①桓子野：桓伊，生卒年不详，字叔夏，小字子野（一作野王）。谯国铚县（今安徽濉溪县临涣镇）人。东晋时期将领、名士、音乐家。

【译文】

桓子野每当听到清雅的歌声，就会呼喊"怎么办才好！"。谢安听说后，说："子野真是一往情深。"

【原文】

50. 王孝伯云："名士不必须奇才。但使常得无事，痛饮酒，熟读《离骚》，便可称名士。"

东晋的王恭说："名士不一定是世间奇才，只要经常闲来无事，酣畅淋漓地喝酒，熟读《离骚》，便能称为名士。"

【原文】

51. 王长史①登茅山，大恸哭曰："琅邪王伯舆，终当为情死。"

【注释】

①王长史：王廞，生卒年不详，字伯舆，东晋后期政治人物、书法家。出身琅琊王氏，东晋开国丞相王导之孙。

【译文】

东晋的司徒长史王廞登上茅山，失声大哭："琅琊王廞最终为情而死。"

【原文】

52. 明皇坐沈香亭，诏妃子。妃子时被酒未醒，命力士使侍儿扶掖而至。妃子醉颜残妆，鬓乱钗横，不能再拜。上皇笑曰："是岂妃子醉，真海棠睡未足耳。"

【译文】

唐玄宗坐在沈香亭，召见妃子，妃子当时喝了酒没有醒，就命令丫鬟们扶着她过来。妃子醉意朦胧，妆容残破，鬓发凌乱，玉钗横斜，不能跪拜。唐玄宗笑着说："这哪里是妃子喝醉了，简直是海棠花没有睡醒啊！"

【原文】

53. 蒲传正知杭州，有术士请谒，盖年逾九十，而犹有婴儿之色。传正接之甚欢，因访以长年之术。答曰："其术甚简而易行，他无所忌，惟当绝①色欲耳。"传正俯思良久，曰："若然，则寿虽千岁，何益？"

【注释】

①绝：杜绝。

【译文】

蒲传正做杭州知府时，有个方术之士前来拜访，年龄大概已经过了九十岁，仍然有婴儿的面色。蒲传正与他谈得很高兴，就询问他高寿的秘诀，他回答说："这种技巧简单易行，其他没有什么顾忌，只要你杜绝女色！"蒲传正低头思索了良久，说："如果是这样，即使活到一千岁，又有什么意义呢？"

【原文】

54. 李舟除昌州，不乐。渊材往问之曰："昌州，佳郡也，奈何弃之？"李曰："供给丰乎？"曰："非也。""民讼简乎？"曰："非也。""然则何以知其佳？"渊材曰："天下海棠无香，惟昌州有香耳。"

【译文】

李舟被任命为昌州刺史，很不开心。彭渊材前去安慰他："昌州是个好地方，为啥放弃呢？"李舟问："待遇丰厚吗？"彭渊材回答道："不丰厚。"李舟问："诉讼不多吧？"彭渊材说："挺多。"李舟又问："你又是如何知道它好呢？"彭渊材说："天下海棠没有香气，唯独昌州的海棠香气四溢。"

【原文】

55. 陈眉公曰："香令人幽，酒令人远，石令人隽，琴令人寂，茶令人爽，竹令人冷，月令人孤，棋令人闲，杖令人轻，水令人空，雪令人旷，剑令人悲，蒲团令人枯，美人令人怜，僧令人淡，花令人韵，金石彝鼎令人古。"

【译文】

陈继儒说："香让人幽深，酒让人辽远，石让人隽永，琴让人安静，茶让人清爽，竹让人清凉，月让人孤独，棋让人悠闲，杖让人轻松，水让人空灵，雪让人旷达，剑让人悲愤，蒲团让人枯索，美人让人怜爱，僧让人清淡，花让人风雅，金石彝鼎让人高古。"

【原文】

56. 杜陵杜夫子善奕棋，为天下第一。人或讥其费日，夫子曰："精其理者，足以大裨圣教。"

【译文】

杜陵的杜先生擅长下棋，是天下技艺最高的。有人讽刺他说是在浪费时间，杜先生说："精通了棋艺中的道理，有益于人们去做一个圣人。"

【原文】

57. 北齐高洋凶暴，贵嫔薛氏有小过，遽杀支解之，抱其股为琵琶弹之，复叹曰："佳人难再得！"

【译文】

北齐的高洋性情残暴，贵嫔薛氏犯了点小错误，就将她肢解，之后又抱着用她的大腿骨做成的琵琶弹奏，叹息着说："再也找不到这样的佳人了！"

【原文】

58. 米芾方择婿，会建康段拂，字去尘。芾择之，曰："既拂矣，又去尘，真吾婿也。"以女妻之。

【译文】

米芾正在挑选女婿，恰好遇到建康有个叫段拂、字去尘的人，米芾选择了他，说："既然拂去尘埃了，又再去尘，真是我的女婿。"于是就把女儿许配给他。

【原文】

59. 屠长卿曰："据床嗒尔，听豪士之谈锋；把盏醒然，看酒人之醉态。"

【译文】

晚明才子屠长卿说："坐在椅子上谈话应该保持心平气和的状态，认真听豪杰们激情澎湃的议论；端着酒杯应该头脑清醒，看人们喝醉时的种种醉态。"

【原文】

60. 陈眉公曰："天之风月，地之花柳，人之歌舞，无此不成三才。"戏语亦自有理。

【译文】

陈继儒说："天上的风和月，地上的花儿和柳树，人间的歌舞，没有这些根本构不成三才。"玩笑话也很有道理。

【原文】

61. 唐玄宗性俊迈，酷①不好琴。曾听弹正弄，未及毕，叱内官曰："速召花奴，将羯鼓来，为我解秽！"

【注释】

①酷：非常。

【译文】

唐玄宗性情豪迈，非常不喜欢弹琴。有一次听人弹琴，一曲未完，玄宗就斥责宦官说："赶紧让花奴，将羯鼓拿来，为我消除刚才的污秽。"

【原文】

62. 梁高祖重①陈郡谢朓诗，常曰："不读谢诗，三日觉口臭。"

【注释】

①重：推崇。

【译文】

南朝的梁高祖非常推崇陈郡谢朓的诗，曾经说："不读谢朓的诗，三天便觉得口臭。"

【原文】

63. 刘伶常乘鹿车，携一壶酒，使人荷锸随之，云："死便埋我。"

【译文】

刘伶常常一个人乘坐一辆小车，带上一壶酒，让人扛着铁锹尾随其后，说："我死了就把我埋掉。"

【原文】

64. 汉清平恩侯许伯入第，丞相、御史、将军、中二千石皆贺，盖宽饶后至，许伯自酌曰："盖君后至。"宽饶曰："无多酌我，我乃酒狂。"丞相魏侯笑曰："次公醒而狂，何必酒也？"

【译文】

汉朝的清平恩侯许广汉乔迁新居，丞相、御史、将军、郡守等都来道贺。盖宽饶是最后一个到的，许广汉亲自给他倒酒，说："您来晚了。"盖宽饶说："不要给我倒太多，我是酒狂。"丞相魏侯笑着说："这个人醒着就很狂，更何况是在喝酒之后呢？"

【原文】

65. 尚方禁少时尝盗①人妻，见斫，创著其颊，左冯翊朱博用为守尉。问禁曰："是何等创？"禁自知情得，叩头服状。博笑曰："大丈夫固时有是。"

【注释】

①盗：非礼。

【译文】

尚方禁年轻时曾经非礼别人的妻子，被砍了一刀，脸上有伤疤。左冯翊朱博任命他为守尉时，问道："脸上的刀疤是怎么回事儿？"尚方禁知道朱博了解情况，叩头谢罪。朱博笑着说："大丈夫难免会有这样的情况。"

【原文】

66. 刘伶好酒，渴甚，求酒于妻。妻藏酒弃器，谏曰："非养生之道，宜断之！"伶曰："善。当祀鬼神自誓，便可具酒肉。"妻从之。伶跪祝曰："天生刘伶，以酒为名；一饮一石，五斗解酲。妇人之言，必不可听。"便引酒衔肉，隗然复醉。

【译文】

刘伶喜欢喝酒，有一次酒瘾发作就向妻子要酒。妻子先藏起酒再扔掉酒器，劝他说："这不利于养生，应当戒掉。"刘伶说："可以！应当祭祀鬼神、立下誓言，你现在就去准备酒肉吧。"妻子同意了。刘伶跪着祈祷说："刘伶天生就以喝酒出名。一次饮一石，五斗除酒病。妇人的话，可以不听。"于是就喝酒吃肉，大快朵颐，又醉了。

【原文】

67. 马援①破贼后，封新息侯，食邑三千户。援乃击牛漉酒，劳飨军士，从容谓官属曰："吾从弟少游，常哀吾慷慨多大志，曰：'士生一世，但取衣食裁足，乘下泽车，御款段马，为郡掾吏，守坟墓，乡里称善人，斯可矣。致求盈余，但自苦耳。'当吾在浪泊、西里间，虏未灭之时，下潦②上雾，毒气重蒸，仰视飞鸢跕跕堕水，卧念少游平生时语，何可得也！"

【注释】

①马援：马援（公元前14—公元49年），字文渊。扶风郡茂陵县（今陕西兴平）人。西汉末年至东汉初年著名军事家，东汉开国功臣之一。

②潦：积水。

【译文】

东汉的马援打败贼寇后，被封为新息侯，封地三千户为他交租。马援杀牛设酒宴，犒赏将士，从容地对下属说："我的堂弟马少游，经常为我的凌云壮志而叹息，说：'士人过一辈子，只需要衣食自足，乘坐简单的车，骑着普通的马，当个郡中官，守住祖墓，乡里称你是个善良的人就可以了。如果一味追求更多的利益，只是自寻烦恼。'当初我在浪泊西里间转战，没有消灭敌寇的时候，下面是积水，上面是云雾，毒气熏天，仰看飞鹰坠入水中，我躺着想起少游当初说的话，真不知道什么时候才能实现。"

【原文】

68. 郝之玺曰："看花步男子，当作女人；寻花步女人，当作男子。"

【译文】

郝之玺说："跟在男子后面看花，应当做女人；跟在女人后面寻花，做个男子更合适。"

【原文】

69. 江之生初为僧，颇称苦行。过黄玄龙于石岭山房，别后蓄发，复遇于金陵，玄龙不知也。江曰："黄先生忘耶？我乃某也。"稍及寒温，江遽曰："我苦极，我苦极！"黄问何苦？江曰："胯间便毒，已三月未愈也。"

【译文】

江之生刚刚做僧人的时候，以苦行自称，曾在石岭山上看望过黄玄龙。分别后他留发还俗，又去金陵，黄玄龙没有认出他来。江之生说："黄先生难道忘了我吗？我是江某人呀。"简单寒暄了几句，江之生说："我很疼啊！我很疼！"黄玄龙问为什么疼？江之生说："大腿根长出肿疮，已经三个月了还没有愈合。"

【原文】

70. 大司徒杜公佑在维扬也，尝召宾幕闲语："我致政后，买一小驷八九千者，饱食讫而跨之；着粗布襕衫入市①，看盘铃傀儡，足矣。"后致仕，果行其志。谏官上疏言："三公不合入市。"公曰："在吾计中矣！"

【注释】

①市：集市。

【译文】

大司徒杜公佑在扬州时，曾经召集幕僚闲聊："等我辞官后，就花八九千买一匹小马，吃饱了就骑上它，穿上粗布衣裳，到集市上看铃盘傀儡戏，就满足了。"后来辞了官，他果然按照自己的想法去做。谏官向皇上报告了此事，说："按他的身份不适合到集市上去。"杜公佑说："一切都在我的意料之中。"

【原文】

71. 陈惟允家有王叔明《泰山密雪图》，张廷采闻知，往借观之，卧其下，两日不去，使者促之，廷采临去，顾曰："王先生，尔岂知百岁后，有张廷采恋尔耶？"

【译文】

　　陈惟允家里悬挂着明代王蒙的《泰山密雪图》。张廷采知道后，就前去观看，躺在那幅画下面两天都不愿离去。家里派人催促他赶紧回去，张廷采临走之前回头说："王先生，你怎能知道百年以后，有个张廷采如此崇拜你？"

【原文】

　　72. 赵子固尝得定武不损本禊帖，乘舟夜泛而归。行至雪之昇山，风起舟覆，行李襆被，皆淳溺无余。子固方被湿衣立浅水中，手持《禊帖》语人曰："《兰亭》在此，余不足问。"

【译文】

　　南宋的赵孟坚曾经得到一副完好无损的定武本《禊帖》（王羲之的《兰亭集序》），夜里乘舟回家，当船行到雪溪岸边的昇山附近时，忽然起风打翻了小船，行李衣被都浸到水里。赵孟坚披着湿透的衣服，立在浅水中，手里拿着《禊帖》对人说："只要《兰亭集序》在这里，其他的就无所谓了。"

【原文】

　　73. 裴晋公性弘达，不好服食，每语人曰："鸡猪鱼蒜，逢着则吃；生老病死，时至则行。"

【译文】

　　唐代的晋国公裴度性情宽宏大量，不喜欢吃穿，经常对人说："鸡猪鱼蒜，遇到就吃；生老病死，时候到了就坦然面对。"

【原文】

　　74. 李宗闵多宾客谈笑，喜饮酒。暑月临池，以荷为杯，满酌酒，密系持近口，以箸①刺之而饮，不尽再举。既散，有人言："昨饮，大欢也。"李曰："今日之欢，明昨日之不欢。自今好恶一不得言。"

【注释】

　　①箸：筷子。

【译文】

　　李宗闵家里经常有宾客来访，他们谈笑风生，把酒言欢。夏天一个夜晚，一行人来到池边，用荷叶做酒杯，盛满酒，紧紧系住，用筷子戳一个小口用嘴接住来喝，喝不完再继续喝。等到散席了，有人说昨天喝得很尽兴。李宗闵说："今天的欢乐，说明昨天的不欢乐，从今天起好坏都不能说。"

【原文】

75. 袁中郎曰："有人隔帘闻钗坠声而不动念者，此人不痴则慧，我幸在不痴不慧中！"

【译文】

袁中郎说："如果有人隔着帘子听见玉钗落地的声音却不动贪念，那么这个人不是傻子就是智者，我幸好介于两者之间。"

【原文】

76. 吴巽之坐畸庄亭看桃花，忽风起花落，辄叹曰："万点愁人，咄咄不已。"郝公琰语臣曰："巽之可怜惨淡，不啻花心。"

【译文】

吴巽之坐在畸庄亭里看桃花，忽然刮起风来，花儿纷纷落下，不禁感叹："万点落花使人愁。"唏嘘不已。郝公琰对曹臣说："怜惜这种惨淡的景象，就好像有一颗花魂。"

【原文】

77. 王元宝富而无学识，尝会宾客，次日，亲友谓之曰："昨日必有佳论。"元宝曰："但费锦缠头耳。"

【译文】

王元宝很有钱但是没有学识，他曾经与宾客聚会。第二天，亲友对他说："昨天必定有高超精妙的讨论。"王元宝说："只是拿了些锦缎赏赐给歌妓罢了。"

【原文】

78. 阮仲容先幸姑家鲜卑婢。及居母丧，姑当远移，初云当留婢，既发，定将去。仲容借客驴，著重服自追之，累骑而返。曰："人种不可失！"

【译文】

阮仲容早先与姑母家的一个鲜卑族的丫鬟亲密接触，母亲死后他在家守丧，姑母要迁居他乡。起初要将丫鬟留下，等到出发时，又决定带她走。阮仲容借了一头驴，身穿孝服，一个人去追赶。最后两人一起骑着驴子归来，他说：
"人种不能丢掉。"

【原文】

79. 开元中赐边衣，制自宫中，有军校于袍中得一诗曰："留意多添线，含情更着绵。今生已过了，重结后身缘。"持以白帅，帅以闻明皇，问之，有一宫人自言万死。即命嫁得诗者，曰："与汝结今生缘。"

【译文】

唐开元年间朝廷赏赐给驻边战士的衣服，都是产自宫中。有个军校在衣服中得到一首诗，上面写着："留意多添线，含情更着绵。今生已过了，重结后身缘。"他就将这首诗拿给主帅，主帅又把此事禀告给皇上。皇上一调查，有位宫女自认罪该万死。于是皇上就命令这位宫女嫁给那位军校，说："给你缔结一段姻缘。"

【原文】

80. 王献之夜卧斋中，有偷入屋，献之语云："青毡，我家旧物，可特置之。"

【译文】

王献之夜晚躺在书房里，有个小偷潜入书房，王献之对他说："那件青毡是我家祖传的宝贝，要单独给我留下。"

俊
语
第
十
一

【原文】

吴苑曰：鸟俊则以为冠，兽俊则以为骑，人俊则逐睛，语俊则耸耳。人苟未能了一耳目，未有不爱俊而厌恶者。盖惟俊人能道俊语，岂墨香之口花乎？乃次俊语第十一。

【译文】

吴苑说：鸟儿长得好看，羽毛会被人拔下来做帽子的装饰；兽长得好看，会被人捉住当坐骑；人长得好看，会引来很多眼睛的关注。话说得好听，会让人竖起耳朵倾听。人如果不缺少一副耳目，那么没有不爱俊美而厌恶丑陋的。往往是好看的人说漂亮的话，怎么能是由墨水吐出的莲花呢？于是俊语排在第十一位。

【原文】

1. 褚季野语孙安国云："北人学问，渊综广博。"孙答曰："南人学问，清通简要。"支道林闻之，曰："圣贤固所忘言。自中人以还，北人看书，如显处视月；南人学问，如牖中窥日。"

东晋的褚裒（字季野）对孙安国说："北方人的学问，渊博而又深邃。"孙安国回答说："南方人的学问，通达而又简明。"支遁听到后说："圣贤当然不必去说了，只看大众的话，北方人看书就像从明显的地方看月亮；南方人求学就像从窗户里看太阳。"

【原文】

2. 唐毕相诚，家素贱，李中丞诸院子弟与诚熟。诚至李氏子书室中，诸子赋诗，诚亦为之。顷李至，观诸子诗，又见诚所作，称其最美，问曰："此谁作也？"诸子不敢隐，乃曰："所知毕秀才作也。"李曰："出见。"既而李呼左右责曰："何令马入池中，践浮萍皆聚，芦荻斜倒。"怒甚，左右莫敢对。诚曰："萍聚只因今日浪，荻斜都为夜来风。"李大悦，遂客①之。

【注释】

①客：以客人相待。

【译文】

唐朝的宰相毕诚，家里向来很贫困，李中丞家族中的子弟们都认识他。毕诚到李氏的书房中，几个儿子正在写诗，毕诚也一起写起来。过了一会儿，李中丞来了，观看了诸位儿子的诗歌，又看了毕诚的诗歌，称这一首是最好的。他问："这一首是谁写的？"各位儿子不敢隐瞒，就说："是好朋友毕诚写的。"李中丞说："让他出来见面。"毕诚出来后，李中丞叫来众人责怪道："为什么要让马跑进池子里，把浮萍践踏得聚集在一起，芦苇都倾倒了。"他非常生气，身边的人不敢回复。毕诚说："萍聚只因今日浪，荻斜都为夜来风。"李中丞非常高兴，就以礼待他。

【原文】

3. 贾逵通经授徒，肃宗重之。逵母病，帝以钱二十万，使颍阳侯马防与之，谓防曰："贾逵母病，此子无人事于外，屡空则从孤竹之子于首阳山矣。"

【译文】

东汉的贾逵精通经义，收受门徒，汉章帝刘炟非常敬重他。贾逵的母亲病了，汉章帝就拿出二十万钱，让颍阳侯马防给他，对马防说："贾逵母亲病了，他们外面没有亲戚朋友，如果总是贫穷，就要跟随孤竹君的儿子到首阳山。"

【原文】

4. 孙宝署侯文为东部督，入见，敕曰："今日鹰隼始击，当顺天气取奸恶，以成严霜之诛。掾部渠有其人乎？"文曰："无其人，不敢空受职。"宝曰："谁也？"文曰："霸陵杜稚季。"宝曰："其次？"文曰："豺狼横道，安问狐狸。"

【译文】

孙宝任命侯文为东部督署，侯文进来见他，孙宝说："今天鹰隼开始搏击，应当顺势而为除掉奸恶，像严霜那样冷酷无情，将他诛杀掉。你管辖的区域内有没有这样的一类人呢？"侯文说："没有这样的人就不敢接受这一职务。"孙宝说："是谁？"侯文说："霸陵杜稚季。"孙宝说："还有谁？"侯文说："豺狼当道，哪里还顾得上狐狸。"

【原文】

5. 谢灵运好戴曲柄笠，孔隐士谓之曰："卿欲希心高远，何不能遗①曲盖之貌？"谢答曰："将不畏影者，未能忘怀。"

【注释】

①遗：丢掉。

【译文】

谢灵运喜欢戴弯柄的斗笠，孔隐士对他说："你想要心存高远，为什么不能丢下一个手柄弯曲的斗笠呢？"谢灵运说："一个人不怕自己的影子，怎么会介怀此事呢。"

【原文】

6. 文衡山素不至河下拜客，严介溪过吴门，候二日，不至，忿然见色，谓顾东桥曰："不拜他人犹可，渠亦敢尔以我概人耶？"东桥曰："若非衡山有恒，那得介溪有芥？"严稍敛。

【译文】

文徵明（字衡山）向来不到河下拜访客人，严嵩（字介溪）经过苏州的时候，等了两天文徵明也没有拜见他，于是勃然大怒，脸色大变，对顾东桥说："不拜访他人还可以理解，难道他也要这样对待我吗？"顾东桥说："如果不是衡山有恒，怎么让介溪有芥？"严嵩这才收敛了一下情绪。

【原文】

7. 东郡商铿，名子为外臣。外臣仕为廷尉评，铿入谢恩。武帝问："卿名子为'外臣'，何为令其入仕？"铿答曰："外臣生于齐季，故人思匿迹，今幸遭圣代，草泽无复遗人。"

【译文】

东郡人商铿，给儿子起名为外臣。商外臣后来被任命为廷尉评，商铿入朝谢恩。北周武帝宇文邕问："你的儿子叫外臣，为什么让他到朝廷内做官？"商铿说："外臣生在齐朝末年，所以故人都愿意隐居避世，现在赶上了圣明的年代，民间再也没有被遗弃的贤明。"

【原文】

8. 晋庾亮造周顗，顗曰："君何欣说而忽肥？"庾曰："君何忧惨而瘦？"周曰："吾无所忧，直是清虚日来，滓秽日去。"

【译文】

东晋的庾亮拜访周顗，周顗说："什么开心的事让你突然变胖了？"庾亮说："什么忧虑的事情让你突然变瘦了？"周顗说："我没有忧虑的事情，只是清纯灵气一天天增加，而污秽则一天天减少。"

【原文】

9. 唐卢肇初举，先达或问所来，肇曰："某，袁民也。"或曰："袁州出举人耶？"肇曰："袁州出举人，亦犹沅江出鳖甲九肋者，盖稀也。"

【译文】

唐代的卢肇第一次参加科举考试，一些前辈就问他从哪里来，卢肇说："我是袁州人。"有人说："袁州也能出举人吗？"卢肇说："袁州出举人就像沅江出九肋甲鱼一样，很稀奇。"

【原文】

10. 苏味道①才学识度，物望攸归。王方庆体质鄙陋，言词鲁钝，智不逾俗，才不出凡，俱为凤阁侍郎。或问张元一曰："苏、王孰贤？"答曰："苏，九月得霜鹰；王，十月被冻蝇。"

【注释】

①苏味道：(648—705 年) 字味道，赵州栾城（今河北石家庄市栾城区苏家庄）人。

唐代政治家、文学家，汉朝并州刺史苏章后代，宋朝文学家苏轼先祖。

【译文】

苏味道的才华和见识，得到大家的一致认可。王方庆形体丑陋，语言愚钝，智力平平，才华不出众，他们都是凤阁侍郎。有人问张元一说："苏味道与王方庆谁更优秀？"他回答说："苏味道就像是九月经霜的苍鹰；而王方庆则是十月冻死的苍蝇。"

【原文】

11. 裴廷裕字庸馀，乾宁中在内庭，文书敏捷。同官者曰："裴廷裕如下水船。"

【译文】

裴廷裕字庸馀，唐代乾宁年间做宫廷近臣，此人行文著书才思敏捷。同僚们说："裴廷裕就像一条顺水而下的船。"

【原文】

12. 伪蜀韩昭仕王氏，为礼部尚书，粗有文章，至于琴棋书算射法，悉皆涉猎，不能专精。朝士李台瑕曰："韩八座之艺，如拆袜线，无一条长。"

【译文】

前蜀的韩昭在王衍的朝廷里担任礼部尚书，懂一点文章，琴、棋、书、算、射、法都有所涉猎，但是不够专业。朝廷中有位叫李台瑕的官员说："韩昭的各类技艺就像袜子拆下的线，没有一根长的。"

【原文】

13. 萧引书法遒逸①，陈宣帝尝指其署名语诸人曰："此字笔势翩翩，似鸟之欲飞！"引答曰："此乃陛下假其羽毛。"

【注释】

①遒逸：遒劲飘逸。

【译文】

萧引的书法遒劲俊逸，南朝的陈宣帝曾经指着他的署名对在座的人说："他的字笔势翩翩，像振翅欲飞的小鸟！"萧引回答说："这是因为他拥有了陛下所赐予的羽毛。"

【原文】

14. 宋广平爱民恤物，朝野归美，人皆谓之曰"有脚阳春"。

【译文】

宋广平爱惜财物体恤百姓，朝野上下的人都赞美他，人们都称他"有脚阳春"，所到之处，如同春天的太阳温暖万物。

【原文】

15. 颜延之尝谓鲍明远①曰："己诗与谢康乐②优劣？"鲍曰："谢五言如初发芙蓉，自然可爱；君诗若铺锦列绣，亦雕缋满眼。"

【注释】

①鲍明远：鲍照（约415—470年），字明远，南朝辞赋大家，与北周庾信并称"鲍庾"，与颜延之、谢灵运并称"元嘉三大家"，因曾任荆州刺史临海王刘子顼军府参军而被后人称为"鲍参军"。

②谢康乐：谢灵运（385—433年），原名公义，字灵运，世称谢客、谢康公、谢康乐。山水田园诗的鼻祖。

【译文】

颜延之曾经对鲍照说："我的诗歌与谢康乐的相比谁的更优秀？"鲍照说："谢康乐的五言诗如同初次绽放的芙蓉，自然可爱；您的诗歌如同铺开的锦绣，绚丽多彩。"

【原文】

16. 刘孝标①目刘彦度"超然越俗，如天半朱霞"，刘士光"矫矫出尘，如云中白鹤。皆俭岁之粱稷，寒年之纤纩"。

【注释】

①刘孝标：刘峻（463—521年），字孝标，南朝梁学者兼文学家，以注释刘义庆等编撰的《世说新语》而著称于世。

【译文】

刘峻认为刘彦度超凡脱俗，如同天边的红霞，刘士光超越红尘，如同云中的白鹤。他们都是贫瘠年代的粮食，寒冷年代的丝绵。

【原文】

17. 蜀先主啣张裕不逊，兼忿其漏言，下狱将诛之。诸葛武侯表请其罪，先主答曰："芳兰当门，不得不锄。"

【译文】

三国的刘备忌恨张裕不忠诚，同时又因为他泄露机密而感到气愤，就将他抓进监狱，想要杀他。诸葛亮上表请求赦免他的罪过，刘备说："即便是门口生长的香兰，也不能不铲除。"

【原文】

18. 谢太傅绝重褚公，常①称："褚季野虽不言，而四时之气亦备。"

【注释】

①常：曾经。

【译文】

东晋的谢安非常看重褚裒，曾经说："褚季野虽然默默无闻，但是做事情胸有成竹。"

【原文】

19. 满奋畏风。在晋武帝坐，北窗作琉璃屏，实密似疏，奋有难色，帝笑之。奋答曰："臣犹吴牛，见月而喘。"

【译文】

满奋怕风。有一次在晋武帝旁边坐着，北面的窗户是琉璃窗，看似疏松实则紧密，满奋面露难色，晋武帝取笑他。满奋说："我就像吴地的水牛，见到月亮就哮喘。"

【原文】

20. 顾悦与简文同年而发蚤①白。简文曰："卿何以先白？"对曰："蒲柳之姿，望秋而落；松柏之质，经霜弥茂。"

【注释】

①蚤：早。

【译文】

顾悦与简文帝同年出生却早早生了白发。简文帝说："你的头发为什么早早地白了？"他回答说："蒲柳的风姿，一到秋天就落叶纷飞；松柏的躯干，经历寒霜却越发茂盛。"

【原文】

21. 刘尹云：“人想王荆产佳，此想长松下当有清风耳。”

【译文】

东晋著名清谈家刘惔说：“人们认为王徽很优秀，这就好像认为高大的松树下有清风吹过一样。”

【原文】

22. 任城何休好《公羊》学，遂著《公羊墨守》《左氏膏肓》《谷梁废疾》。郑玄乃发《墨守》，针《膏肓》，起《废疾》。休见而叹曰：“康成入吾室，操吾戈，以伐我乎！”

【译文】

任城的何休喜欢公羊学派，于是就写成了《公羊墨守》《左氏膏肓》《谷梁废疾》三本书。郑玄看到后就指出《公羊墨守》的弊端，针砭《左氏膏肓》的毛病，医治《谷梁废疾》的症结。何休看到后感叹说：“康成进我的书房，拿着我的武器来讨伐我！”

【原文】

23. 宋之问天后朝求为北门学士，不许，作《明河篇》以见意。则天见其诗，谓崔融曰：“吾非不知之问有才，但以其口过。”之问终身惭愤。

【译文】

宋之问在武则天执政期间曾经上奏章请求做北门学士，没有得到武则天的许可，于是就写了一篇《明河篇》来表达自己的心意。武则天看了他的诗，对崔融说：“我不是不知道宋之问有才华，只是因为他说话太难听。”宋之问听了这样的评价后，既惭愧又愤懑。

【原文】

24. 裴子余为鄠县尉，同列李隐朝、程行谌皆以文法著称，子余独以词学知名。或问雍州长史陈崇业：“三人优劣孰先？”崇业曰：“譬之春兰秋菊，俱不可废。”

【译文】

裴子余担任鄠县尉，与李隐朝、程行谌都在地方文学圈内有名气，只有他因词学而出名。有人问雍州长史陈崇业：“这三个人如何排列高低呢？”陈崇业回答说："就好像春兰秋菊，缺一不可。"

【原文】

25. 苏州守姚善访韩奕，奕避入太湖，善叹曰："予于韩先生，分当耳交矣！"

【译文】

苏州知府姚善去拜访韩奕，韩奕躲在太湖，姚善感叹说："我与韩先生是只闻其声，不见其人。"

【原文】

26. 东坡性不忍事，尝曰："如食中有蝇，吐之乃已。"

【译文】

苏轼是个急性子，藏不住话，曾经说："就像在食物中发现苍蝇，不吐不快。"

【原文】

27. 唐子西曰："笔之寿，日；墨之寿，月；砚之寿，世。"

【译文】

北宋的唐庚说："笔的寿命按天算，墨的寿命按月算，砚的寿命按年算。"

【原文】

28. 平康姬马湘兰，甚有声价。一孝廉往造之，不出，积十余年，孝廉成进士，为南御史，偶湘兰坐株连，当审，御史见之，曰："尔如此面孔，徒负往日虚名。"湘兰答曰："惟往日之虚名，受今日之实祸。"御史怜而释之。

【译文】

马湘兰是平康一位很有身价的妓女。一位举人前去拜访，她不出门接客，过了十几年，举人成为进士，任南京御史台的御史，恰巧遇到马湘兰因一个案件受到牵连，审讯马湘兰时，御史见了她说："你现在这副尊容，真的与昔日的虚名不相符。"马湘兰回答说："正是因为昔日的虚名，才会招致今天的祸患。"御史可怜她就释放了她。

【原文】

29. 丰城龙头山，旧名鸡头，叶御史据胜作江天阁。熊神阿曰："山不名龙，使鸡有角，更自雄绝。"

【译文】

丰城龙头山，过去叫鸡头山，叶御史在风景优美的地方建起了一座江天阁。熊神阿说："如果山不改为龙，让鸡头上有角，会显得更加雄伟。"

【原文】

30. 周伯仁以雅度获海内盛名，后屡以酒失，庾亮曰："周侯所谓凤德之衰也。"

【译文】

周顗因为度量宏大而享有盛誉，后来因为喝酒损害了形象，庾亮说："周侯的德行真的是日渐衰弱啊。"

【原文】

31. 汪南明谓王十岳曰："吾文与弇州①何似？"答曰："凿海志在容流，补天志在无漏。用志不同，各归其极。"

【注释】

①弇州：王世贞（1526—1590 年），字元美，号凤洲，又号弇州山人，南直隶苏州府太仓州（今江苏太仓）人，明代文学家、史学家。

【译文】

汪道昆对王十岳说："我的文章与王世贞相比谁的更加优秀呢？"他回答说："凿海的志向在于容纳百川，补天的志向在于不出纰漏。尽管志向不同，但是每个人都达到了极限。"

【原文】

32. 刘伯刍侍郎所居巷有鬻饼者，每早过户，必闻讴歌当垆，召与万钱，令多其本，日取胡饼偿之。复过其户，寂不闻歌声，呼至，问曰："何辍歌之速？"曰："本领既大，心计转粗，不暇唱《渭城》矣。"

【译文】

侍郎刘伯刍居住的巷子里有一个卖饼的，每天早晨经过门前都会听到他对着酒垆唱歌，于是就把他召唤过来，给了他一万钱，让他增加本钱多赚些利润，每天过去拿饼算作抵债。后来又经过他的门前，竟然听不到歌声了，把他叫过来，问："为什么这么快就不唱歌了？"他说："本领大了，野心就大了，没有闲暇再去唱《渭城》了。"

【原文】

33. 李弘度①常叹不被遇。殷扬州知其家贫，问："君能屈志百里不？"答曰："北门之叹，久已上闻。穷猿奔林，岂暇择木！"

【注释】

①李弘度：李充，生卒年不详，字弘度，东晋著名的文学家、文论家、目录学家。

【译文】

李充常常感叹自己怀才不遇。殷扬州知道他家里贫穷，就问："你能屈就做个县令吗？"他回答说："之前在北门的感叹您早有耳闻。处境不好的猿猴奔向森林，哪还顾得上选择树木呢？"

【原文】

34. 潘、石同刑东市，石谓潘曰："天下杀英雄，卿复何为？"潘曰："俊士填沟壑，余波来及人。"

【译文】

潘岳、石崇一起在东市被执行死刑，石崇对潘岳说："天下杀英雄，你来又是为什么？"潘岳说："俊士填沟壑，余波涉及我。"

【原文】

35. 齐高帝有故吏竺景秀，尝以过系狱，高帝语伯玉："卿比看景秀不？"答曰："数往候之，备加责诮。景秀言：'若许某自新，必吞刀刮肠，饮灰洗胃。'"帝善其言，乃释之。

【译文】

齐高帝有个老下属叫竺景秀，因犯错而坐过牢，齐高帝对荀伯玉说："你去看望过竺景秀了吗？"荀伯玉回答说："经常去看望，我还严厉批评了他。竺景秀说：'如果我能改过自新，我一定会吞刀刮肠，饮灰洗胃。'"齐高帝觉得竺景秀说得不错，于是就释放了他。

【原文】

36. 魏恺积年沉废，遇杨愔于道，微自陈。愔曰："发诏授官，咸由中旨。"恺应曰："虽复零①雨自天，终待云兴四岳。"

【注释】

①零：降落。

【译文】

魏恺多年仕途不顺，几近荒废，在路上遇到了杨愔，就简单陈述了自己的遭遇。杨愔说："发诏令授予官职是皇上决定的。"魏恺回应说："虽然说雨水是从天而降，那云彩也要在四岳聚集。"

【原文】

37. 庾太尉夜登南楼，殷、王诸贤在焉。后王逸少下，王丞相谓曰："元规尔时风范，不得不小颓①。"右军曰："唯丘壑独存。"

【注释】

①颓：消弭。

【译文】

东晋的庾亮夜里登上南楼，殷浩与王胡之等贤士也在那里。后来王羲之东下建康，丞相王导对他说："庾亮现在的风范，肯定不如当初了啊。"王羲之说："但是当时那种丘壑般的深情还在。"

【原文】

38. 鉴湖，会稽太守马臻所开，东西二十里，南北数里。萦带郊野，白水翠岩，互相映发，有若图画。王逸少云："从山阴道上行，如在镜中游。"

【译文】

会稽太守马臻主持开挖鉴湖，东西长二十里，南北宽数里。环绕四周的是荒郊野岭，洁白的湖水与碧绿的岩石互相映照，犹如美丽的图画。王羲之说："在山阴道上行走，犹如在镜中游玩。"

【原文】

39. 孔融与蔡邕友善，邕卒，后有虎贲士貌类邕，融每酒酣，引与坐曰："虽无老成，尚有典型。"

【译文】

孔融与蔡邕非常友好，蔡邕死后，有一位虎贲军士长得很像蔡邕，孔融每次喝酒喝到大醉的时候，就拉他一起坐下，说："虽然老朋友已经不在了，但是与他长得相像的人还在身边。"

【原文】

40. 简文在殿上行，王右军与孙兴公[①]在后。右军指简文语曰："此噉名客！"简文顾孙曰："天下自有利齿儿。"后王光禄作会稽，谢车骑出曲阿祖之。王孝伯罢秘书丞，在座，谢言及此事，因视孝伯曰："王丞齿似不钝。"王曰："不钝，颇亦验。"

【注释】

①孙兴公：孙绰（314—371 年），字兴公，东晋中都（今山西平遥）人。善书博学，是参加王羲之兰亭修禊的诗人和书法家。

【译文】

简文帝在殿上行走，王羲之与孙绰跟在后面。王羲之指着简文帝说："这个人非常珍惜名声！"简文帝回头对孙绰说："天下真有说话尖刻的人。"后来王蕴做了会稽内史，谢玄到曲阿为他送别，被罢免秘书职位的王孝伯也在座，谢玄谈到了这件事，于是就看着王孝伯说："王丞您的牙齿似乎就不钝。"王丞说："经过验证我的牙齿的确不尖利了。"

【原文】

41. 王文度[①]在西川，与林法师讲，韩、孙诸人并在坐。林公理每小屈，孙兴公曰："法师今日如着弊絮在荆棘中，触地挂阂。"

【注释】

①王文度：王坦之（330—375 年），字文度，太原晋阳（今山西太原）人，东晋名臣。王坦之善书，《淳化阁帖》卷三有其行书四行，亦有文集传世。

【译文】

王坦之在西川的时候，曾经参与了支遁法师的讲学，韩伯（字康伯）、孙绰等人也参与了这次讲学。支遁法师的说法稍有小错时，孙绰说："法师今天就像穿着破棉袄在荆棘中行走，到处被剐蹭。"

【原文】

42. 谢车骑道谢公："游肆复无乃高唱，但恭坐捻鼻顾睐，便自有寝处山泽间仪。"

【译文】

谢玄说："谢安每次游玩的时候就会高声唱歌，唱完后就揉着鼻子四下环顾，真有一种在山泽之间安居的闲适。"

【原文】

43. 王长史云："刘尹知我，胜我自知。"

【译文】

晋代的王长史说："刘惔对我的了解远远胜过我自己。"

【原文】

44. 桓玄问刘太常曰："我何如谢太傅？"刘答曰："公高，太傅深。"又曰："何如贤舅子敬？"答曰："楂、梨、橘、柚，各有其美。"

【译文】

东晋的桓玄问太常卿刘瑾说："我和谢太傅相比谁更优秀？"刘瑾回答说："您高大，谢太傅深沉。"又说："和你舅舅王献之相比，谁更优秀？"他回答说："山楂、梨子、橘子、柚子各有各的滋味。"

【原文】

45. 或以方谢仁祖不乃重者。桓大司马曰："诸君莫轻道仁祖，企脚北窗下弹琵琶，故自有天际真人想。"

【译文】

有人议论谢尚（字仁祖）时，言语表现得很不尊重对方。大司马桓温听到后，说："各位不要轻视谢尚，他蹋起脚尖在窗下弹琵琶的样子，真有一种世外仙人的感觉。"

【原文】

46. 苏峻乱，孔群在横塘，为匡术所逼。王丞相保存术，因众坐戏语，令术劝群酒，以释横塘之恨。群答曰："德非孔子，厄同匡人。虽阳和布气，鹰化为鸠，至于识者，犹憎其眼。"

苏峻叛乱，孔群在横塘被匡术所逼迫。叛乱平息之后，丞相王导想保护匡术，于是就在大家谈笑风生的时候，让匡术给各位敬酒，希望不要再计较横塘之仇恨。孔群回答说："我的德行比不上孔子，但同样受到匡术的攻击。虽然现在风和日丽，鹰化为鸠，但是认识的人都憎恨他那双眼睛。"

【原文】

47. 孙兴公道："曹辅佐才如白地明光锦，裁为负版绔，非无文采，酷无裁制。"

【译文】

孙绰说："曹毗的文章犹如明亮的锦缎裁成了款式平平的裤子，不是没有文采，而是裁剪无术。"

【原文】

48. 桓公见谢安石作简文谥议，看竟①，掷与坐上诸客曰："此是安石碎金。"

【注释】

①竟：完。

【译文】

桓温看见谢安写的《简文谥议》，看完之后就扔给了在座的人，说："这是谢安散碎的精品。"

【原文】

49. 孙兴公云："潘文烂若披锦，无处不善；陆文若排沙简金，往往见宝。"

【译文】

孙绰说："潘岳的诗文灿烂如同展开的锦缎，无处不华丽魅人；陆机的诗文好像沙子淘金，往往能够淘出宝物。"

【原文】

50. 王中郎甚爱张天锡，问之曰："卿观过江诸人经纬，江左轨辙，有何伟异？后来之彦，复何如中原？"张曰："研求幽邃，自王、何以还；因时修制，荀乐之风。"王曰："卿知见有余，何故为苻坚所制？"答曰："阳消阴息，故天步屯蹇；否剥成象，岂足多讥？"

【译文】

东晋的王坦之非常喜欢张天锡，就问："你看南渡过来的这些人，治理江东的方法有什么不一样吗？后起之秀，与中原相比又怎么样？"张天锡说："研究深层次的道理，只有王导、何充，按照时局需要制定政策，这是荀勖、乐广的作风。"王坦之说："你的见解绰绰有余，为什么被苻坚击败？"他回答说："阳气衰弱，阴气太重，所以天命不太好，卦数太坏就会形成人间灾祸，这怎么能加以讽刺呢？"

讽
语
第
十
二

【原文】

吴苑曰：讽者，讥之微也。以"言"从"风"，何义焉？曰：草上之风必偃，以有形之草从无征之风，非微而何？故曰讽者讥之微也。乃次讽语第十二。

【译文】

吴苑说：讽是一种微妙的讽刺。让言语顺从风这是什么含义呢？回答说：草上有风吹过，必将倒伏，让有形的草顺从无形的风，难道不精妙吗？所以讽是一种微妙的嘲讽。于是讽语就排列在第十二位。

【原文】

1. 唐刘晏以神童为秘书正字，玄宗召于楼中帘下，贵妃置于膝上，为施粉黛，与之巾栉①。玄宗谓晏曰："卿为正字，正得几字？"晏曰："天下字皆正，唯'朋'字未正。"

【注释】

①巾栉：梳洗打扮。

【译文】

唐代的刘晏因为是神童就被任命为秘书省正字，唐玄宗将他召于楼中帘下，贵妃将他抱在膝上，为他略施粉黛，梳洗打扮。唐玄宗对他说："你是正字，纠正过几个字？"刘晏说："天下的字都校正了，只有'朋'字没有校正。"

【原文】

2. 晋罗友家贫，乞禄于桓温。虽以才学遇之，而谓其肆诞，非治民才，许而不用。后同府人有得郡者，温为座饮叙别。友亦被命，至尤迟晚。温问之，答曰："臣昨奉教旨出门，于中途见鬼揶揄云：'我只见汝送人上郡，何不见人送汝上郡。'友乃惭回强解，不觉成淹缓之罪。"温面笑而愧焉。

【译文】

东晋的罗友家境贫困，在桓温那里讨了个职位。桓温虽然很欣赏他的才学，但是认为他放肆怪诞，不能治理民众，仅仅是欣赏但却不重用。后来同府中有人被任命为郡守，桓温为他设宴送别。罗友也被指定参加，但是去得很晚。桓温问他什么原因，他回答说："昨天我接到命令出门，半路上遇到了鬼，他揶揄我说：'我只看见你送别人去做郡主，但是却没有看见别人送你去做郡主。'我听后很惭愧，勉强回答辩解，没想到迟到了。"桓温听后面露笑容但是内心却感愧疚。

【原文】

3. 郝隆为南蛮参军，三月三日作诗曰："娵隅跃清池。"桓温问："何物？"答曰："蛮名鱼为娵隅。"桓曰："何为作蛮语？"隆曰："千里投公，始得蛮府参军，那得不作蛮语？"

【译文】

东晋的郝隆被桓温任命为南蛮参军，三月三日这天，他写诗说："娵隅跃清池。"桓温问："'娵隅'是什么东西？"郝隆回答说："蛮人都叫鱼为娵隅。"桓温说："为什么一定要用蛮语？"郝隆说："我不远千里来投奔你，只是得到了个蛮府参军的职位，不用蛮语用什么？"

【原文】

4. 宋太祖尝面许张融为司徒长史，敕①竟不出，融乘一马，甚瘦。上曰："卿马何瘦，给粟多少？"融曰："日给一石。"上曰："何瘦如此？"融曰："臣许而不与。"明日，即除长史。

【注释】

　①敕：诏书。

【译文】

　　宋太祖曾经当面答应张融做司徒长史一职，但是一直没有发诏书，张融骑着一匹瘦马，四处溜达。太祖问："你的马为什么这样瘦，平时喂多少粮食？"张融说："每天给一石。"太祖说："那为什么瘦成这样？"张融说："我只是许诺，但实际并没有给它。"第二天，他就被任命为长史。

【原文】

　　5. 后魏孙绍，历职内外，垂老始拜太府少卿。谢日，灵太后曰："公年似太老。"绍重拜曰："臣年虽老，臣卿最少。"后笑曰："是将正卿。"

【译文】

　　后魏的孙绍，历任中央和地方的许多职位，年老时才被任命为太府少卿。入职谢恩那天，灵太后说："您好像年纪太大了。"孙绍郑重地叩拜以后，说："我年纪虽然大了，但是我在'卿'这一官阶上，职位最少。"灵太后听后笑着说："以后会让你坐到正卿的位置。"

【原文】

　　6. 唐散乐高崔嵬，太宗命给使捺头向水下，良久出而笑之。帝问曰："水中见何物？"对曰："见三闾大夫屈原，向臣云：'我逢楚怀王无道，乃沉汨罗水；汝逢圣主，何为来？'"

【译文】

　　唐朝有个叫崔嵬的民间艺人，唐太宗让人将他的头按在水里，过了很长时间，等他的头离开水面后竟然笑了。唐太宗问："你在水里看见了什么？"崔嵬回答道："我看见了三闾大夫屈原，他对我说：'我遇到了昏庸的楚怀王所以投了汨罗江；你遇到一位贤明的君主，怎么也到这里来了？'"

【原文】

　　7. 唐玄宗好击毬①，内厩所饲者，意未甚适。会与黄幡绰语，因曰："吾欲良马久之，而无人通于马经者。"幡绰奏曰："臣能知之。"且曰："今三丞相悉善相马经。"上曰："吾与三丞相语政事外，悉究其旁学，不闻能通马经。"幡绰奏曰："臣卜于沙堤上，日日见丞相乘良马。"

【注释】

①毬：马球。

【译文】

　　唐玄宗喜欢打马球，所养的马令他不太满意。有一次他与黄幡绰谈话，便说："我早就想得到好马了，但是却没有人能够精通马经。"黄幡绰回答说："我知道谁通晓马经。"随后说："现在的三位丞相都精通马经。"唐玄宗说："我与三位丞相除了讨论政事外，还与他们一起讨论过学问，却从来没有听说他们精通养马之道。"黄幡绰回答说："我在沙堤上，每天看见他们骑着好马。"

【原文】

　　8. 始皇议欲大苑囿，东至函谷，西至陈仓。优旃曰："善。多纵禽兽于其中，贼寇从东方来，令麋鹿触①之足矣！"

【注释】

①触：抵触。

【译文】

　　秦始皇与大臣们商议扩建皇家林园的范围，设想东至函谷，西至陈仓。优旃说："好。要多放些禽兽在里面，贼寇从东方来后，让麋鹿用角去抵挡他们就可以了。"

【原文】

　　9. 优旃侍始皇，立其殿上。秦法重，非有诏不移足。时天寒雨甚，武士被楯立庭中，优旃欲救之，戏曰："被楯郎，汝虽长，雨中立；我虽短，殿上幸无湿。"始皇闻之，乃令徙于庑下。

【译文】

　　伶人优旃侍奉秦始皇，立在殿上。秦朝的法律非常严苛，没有皇帝的命令动都不能动一下。当时天气寒冷还下着大雨，武士们披盾牌立在庭院中，优旃想帮他们摆脱眼前的困境，就开玩笑说："披盾郎，你们虽然身材高大，但是要在雨中站立；我虽然身材矮小，但是却在殿上没有被雨淋。"秦始皇听了后，于是就让武士转移到殿下。

【原文】

　　10. 汉武帝欲杀乳母，母告急于东方朔。曰："帝怒而傍人言，益死之速耳。汝临去，但屡顾我，当设奇以激之。"乳母如其言。朔在帝侧曰："汝宜速去，帝今已大，岂念汝乳哺耶？"帝怆然赦之。

【译文】

汉武帝想杀掉自己的乳母，乳母赶紧向东方朔求救。东方朔说："皇帝发怒时，如果身边的人劝说，那么你会死得更快。你去的时候，只要频频回头看我，我会想办法来让他醒悟。"乳母就按照东方朔所说的办。东方朔在汉武帝的一旁说："你应当赶紧离去，汉武帝现在已经长大成人，难道还会念及你哺育之恩吗？"汉武帝听后感到很悲伤就释放了她。

【原文】

11. 蜀简雍少与先主有旧，随从周旋，为昭德将军。时大旱，禁酒，酿者刑。吏於人家索得酿具，论者令与造酒者同罪。雍与先主游观，见一男子路中行，谓先主曰："彼人欲淫，何以不缚？"先主曰："卿何以知之？"雍对曰："彼有淫具，与欲酿者何异？"先主大笑，驰①禁。

【注释】

①驰：放宽。

【译文】

蜀国的简雍年少时与先主刘备有过交情，与他一起四处奔走，后来被任命为昭德将军。当时天气大旱，禁止喝酒，酿酒的人要受到处罚。官吏从一户人家里搜出酿酒的工具，要判处与酿酒者同样的罪行。简雍与刘备一起出游，看见一个男子在路中行走，对刘备说："这个人想要淫乱，为什么不绑起来？"刘备说："何以见得？"简雍说："他有淫乱的工具，与酿酒的人有什么区别？"刘备大笑，于是就将禁令放宽。

【原文】

12. 唐玄宗问黄幡绰："是何儿得怜？"对曰："自家儿得人怜。"玄宗俯首久之。

【译文】

唐玄宗问黄幡绰："你喜欢什么样的小孩？"他回答道："我喜欢自己家的小孩。"唐玄宗听后低头沉思了很久。

【原文】

13. 魏文为五官将，时临淄侯才名甚盛，几有多嫡之议。曹公一日咨于贾诩，诩默然不对。曹公问："不对，何也?"诩曰："属有所思。"问："何思?"答曰："思袁本初、刘景升父子也。"于是太子遂定。

【译文】

曹丕为五官中郎将时，当时的临淄侯曹植才华横溢，朝野内外传出曹植有夺嫡的言论。有一天，曹操询问贾诩，贾诩沉默没有应答。曹操问："为什么不回答呢?"贾诩说："我有一些想法。"曹操问："什么想法?"他回答说："我在想袁绍（字本初）父子和刘表（字景升）父子。"曹操听后便确定曹丕为太子人选。

【原文】

14. 齐高宗从弟季敞，性颇豪纵。高宗心非之，谓季敞曰："卿可数诣王思远。"以王谨肃故也。

【译文】

齐高宗的堂弟季敞，性情豪放。齐高宗心里有些意见，就对季敞说："你可以到王思远那里跟他学学。"因为王思远做事非常谨慎严肃。

【原文】

15. 湘东王绎入援台城，顿①军武城，淹留不进。中记室参军萧贲以绎不亟下，心甚非之。尝与绎双陆，食子，未即下，贲敛手言曰："陛下都无下意。"

【注释】

①顿：驻扎。

【译文】

梁元帝萧绎当皇帝前，曾任湘东王，一次率兵救援台城，屯兵武城，很长时间都按兵不动。中记室参军萧贲看见萧绎犹豫不决，心里很不赞成。他曾经与萧绎下双陆棋，萧绎要吃对方棋子却举棋不定，萧贲拱手说："陛下您这是完全没有'下'的意思。"

【原文】

16. 祢衡被魏武谪为鼓吏，正月半试鼓，衡扬枹为《渔阳掺挝》，渊渊有金石声，四坐为之改容。孔融曰："祢衡罪同胥靡，不能发明王之梦。"魏武惭而赦之。

【译文】

祢衡狂妄不羁被魏武帝曹操贬谪为击鼓手，正月十五这天击鼓时，祢衡举起鼓槌奏了一曲《渔阳掺挝》，咚咚作响，发出金石之声，四座的人都为之动容。孔融说："祢衡与胥靡同罪，不能出现在明王的梦里。"魏武帝曹操非常惭愧就赦免了他。

【原文】

17. 王方庆在政府，其子为眉州司士参军。武后尝问："卿在相位，何子之远？"方庆答曰："庐陵是陛下爱子，今尚在远，臣之子，庸敢相近？"武后怫然久之。

【译文】

王方庆当宰相时，其儿子在眉州做司士参军。武则天曾经问："你都做上宰相了，为什么儿子却离你那么远？"王方庆回答道："庐陵王（唐中宗李显）是陛下的爱子，现在还在远方，我的儿子怎么能离我太近？"武则天听后很不开心。

【原文】

18. 高宗出猎，遇雨，问谏议大夫谷那律曰："油衣若何不漏？"对曰："以瓦为之则不漏。"上因此不复出猎。

【译文】

唐高宗外出打猎，突然遭遇大雨，问谏议大夫谷那律说："桐油涂制而成的雨衣怎样才能不漏雨？"谷那律说："瓦做的雨衣就不漏雨。"唐高宗听了不再出去打猎。

【原文】

19. 张真人彦频府第灾，请赐更造。给谏黄臣曰："栾巴噀酒，成都火灭。彦频想乏酒，故有此灾。陛下赐造后，随当赐酒。"由是止。

【译文】

真人张彦频的房子遇火灾焚毁，请求皇帝赐钱再建造一座。给谏黄臣说："栾巴喷口酒，成都的大火就灭了。张彦频可能是缺酒了，因此才有这次大火。陛下赐钱给他建房，还要赐给他酒（讽刺张彦频不是真正的'真人'）。"皇帝听了后，就拒绝了张彦颖的请求。

【原文】

20. 翟永龄不信佛，其母日诵佛不辍①声。永龄佯呼之，母应诺，又呼不已，母愠曰："无事何频呼也？"永龄曰："呼母三四，便怒；呼佛千万，不怒耶？"母稍止。

【注释】

①辍：停息。

【译文】

翟永龄不信佛，他的母亲天天诵经，一直不停。翟永龄假装叫母亲，母亲就答应了，又接连叫了几次，母亲感到很愤怒，说："你没有事情总是叫我干什么？"翟永龄说："我叫您三遍母亲您就愤怒了；你叫了千万遍佛祖，难道佛祖就不愤怒？"母亲这才有所收敛。

【原文】

21. 晋武既不悟太子之懦，有传后意。诸名臣皆多献直言。帝尝在凌云台坐，卫瓘在侧，欲申其怀，因如醉跪帝前，以手抚床曰："此坐可惜。"帝虽悟，因笑曰："公醉邪？"

【译文】

晋武帝司马炎不知道太子性情懦弱，想把帝位传给他。各位大臣都直言进谏不可取。晋武帝曾经坐在凌云台上，卫瓘在旁边，想要表达自己的意思，于是就喝醉了跪在晋武帝的面前，用手指着床说："要珍惜这个座位。"晋武帝虽然明白什么意思，只是笑着说："您醉了吧？"

【原文】

22. 王夷甫妇，郭泰宁女，才拙而性刚，聚敛无厌，干豫人事，夷甫患之而不能禁。时其乡人幽州刺史李阳，京都大侠，犹汉之楼护，郭氏惮之。夷甫骤谏之，乃曰："非但我言卿不可，李阳亦谓卿不可。"郭氏小为之损。

【译文】

王衍（字夷甫）的妻子，是郭泰宁的女儿，非常笨拙但性情刚烈，敛聚财富贪得无厌，干预政事，王衍很是担心，但是却不能制止。当时他的老乡幽州刺史李阳，是京都的大侠，就像汉朝的楼护，郭氏很怕他。王衍多次劝解她，于是说："不仅我觉得你做得不对，李阳也这么认为。"郭氏这才有所节制。

【原文】

23. 陆玩拜司空，有人诣之，索美酒，得，便自起，泻着梁柱间地，祝曰："当今乏才，以尔为柱石之用，莫倾人栋梁。"玩笑曰："戢卿良箴。"

【译文】

陆玩被任命为司空后，有人前去拜访他，向他索要美酒，来人得到美酒后就站起来，将酒倒在梁柱旁边，祝福陆玩说："当今社会缺乏人才，你要担负起顶梁柱的重任，不要让他倾倒。"陆玩开玩笑地说："我谨记你的教诲。"

【原文】

24. 颜驷，汉文帝时为郎，至武帝，尝辇过郎署，见驷龙眉皓发。上问曰："叟何时为郎？何其老也？"答曰："臣文帝时为郎，文帝好文而臣好武，景帝好美而臣貌丑，陛下好少而臣已老，是以三世不遇。"帝擢为会稽都尉。

【译文】

颜驷在汉文帝时侍奉过皇上，后来汉武帝的车驾经过郎官的衙署，看到颜驷宽眉毛，白头发。汉武帝问："你何时做的郎官，怎么这么苍老？"他回答说："我在文帝时做的郎官，文帝好文我好武，景帝好美而我丑陋，陛下喜欢年轻而我已经老了，于是三代都没有得到重用。"汉武帝听后就将他提拔为会稽都尉。

【原文】

25. 五代李茂贞自称歧王，开府置官属，居歧，以宽仁爱物为务。尝以地狭赋薄，下令榷油，因禁城门无纳取薪者，以其可为炬也。有优者曰："臣请并禁月明。"茂贞笑而不怒。

【译文】

五代的李茂贞自称歧王，成立府署，设置官员，居住歧地，以宽仁爱物为己任。曾经因为土地狭小税收太少，就下令油类由政府专卖，同时还在城门设置关卡不允许人们带柴火入城，因为柴火可以做火炬。有个艺人说："我请求连月光都禁带。"李茂贞听后笑而不怒。

【原文】

26. 黄州黄解元麻、荆州张状元茂修，相聚蓟门。黄年少有貌，而张乃权相之子，相正总朝柄。黄戏张曰："思公子兮未敢言。"张应声曰："怀佳人兮不能忘。"

【译文】

黄州解元黄麻、荆州状元张茂修，小聚于蓟门。解元黄麻年轻相貌俊朗，而张茂修是宰相张居正的儿子，张居正当时掌管朝廷大权。黄麻开玩笑说："思公子兮未敢言。"张茂修应声回答："怀佳人兮不能忘。"

【原文】

27. 邹元标论劾张江陵，张欲置之死。侍郎周思敬早朝，会张朝门外，朝鞭未鸣，二象钩鼻相拒。周谓张曰："二畜拒公，胡不风上杀之也？"张曰："彼为朝廷，安可杀？"周曰："前日邹元标劾公，不知为谁？"张勉强领意，贷元标死。

【译文】

邹元标弹劾张江陵，张江陵想置他于死地。侍郎周思敬上早朝的时候，与张江陵在朝门外相遇，当时朝鞭还没有响起，两只大象的鼻子勾在一起不让人进入朝堂。周思敬对张江陵说："两头畜生挡住了去路，你为什么不去杀死他呢？"张江陵说："他们是为朝廷效力怎么能杀？"周思敬说："前段时间邹元标弹劾大人，不知道是因为什么？"张江陵勉强接受了他的劝说，饶恕邹元标不死。

【原文】

28. 绍兴初，杨存中在建康，有双胜交环，谓之二胜环，取两宫北还之意。因得美玉，琢成帽环进高庙，日尚御冕。偶有一伶人在旁，高宗指环示之："此环杨太尉所进，名二胜环。"伶人接奏云："可惜二胜环，且放在脑后。"

【译文】

南宋绍兴初年，杨存中在建康，看见军旗的图案是双胜交环状，称之为"二胜环"，赋予"二圣（宋徽宗、宋钦宗）"自北南还的寓意。杨存中得到一块美玉，精雕细琢成帽环进献给宋高宗，宋高宗每天都把帽环戴在皇冠上。偶然有一个伶人在旁边，宋高宗指着帽环对他说："这是杨太尉进献的，取名'二胜环'。"伶人接着说："可惜'二胜环'放在脑门后面。"

【原文】

29. 佛印禅师为王观文升座，曰："此一瓣香，奉为扫烟尘博士、护世界大王、杀人不贬眼上将军、立地成佛大居士。"

【译文】

佛印禅师为王观文升座说法时说："这一瓣香是供奉给扫烟尘博士、护世界大王、杀人不贬眼上将军和立地成佛大居士的。"

【原文】

30. 辛京杲以私杖杀部卒，有司奏京杲罪当死，上将从之。李忠臣曰："京杲当死久矣！"上问其故，忠臣曰："京杲诸父兄弟皆战死，独京杲今日尚存，故臣以为久当死。"上悯然，左迁①京杲。

【注释】

①左迁：降职。

【译文】

辛京杲公报私仇杖杀了士兵，有官员给皇上上书，请求皇上处死他，皇上同意这样办。李忠臣说："他早就该死了！"皇上问什么缘故，李忠臣说："他的父亲兄弟都战死沙场，唯独他还活着。"皇上怜悯他，就给他降职处分，没有处死他。

【原文】

31. 姚崇对便殿，佯跛足。上曰："卿有足疾耶？"崇曰："臣有腹心疾，足疾不足畏也。"

【译文】

姚崇在便殿上面见皇上，假装瘸腿。皇上说："你的脚伤了吗？"姚崇说："我有心病，脚上的病并不可怕。"

【原文】

32. 楚昭王与吴战，败走四十步，忽遗其履，取之。左右曰："楚国虽贫而无一履哉？"王曰："吾悲与其俱出而不得与其俱返也。"于是楚兵无相弃遗者。

【译文】

楚昭王与吴国发生战争，楚昭王大败后向后跑了四十步，忽然跑掉了鞋子，就回去捡。身边的人说："楚国虽然贫瘠难道买不起一双鞋子吗？"楚昭王说：

"我悲哀的是它跟我一起出来却不能一起回去。"于是楚兵们没有一个互相遗弃的。

【原文】

33. 晋文公出伐卫，公子仰而笑。公问："何笑？"公子曰："臣笑臣邻人也。臣之邻人有送其妻适私家者，道逢桑妇而悦，与之言，然顾视其妻，亦有招之矣。"公寤^①，乃止。

【注释】

①寤：醒悟。

【译文】

晋文公讨伐卫国，公子仰面大笑。晋文公问："为什么大笑？"公子说："我笑我的邻居。我的邻居中有个人送他的妻子回家，路上遇到一个采桑妇女，他喜欢她就与她攀谈起来，这时他发现也有人同自己的妻子搭讪。"晋文公醒悟了，就停止讨伐。

【原文】

34. 齐景公时，有一人犯罪，景公怒，令支解之，语曰："敢谏者诛！"晏子左手持其头，右手执刀，仰问景公曰："自古圣主明王支解人，从何而始？"景公遽舍之。

【译文】

齐景公时，有人犯罪，齐景公大怒就要将他肢解，说："谁要是敢求情就同样处置！"晏子左手扶着此人的头，右手拿着刀，仰脸问齐景公说："自古圣主肢解人，从哪里下刀的？"齐景公于是就放了那个人。

【原文】

35. 齐泯王失国，王孙贾从，失王之处。其母曰："汝朝出而晚来，则吾倚门而望；汝暮出而不还，则吾倚闾而望。汝今事王，不知王处？"贾乃卒谋王子立焉。

【译文】

齐泯王亡了国，王孙贾想追随他，却不知道他在哪里。王孙贾的母亲说："你早出晚归，我倚在门边等你回家；如果是很晚都不回家，那我就在巷子入口等你。你现在侍奉的齐泯王，不知道他在哪里？"王孙贾于是就立齐泯王的儿子为国王。

【原文】

36. 景公饮酒，七日七夜不止。弦章谏曰："君饮酒七日七夜，章愿君废酒也！不然，章赐死。"晏子入见，公曰："章谏吾曰：'愿君之废酒也！不然，章赐死。'如是而听之，则为臣制也；不听，又爱其死。"晏子曰："幸矣，章遇君也！令章遇桀纣者，死久矣。"于是公遂废酒。

【译文】

齐景公喜欢喝酒，接连喝了七天七夜还不停。弦章进谏说："君王饮酒七天七夜，希望您能戒酒，否则将我赐死。"晏子觐见，齐景公说："弦章进谏说：'希望君王能够停止喝酒，否则将我赐死。'如果我听了他的话，那么我就是受命于大臣；不听的话，又不忍心他死。"晏子说："很幸运啊，弦章遇见了明君！假如遇到了桀纣那样的君王，那么必死无疑。"于是齐景公就戒酒了。

【原文】

37. 宣和间，乐部焦德一日从幸禁苑，上指花竹草木以询其名，德曰："皆芭蕉也。"上诘之，对曰："禁苑花竹，皆取于四方，道里远涉，巴至上林，则已焦矣！"

【译文】

宋徽宗宣和年间，有一天乐部的焦德跟随皇上游览禁苑，皇上指着花竹草木询问它们的名字，焦德说："都叫芭蕉。"皇上问什么原因，他回答说："禁苑的花竹，均是从四面八方运来的，由于路途遥远，运到禁苑以后，已经全部枯焦了。"

【原文】

38. 常州苏掖，仕至监司，家富甚啬。每置①产，咨不与直。所争一文，必至变色。后因置别墅，与售者反复甚苦。子在旁劝曰："大人可增少金，我辈他日卖之，亦可善价也。"掖愕然，自尔乃复少改。

【注释】

①置：购置。

【译文】

常州人苏掖，官至监司一职，很有钱但是很客啬。每次买房子，都不按原价去给，往往为了区区一文钱，与卖方争得面红耳赤。后来因为购置别墅，与卖方反复讨价还价，把自己折腾得很辛苦。他的儿子在旁边劝导，说："您可以稍稍增加一点钱，以后我们卖房子的时候，也可以抬高一下价格。"苏掖听后感到吃惊，于是就做出一些让步。

【原文】

39. 桓公在荆州，全欲以德被江、汉，耻以威刑肃物。令史受杖，正从朱衣上过。桓式年少，从外来，云："向从阁下过，见令史受杖，上捎云根，下拂地足。"

【译文】

桓温曾在荆州任过刺史，想造福江汉地区的黎民百姓，认为用淫威来威慑人们是件非常可耻的事情。有一个令史犯了错误而被判杖刑，木杖只是从他红色的衣服上轻轻掠过。桓温的儿子很年轻，从外面回来，说："刚才从厅堂下走过，看见一个令史正在接受杖罚，只是执法者手中的木杖上打云根，下扫地面。"

【原文】

40. 浙帅钱镠时，宣州叛卒五千余人送款，钱纳之，以为腹心。时罗隐屡谏，以谓敌国之人不可轻信，浙帅不听。杭州新治城堞，楼橹甚壮。浙帅携僚客盛观之，隐指却敌，佯不晓曰：'设此何用。'浙帅曰：'君岂不知欲备敌耶。'隐谬曰：'审如是，何不向里设之？浙帅大笑："本欲拒敌，设于内何用？"对曰："以隐所见，正当设于内耳。"

【译文】

钱镠统治浙江时，当时宣州的五千叛军前来归顺他，钱镠接纳了他们，当作心腹。当时罗隐多次进言，认为敌国的人不可相信，钱镠不听。杭州新修了一座城楼很是壮观。钱镠就带领属下官员一起观看，罗隐指着抵御敌人的建筑，假装不知道，问："这一建筑有何用处？"钱镠说："你难道不知道这是用来防御敌人的吗？"罗隐说："如果是这样，为何不在朝堂里也设计这样的防御呢？"钱镠大笑，说："本来是要抵御敌人的，在朝堂里面设置有什么用？"罗隐回答说："以我看来，设置在里面才合适。"

讥语第十三

【原文】

　　吴苑曰：讥刺之语，莫盛于诗人。诗人之刺隐，圣人不删；舌士之刺显，君子不取。君子不取而芟之纂之、不佞次之，何也？盖风之可以偃草木，不可以入顽石钝金；入顽石钝金者，则在洪炉利凿矣！讥之一义，譬如烘炉利凿，亦顽钝之他山也。诚世间皆灵石精金，则炉凿已自受模铸，安能复及人耶？此我世之所必无耳。若一往一来，两相角刃，此正所次之正意。乃次讥语第十三。

【译文】

　　吴苑说：没有比诗人更会讽刺的了。诗人的讽刺是含蓄的，圣人也不会讨厌；善辩之人的讽刺比较明显，君子不会采取。君子不会采取，所以曹臣才会编辑它们，再加以编排，为什么呢？大概是因为风可以吹倒草木，不能进入顽石、钝金；进入顽石、钝金的人，需要烘炉、利凿！"讥"的含义，就像烘炉、利凿，也可以雕刻顽石、钝金之外的他山之石。如果世间真的是灵石、精金，那么烘炉、利凿本身就受到浇铸，怎么能加工其他东西呢？这是我们世间所没有的。如果一来一往，两个人互相角斗，那么这正合我意。于是就将讥语列为第十三位。

【原文】

1. 卢藏用始隐终南山，中宗朝累居要职。有道士司马承祯者，睿宗遣至京，将还，藏用指终南山谓曰："此中大有嘉①处，何必在远？"承祯徐答曰："以仆所观，乃任宦捷径耳。"

【注释】

①嘉：美好。

【译文】

卢藏用一开始在终南山隐居，后在唐中宗朝廷位居要职。有个道士叫司马承祯，唐睿宗招他进京，司马承祯将要进京时，卢藏用指着终南山说："这里面有很多美丽之处，何必去远方？"司马承祯慢慢回答说："以我看来，这不过是当官的一条捷径。"

【原文】

2. 裴玄本为户部郎中，时左仆射房玄龄疾甚，省郎将问疾。玄本戏曰："仆射病，可须问之；既甚已，何须问也？"有泄其言者。既而随例候玄龄，玄龄笑曰："裴郎中来，玄龄不死矣。"裴甚踧踖不安。

【译文】

裴玄本任户部郎中时，恰逢左仆射房玄龄病情严重，省郎们商讨去探望病情。裴玄本开玩笑，说："仆射的病情如果能够好转，那么就要去看望一下；既然已经很严重了，没必要再去看望了。"有人将这些话泄露给房玄龄。等到他也按例去看望房玄龄的时候，房玄龄笑着说："裴郎中来看望，玄龄就不会死。"裴玄本感到手足无措。

【原文】

3. 李义府尝赋诗曰："镂月成歌扇，裁云作舞衣。自怜回雪影，好取洛川归。"有枣强令张怀庆好偷名士文章，乃为诗曰："生憎镂月成歌扇，出意裁云作舞衣。照镜自怜回云影，时来好取洛川归。"人谓①之（谚）曰"活剥王昌龄，生吞郭正一"。

【注释】

①谓：称呼。

【译文】

李义府曾经作诗说："镂月成歌扇，裁云作舞衣。自怜回雪影，好取洛川归。"枣强县令张怀庆喜欢品评名士的文章，于是就写诗说："生憎镂月成歌扇，出意裁云作舞衣。照镜自怜回云影，时来好取洛川归。"人们都称之为"活剥王昌龄，生吞郭正一"。

【原文】

4. 则天初革命，恐群心未附①，乃令人自举。供奉官正员之外，置里行、拾遗、补阙、御史等，至有车载斗量之咏。有御史台令史将入台，值里行数人聚立门内，令史下驴，驱入其间，里行大怒，将加杖罚。令史曰："今日过实在驴，乞数之，然后受罚。"里行许之。乃数驴曰："汝技艺可知，精神极钝，何物驴畜，敢于御史里行！"诸里行羞赧而止。

【注释】

①附：依附。

【译文】

武则天建立武周之初，担心人心不服，于是就让人自我举荐出来做官。除了正式的官员之外，她又设置了里行、拾遗、补阙、御史等几个职位，以至于当时人们用"车载斗量"形容官员之多。有一个御史台令史将要入衙门，当时正好有很多人聚居在门内，这个令史下驴后将驴子赶进他们中间，里行们大怒，要对他实施杖刑。令史说："今天的过错在于驴子，请允许我责罚它一顿，然后再接受你们的处罚。"里行们同意了。于是就列举出驴子的罪状来："你的技艺可想而知，精神愚钝，敢在御史里行间穿梭！"各位里行感到很羞赧，就不再处罚他。

【原文】

5. 鲁直戏东坡曰："昔王右军书为换鹅字，近日韩宗儒得公一帖，于殿帅姚麟家换羊肉数斤，可名书为换羊书矣。"苏在翰苑，一日，以生辰制撰纷冗，宗儒作柬以图报书，来人督索甚急，公笑曰："传语本官，今日断屠。"

【译文】

北宋的黄庭坚跟苏轼开玩笑说："昔日王羲之的书法被称为'换鹅字'，近日韩宗儒得到您的一副帖子，从殿帅姚麟家换来羊肉数斤，可以改名为'换羊书'。"苏轼在翰林院任职，有一天是他的生日，要撰写的公文很多，韩宗儒写信希望得到苏轼的书法，来人催得很急，苏轼笑着说："告诉你们大人，本官今天不杀生。"

【原文】

6. 东坡一日会客，座客举令，欲以两卦名证一故事。一人云："孟尝门下三千客，《大有》《同人》。"一人云："光武兵渡滹沱河，《既济》《未济》。"一人云："刘宽婢羹污朝衣，《家人》《小过》。"先生云："牛僧孺父子犯事，《小畜》《大畜》。"盖指荆公父子也。

【译文】

苏轼有一次会客，在座的人玩行酒令，规定将两个卦名合成一个故事。一个人说："孟尝门下三千客，《大有》《同人》。"另一个人说："光武兵渡滹沱河，《既济》《未济》。"一个人说："刘宽婢羹污朝衣，《家人》《小过》。"苏轼说："牛僧孺父子犯事，《小畜》《大畜》。"苏轼所说的，大概是影射王安石父子。

【原文】

7. 陆太尉诣王丞相咨事，过后辄翻异。王公怪其如此，后以问陆。陆曰："公长民短，临时不知所言，既后觉其不可耳。"

【译文】

东晋的太尉陆玩到丞相王导那里去咨询事情，之后没有按照商量好的计划去做。丞相王导就感到非常奇怪，后来就问陆玩什么原因。陆玩说："您位尊我位卑，当时不知道该如何去说，事后才觉得那样做并不好。"

【原文】

8. 王东亭①与张冠军善。王既作吴郡，人问小令曰："东亭作郡，风政何似？"答曰："不知治化何如，唯与张祖希情好日隆耳。"

【注释】

①王东亭：王珣（349—400 年），字元琳，小字法护，琅琊临沂（今山东省临沂市）人。东晋大臣、书法家，丞相王导之孙。

【译文】

王珣与张冠军关系很好。王珣做了吴郡长官后，有人就问他弟弟小令说："东亭做郡守成绩怎么样？"他回答说："不知道他治理得怎么样，只知道他与张冠军的感情日益深厚。"

【原文】

9. 武帝①语和峤曰："我欲先痛骂王武子，然后爵之。"峤曰："武子俊爽，恐不可屈。"帝遂召武子，苦责之，因曰："知愧不?"武子曰："'尺布斗粟'之谣，常为陛下耻之！它人能令疏亲，臣不能使亲疏，以此愧陛下。"

【注释】

①武帝：司马炎（236—290 年），字安世，河内温县（今河南省温县）人，晋宣帝司马懿之孙、晋景帝司马师之侄、晋文帝司马昭嫡长子、晋元帝司马睿从父，晋朝开国皇帝。

【译文】

晋武帝对和峤说："我想先痛骂王济，然后再给他加官晋爵。"和峤说："王济性情豪爽，恐怕不会吃这一套。"晋武帝于是就召了王济过来，狠狠责骂了他一顿，然后说："你知道惭愧吗?"王济说："'尺布斗粟'的歌谣我常常想到，常常为陛下感到羞耻！它能让疏远的人亲近，却不能让亲人们亲近，我感到愧对陛下。"

【原文】

10. 顾孟著尝以酒劝周伯仁，伯仁不受。顾因移劝柱，而语柱曰："讵可便作栋梁自遇。"

【译文】

顾显曾经劝周顗不要喝酒，周顗不听。顾显于是就转向柱子，对柱子说："你怎么能把自己比作栋梁?"

【原文】

11. 桓大司马温诣刘尹，卧不起。桓弯弹弹刘枕，丸迸碎床褥间。刘作色而起曰："使君如馨地，宁可斗战求胜?"桓甚有恨容。

【译文】

大司马桓温去拜访刘惔，刘惔卧床不起。桓温就拿弹弓去打刘惔的枕头，弹丸崩碎了，在床上、褥子上散落的到处都是。刘惔脸色大变起身说道："使君这样，如何打胜仗?"桓温恨得脸色大变。

【原文】

12. 周仲智饮酒醉，瞋目还面谓伯仁曰："君才不如弟，而横得重名！"须臾，举蜡烛火掷伯仁。伯仁笑曰："阿奴火攻，固出下策耳！"

【译文】

　　周仲智喝得酩酊大醉，瞪着眼睛往回走，遇上了周顗，说："你的才华不如老弟，却赫赫有名！"过了一会儿，他举起蜡烛扔向周顗。周顗笑着说："你竟然用火来攻击他人，真是下策啊！"

【原文】

　　13. 王珣、郗超并有奇才，为大司马所眷拔。珣为主簿，超为记室参军。超为人多须，珣状短小。于时荆州为之语曰："髯参军，短主簿。能令公喜，能令公怒。"

【译文】

　　王珣、郗超当时都有奇特的才华，得到大司马桓温的赏识和提拔。王珣是主簿，郗超是记室参军。郗超长了很多胡须，王珣身材矮小。当时荆州编了一段歌谣："髯参军，短主簿。能令公喜，能令公怒。"

【原文】

　　14. 嵇、阮、山、刘在竹林酣饮，王戎后往。步兵曰："俗物已复来败人意！"（时谓王戎未能超俗也。）王笑曰："卿辈意亦复可败邪？"

【译文】

　　嵇康、阮籍、阮咸、山涛、刘伶在竹林里纵情喝酒，王戎最后才到。阮籍说："俗人来了已经破坏了我们的兴致！"（当时指王戎未能超脱世俗。）王戎笑着说："你们的兴致也会被破坏殆尽吗？"

【原文】

　　15. 陈万年子咸，数言事讥刺近臣。万年病，召戒床下，话至半夜，咸睡，头误触屏。万年大怒曰："乃父教戒汝，汝反不听，何也？"咸曰："具晓所言，大约教咸谄也。"万年乃不复言。

【译文】

　　陈万年的儿子陈咸，多次议论朝政，讽刺皇帝身边的近臣。陈万年病了，就把他召到床边劝诫，话说到一半的时候，陈咸睡意蒙眬，头竟然撞在了屏风上。陈万年勃然大怒："作为父亲我在教育你，你却不听，为什么？"陈咸说："你所讲的我都知道，无非是告诉我要学会拍马屁。"陈万年不再说话。

【原文】

16. 王忠肃①退朝,见一大臣目送美姝,复回顾之。忠肃戏曰:"此妇甚有力也。"大臣曰:"何以知之?"王曰:"不然,公头何以掣转?"

【注释】

①王忠肃:王翱(1384—1467年),卒谥忠肃,盐山(今河北省沧州市孟村回族自治县新县镇王帽圈村)人,明代大臣。

【译文】

王翱退朝的时候看见一个大臣在目送一个美貌的女子,并且频频回头观看。王翱开玩笑地说:"这个女人很有吸引力啊。"大臣说:"何以见得?"王翱说:"否则你的头怎么会被拧得转向后面?"

【原文】

17. 陆经多写碑铭,颇得濡润。人问:"子履近日所写几何?"答云:"近日写甚少,总在街上喝道行里。"

【译文】

宋代的陆经写了很多墓志铭,得到了很丰厚的报酬。有人问子履:"你最近写了多少墓志铭?"他回答说:"最近写的少,总在街上喝道的仪仗队里忙个不停。"

【原文】

18. 程篁墩主会试日,曾以关节事被劾。后出场,寮案设宴,优人①扮卖一啼鸡者,叫云:"我有一只鸡,卖价一千两。"人问:"谁家鸡卖此高价?"答曰:"程学士鸡,只卖个五更啼耳。"

【注释】

①优人:艺人。

【译文】

程敏政(字克勤,号篁墩)主持京城会考的时候,曾因为泄露考题而被弹劾。后来考试结束,同僚们设宴聚会,有个艺人就扮演成一个卖鸡打鸣的人,叫着说:"我有一只鸡,卖价一千两。"有人问:"谁家的鸡这么贵?"他回答说:"是程学士的鸡,只卖'无更啼'(谐音'五经题')。"

【原文】

19. 韩愈谓李二十六程曰:"某与丞相崔大群同年往还,直是聪明过人。"李曰:"何处是过人者?"韩曰:"共愈往还二十余年,不曾共说着文章,此是敏慧过人也。"

【译文】

韩愈对李程说:"我与丞相崔大群是同年中的科举,来往频繁,他真的是聪明过人。"李程说:"哪里聪明呢?"韩愈说:"我和他交往了二十多年,从来没有一起讨论过文章,这就是聪慧之处。"

【原文】

20. 严嵩诞日①,诸翰林称寿,争作恭求近。时菊花满堂,陆平泉独退处于后。同列问曰:"何退为?"陆答曰:"此处怕见陶渊明。"

【注释】

①诞日:生日。

【译文】

严嵩生日那天,众多翰林学士前去给他祝寿,争相弯腰作揖,跟他套近乎。当时菊花满堂,只有陆平泉独自在后面。同僚们就问:"你为什么退在后面?"陆平泉回答说:"我是想躲避陶渊明(指菊花)。"

【原文】

21. 卫懿公好①鹤,有乘轩者。狄伐卫,公欲战,皆曰:"使鹤,鹤实有禄位,余焉能战?"

【注释】

①好:喜欢。

【译文】

卫懿公喜欢养鹤,还给一些鹤封了官爵。狄人讨伐卫国,卫懿公想要背水一战,将士们都说:"让鹤去参战吧,鹤有禄位,我们怎有资格参战呢?"

【原文】

22. 王赞,中朝名士。有弘农杨薹者,曾至岭外,见阳朔、荔浦山水,心甚爱之,谈不容口。薹常出入赞门下,稍接从容,不觉形于言曰:"侍郎曾见阳朔、荔浦山水乎?"赞曰:"未曾打人唇绽齿落,安得见耶?"因大笑,以岭外非贬不去。

【译文】

　　王赞，中朝名士。有个弘农人叫杨蓬，曾经到了岭外，见到阳朔、荔浦的山水，心里非常喜爱，赞叹不已。杨蓬经常出入王赞的门下，慢慢变得熟悉起来，他难以抑制心中的兴奋对他说："侍郎可曾见过阳朔、荔浦的山水？"王赞说："我不曾把人打得嘴破掉牙，怎能看见呢？"于是就大笑，因为去岭南一带的人是遭贬谪过去的。

【原文】

　　23. 卢从愿为吏部侍郎，杜暹自婺州参军调集补郑县尉。后暹为户部尚书，从愿自益州长史入朝。暹立在庐上，谓之曰："选人定何如？"卢曰："亦由仆之藻鉴，遂使明公得展足千里也。"杜涩口无应。

【译文】

　　卢从愿任吏部侍郎时，杜暹从婺州参军的位置调任为郑县尉。后来杜暹为户部尚书，卢从愿就以益州长史的身份进入朝堂。杜暹的权位大于卢从愿，对他说："你挑选人才的工作开展得如何？"卢从愿说："正是由于我的考量评定，才会让您像千里马一样施展才华。"杜暹听后无言以对。

【原文】

　　24. 朱泚之乱，源休、姚令言等收图书、贮仓廪，作萧何事业。休退语黄门侍郎蒋练曰："若度其才，即吾为萧，姚为曹耳。"识者闻之，谓休不奈官职。乔琳语旧僚曰："源公真可谓火迫酂侯^①矣！"

【注释】

　　①火迫酂侯：急性子。

【译文】

　　朱泚作乱的时候，源休、姚令言效仿萧何的做法，把政府的档案图集等收集起来，藏在仓库里。退朝以后源休对黄门侍郎蒋练说："如果论才能，我就是萧何，姚令言就是曹参。"认识他的人听后，认为源休着急当官。乔琳对过去的同僚们说："源休可真是个急性子啊！"

【原文】

　　25. 崔浞为吏部侍郎，掌铨，有选人引过，分疏云："某能翘关负米^①。"

湜曰："若壮，何不兵部？"答曰："过者皆云：'崔侍郎门，有力者即得。'"

【注释】

①翘关负米：指考武举时的举重科目。

【译文】

崔湜任吏部侍郎时，主管为朝廷选拔人才，有个候选人夸大其词，说："我可以翘关背米。"崔湜说："你这么强壮，为什么不到兵部去做事？"此人回答说："过往的人都说：'在崔侍郎门下，有势力的人都能够当官。'"

【原文】

26. 唐郑愔为吏部侍郎掌选，赃污狼藉。引铨有选人系百钱于靴带上，愔问其故，答曰："非钱不行。"愔默而不言。

【译文】

唐代的郑愔任吏部侍郎时，主管人才的选拔。此人贪赃枉法，声名狼藉。在选拔人才时，有个候选人将一百文钱系在靴子上，郑愔就问什么缘故，他回答说："非钱不行。"郑愔沉默一语不发。

【原文】

27. 孔稚圭①宅中草没人，南有山池，春日蛙鸣。仆射王晏尝鸣筊鼓造之，闻群蛙鸣，晏曰："此殊聒人耳。"答曰："听卿鼓吹，稍觉过此。"

【注释】

①孔稚圭：孔稚圭（447—501 年），一作孔圭，字德璋，会稽山阴（今浙江绍兴）人。南朝齐骈文家。东昏侯永元元年（499 年），迁太子詹事。死后追赠金紫光禄大夫。

【译文】

孔稚圭宅中的野草茂盛可以淹没人，南面有个水池，春天青蛙就会鸣叫不休。仆射王晏曾经敲锣打鼓去拜访他，听到那一群青蛙鸣叫，王晏就说："这群青蛙太聒噪了。"孔稚圭说："我听您敲锣打鼓，比这还要聒噪。"

【原文】

28. 孙一元隐居西湖，矫情不娶，仿林逋以梅、鹤为妻、子。后改度①，徙至湖州，连娶二妇。有一士道吴兴，谓之曰："仆从西湖上来，一人寄语谯君，君不得无耻。"孙问何人，其人故不语，孙问不已，其人曰："梅令眷、鹤令郎耳。"孙惭无地。

①度：做法。

【译文】

孙一元隐居西湖，故作高雅不娶妻子，就效仿林逋以梅为妻，以鹤为子。后来他改变了想法，迁徙到湖州，接连娶了两个妻子。有一位士人路过吴兴，对他说："我从西湖上来，有人让我带话来责备你的不是。"孙一元问什么人，那个人故意不说话，孙一元就问个不停，那人说："是你的梅妻鹤子。"孙一元听后非常惭愧。

【原文】

29. 王公与朝士共饮酒，举琉璃碗谓伯仁曰："此碗腹殊空，谓之宝器，何邪？"答曰："此碗英英，诚为清彻，所以为宝耳！"

【译文】

王导与朝廷官员们一起饮酒，举起琉璃碗对周顗说："这只碗内部空空的，为什么称之为宝器？"周顗回答说："这只碗看起来晶莹剔透，的确是很清澈，所以称为宝物。"

【原文】

30. 谢幼舆①谓周侯曰："卿类社树，远望之，峨峨拂青天；就而视之，其根则群狐所托，下聚溷而已！"答曰："枝条拂青天，不以为高；群狐乱其下，不以为浊；聚溷之秽，卿之所保，何足自称？"

【注释】

①谢幼舆：谢鲲（281—324年），字幼舆，陈郡阳夏县（今河南太康县）人。晋朝时期名士、官员。

【译文】

谢鲲对周侯说："你就好像是社庙前的树木，远远望去可以直达青天；走近了一看树根的周围全是狐狸，下面都是些污秽！"周侯回答说："枝条上接到青天，不认为有多崇高；群狐在下面作乱，不认为有多么肮脏；聚集秽物，那是你所热衷去做的，不值得自我炫耀。"

【原文】

31. 谢公在东山，朝命屡降而不动。后出为桓宣武司马，将发新亭，朝士咸出瞻送。高灵时为中丞，亦往相祖。先时，多少饮酒，因倚如醉，戏曰："卿屡违朝旨，高卧东山，诸人每相与言：'安石不肯出，将如苍生何?'今亦苍生，将如卿何?"谢笑而不答。

【译文】

东晋的谢安隐居在东山，朝廷多次下召令而他没有动摇意志。后来他出任桓温的司马，即将从新亭出发的时候，朝廷里的人都出来相送。高嵩当时担任中丞，也前去送行。在此之前，他喝了一些酒，就借着酒劲开玩笑地说："你多次违背朝廷旨意，高卧东山，人们就常常议论：'安石不肯出山，将对苍生百姓怎么样呢?'现在苍生百姓又该对您怎么样呢?"谢安笑而不答。

【原文】

32. 慈溪某县令初至任，欲行威福，谓群下曰："汝闻'破家县令、灭门刺史'乎?"有父老应曰："间者士子多读书，惟闻'岂弟君子，民之父母'。"令乃默然。

【译文】

慈溪某县令刚刚上任就想作威作福，对下面的人说："你们听说过'破家县令、灭门刺史'吗?"有位父老回应道："这里的人读书多，只听说过'岂弟君子，民之父母'。"县令无言以对。

【原文】

33. 马援为隗嚣绥德将军，又尝游使于公孙述。嚣复命援奉书洛阳，世祖迎谓援曰："卿遨游二帝间，今见卿，使人大惭。"援顿首①谢曰："当今之世，非独君能择臣，臣亦能择君。"

【注释】

①顿首：叩头。

【译文】

马援在隗嚣的手下任绥德将军时，曾经出使过公孙述的蜀国。隗嚣又命令马援带着文书去洛阳，世祖刘秀迎接了马援，说："你游走在两位帝王之间，今天见到了你，让人非常惭愧。"马援点头答谢说："当今世道，不仅皇上可以选择大臣，大臣也可以选择皇上。"

【原文】

34. 谢公始有东山之志，后严命屡臻，势不获已，始就桓公司马。于时人有饷桓公药草，中有远志。公取以问谢："此药又名'小草'，何一物而有二名?"谢未即答，时郝隆在座，应声答曰："此甚易解：处则为远志，出则为小草。"谢有愧色。

【译文】

谢安刚有隐居东山的想法，朝廷的征召命令屡次传来，无奈之下，他只好在桓温手下任司马一职。当时有人给桓温中草药，其中有一种叫远志。桓温拿来问谢安："这种药也叫小草，为什么一种事物却有两个名字?"谢安没有立即回复，当时郝隆在座，应声回复："这个很容易理解：在山中叫作远志，在山后叫作小草。"谢安面露愧色。

【原文】

35. 范玄平①在简文座，谈欲屈②，引王长史曰："卿助我。"王曰："此非拔山力所能助!"

【注释】

①范玄平：范汪（308—372 年），字玄平，南阳顺阳（今河南淅川县）人。东晋大臣，著名医学家。

②屈：词穷。

【译文】

范汪与简文帝坐在一起，感到无话可说，就对王濛说："你来帮帮我。"王濛说："这不是有了拔山之力就能帮到的!"

【原文】

36. 子瞻居黄州，有陈处士者，携纸笔求书于子瞻，会客方鼓琴，遂书曰："或对一贵人弹者，天阴声不发，贵人怪之曰：'岂弦慢邪?'对曰：'弦也不慢。'"

【译文】

苏轼居住在黄州时，有位姓陈的士人，携带着纸笔来请苏轼写一副字，当时一位客人正在弹琴，于是就写道："有人对一个贵人弹琴，因为阴天琴不发声，贵人感到很奇怪说：'难道弦慢了?'弹琴者说："'弦也不慢。'"

【原文】

37. 王世贞谒相嵩，其子世藩肃客曰："家君伤风，不得出也。"王曰："爷居相位，怎说伤风?"

【译文】

王世贞去拜访内阁首辅严嵩，他的儿子严世藩把王世贞请进屋，说："家父得了伤风，不能外出。"王世贞说："老爷身居相位，怎能说伤风?"

【原文】

38. 卫江州在浔阳，有故人投①之，都不料理，惟饷王不留行一片。此人得饷，便命驾。李弘范闻之，曰："家舅刻薄，乃复驱使草木。"

【注释】

①投：投奔。

【译文】

西晋的卫展（字道舒）在浔阳任刺史时，有老朋友前来投奔他，他没有招待，而是送给客人一片"王不留行"的草药。这个人拿了草药后就驾马离开。李弘范得知后，就说："我家舅舅太抠门，仅仅用草药来敷衍客人。"

【原文】

39. 梁何昌宇为吏部尚书，有姓闵求官者，昌宇问："君是谁后?"答曰："子骞后。"昌宇掩口笑曰："遥遥华胄。"

【译文】

南朝梁人何昌宇担任吏部尚书，有个姓闵的人前来求官，何昌宇问："你是谁的子孙?"他回答说："闵子骞的子孙。"何昌宇掩嘴而笑，说："是个历史很悠久的贵族子弟。"

【原文】

40. 宋颜延之、何偃值路中，遥呼曰："颜公。"延之以其轻脱，答曰："身非三公之公，又非田舍之公，又非君家阿公，何以见呼为公?"偃惭而去①。

【注释】

①去：离开。

【译文】

南朝刘宋时期的颜延之与何偃有一次在路上相遇，何偃很远就叫他："颜公。"颜延之认为他不严肃，就回答说："我既不是三公之公，也不是田舍之公，又不是你家的阿公，为什么叫我公？"何偃听后很惭愧地离开了。

【原文】

41. 唐太宗以①李纬为民部尚书，曾有人自京师来者，帝曰："玄龄闻纬为尚书，谓何？"曰："惟称纬好须，无他语。"

【注释】

①以：任命。

【译文】

唐太宗任命李纬为民部尚书，正好有人从京城来，唐太宗就问："房玄龄听到李纬担任尚书后，说什么了吗？"来人说："只是说李纬胡须很好看，没有再说其他的。"

【原文】

42. 王荆公为参知政事，时因阅晏元献公小词，笑曰："为宰相而作艳词，可乎？"公弟平甫曰："亦偶然尔。"吕惠卿为馆职，在坐，遽曰："为政必放郑声，况自为之乎！"平甫曰："放郑声，不若远佞人。"吕大以为讥己，遂不协。

【译文】

王安石担任参知政事时，当时因为看了晏殊的一首小词，笑着说："当宰相而写艳词，这样好吗？"他的弟弟王安国说："只是偶尔写的。"吕惠卿为馆职，也在场，于是就说："为政必须抛弃世俗之声，更何况自己去写呢！"王安国说："抛弃世俗之声不如远离奸佞之人。"吕惠卿认为他在讥笑自己，就与王安国不欢而散。

【原文】

43. 唐湖州参军陆蒙妻蒋氏，善属文①。僧知业有诗名，与蒙善，一日，访蒙谈玄，蒋使婢奉酒。知业云："受戒不饮。"蒋隔帘问曰："上人曾有诗云：'接岸桥通何处路，倚楼人是阿谁家？'观此风韵，得不欲乎？"知业惭而退。

【注释】

①属文：写文章。

【译文】

唐代的湖州参军陆蒙妻子蒋氏，善于作文。僧人知业诗名很大，与陆蒙关系很好。有一天，两人大谈玄理，蒋氏就让奴婢倒酒。知业说："我已经戒酒了。"蒋氏隔着帘子问："您曾有诗云：'接岸桥通何处路，倚楼人是阿谁家？'如此风韵，难道不想喝酒吗？"知业很惭愧地告辞了。

【原文】

44. 王知训帅宣州，入觐，赐宴。伶伦戏作绿衣人，大面如鬼状。或问何为者？答曰："吾宣州土地。"问何故到此？曰："王知训入觐，和地皮卷来，因得至此。"

【译文】

王知训在宣州任职期间，进京朝见皇上，皇上赐宴款待他。有一个艺人开玩笑就打扮成绿衣人，戴着一个很大的面具，看起来像鬼。有人就问为什么这么做？他回答说："我是宣州的土地神。"又问为什么到这里来？他说："王知训入朝，把地皮也卷来了，因此我也尾随而来。"

【原文】

45. 文庙继统，陈迪责不屈，与子丹山、凤山同磔①于市。上命割其肉塞迪口，因问："卿肉气味何如？"对曰："忠臣孝子，肉岂腥膻？臣尝其美，人闻其香，陛下岂不闻乎？"

【注释】

①磔：分裂肢体的酷刑。

【译文】

明成祖朱棣当上皇帝后，陈迪受到责问不愿屈从，就与儿子丹山、凤山一起被施以磔刑。皇上命人割下一块肉塞进他的嘴里，问道："你的肉气味如何？"他回答说："我是孝子，肉怎会腥膻？我尝到了它的甘美，闻到它的香气，陛下一定也闻到了吧？"

【原文】

46. 武帝幸豫章王嶷宅，宴集诸王，独不召晔。嶷曰："风景殊美，今日甚忆武陵。"帝因召使射，屡发命中，帝怪之，嶷曰："阿五常日不尔，今日可谓仰藉①天威。"

【注释】

①藉：通"借"。

【译文】

　　南齐武帝幸临豫章王萧嶷的家里，设宴款待诸王，唯独没有召见武陵王萧晔。萧嶷说："这里的风景特别美，现在让我忆起了武陵。"齐武帝于是就让人把武陵王萧晔找来，让他射箭，结果百发百中，齐武帝很奇怪，萧嶷说："阿五（指萧晔，太祖萧道成的第五子）平时没有这个能力，今天可以说借了陛下的天威。"

【原文】

　　47. 许掾好游山水，而体便登陟。时人云："许非徒有胜情，实有济胜之具。"

【译文】

　　许掾喜欢游山玩水，身体健壮擅长攀登。当时有人说："许掾不仅有闲情雅致，而且还有能够支撑闲情雅致的体格。"

【原文】

　　48. 皇甫度辽解官归乡，时人以货得雁门太守者，书刺投谒，度辽卧，不时起，既入见，问曰："闻卿在郡，食雁美乎？"

【译文】

　　皇甫度辽告老还乡，当时有人花钱买了雁门太守一职，递上了名帖想要去见皇甫度辽，皇甫度辽躺在床上没有起来，等那人进去后，就问："我听说你在雁门喜欢吃大雁，味道不错吧？"

【原文】

　　49. 丘灵鞠尝诣褚彦回，彦回不起，曰："此脚疾不复能起。"灵鞠曰："脚疾亦是大事，公为一代鼎臣，不可复为覆𫗧①。"

【注释】

　　①覆𫗧：指代助齐伐宋之事。

【译文】

　　丘灵鞠曾经去拜访褚彦回，褚彦回没有起身，说："我的脚有毛病，不能站起来。"丘灵鞠说："脚病也是大事，您是一代大臣，不能再做倾倒碗中食物的事情了（帮助齐国讨伐宋国）。"

【原文】

50. 武陵张冢宰瀚，与大理卿陈某谒一直指，时陈以两次奉例进阶，妄^①自腰玉。直指见而惊问之曰："公何时赐玉？"陈踧踖不能对，张笑曰："此是大理石耳。"

【注释】

①妄：私自。

【译文】

武陵人吏部尚书张瀚，与大理卿陈某一起去拜访一位朝廷派来的巡视专员，当时陈某因为两次按照惯例晋升官阶，就私自在腰间佩戴玉饰。巡视专员看到后非常吃惊，问："你什么时候被赐给了玉饰？"陈某不知所措，难以应对，张瀚笑着说："这是大理石做的。"

【原文】

51. 李白开元中谒宰相，封一板，上题云"海上钓鳌客李白"。相问曰："先生临沧海钓巨鳌，以何物为钩线？"答曰："以风浪逸其情，乾坤维其志，以虹霓为丝，明月为钩。"又曰："以何物为饵？"曰："以天下无义丈夫为饵。"丞相悚然。

【译文】

李白在开元年间拜访宰相，递上一封信，上面写着"海上钓鳌客李白"。宰相就问："先生临沧海钓巨鳌，拿什么做钓线呢？"李白回答说："用风浪来驰骋情思，用乾坤来维系志向，用霓虹来当作丝线，用明月当作鱼钩。"又问："用什么来当作鱼饵？"他回答说："用天下那些没有道义的人做鱼饵。"丞相听后非常害怕。

【原文】

52. 刘叉持韩愈金数斤去，曰："此谀墓中人得耳，不若与刘君为寿。"愈不能止^①。

【注释】

①止：阻止。

【译文】

刘叉从韩愈那里拿了几斤金子离去，说："这是给死人写墓志铭所得到的，不如让我拿去延年益寿。"韩愈无法阻止。

【原文】

53. 詹坚老坐累下大理，李端初为少卿，坚老哀鸣。端初操俚谈诟曰："子嘴尖如是，诚奸人也。"因困辱之。已而榜出奏名，在法当释，自此名不相闻。后十年，端初为淮南转运使，坚老以郎官出代，既见端初，颇省其面，犹不能记前事，因曰："郎中若有素者，岂尝邂逅朝堂耶？风采堂堂，非曩日比。"答曰："风采堂堂，故非某所及，但不知比往时嘴不尖不？"端初悟而赧然。

【译文】

詹坚老因为受拖累而被送到大理寺监禁，李端初是大理寺少卿，詹坚老就向他倾诉了自己的冤情。李端初操一口浓重的方言对他说："你的嘴太尖利了，是个奸佞之人。"于是就经常羞辱他。等到进士榜张贴出来后，詹坚老中榜，按照法律应当释放，从此两人就再也没有联系。过了十年，李端初任淮南转运使，詹坚老以郎官的身份代替他，等到见面后，李端初觉得非常面熟，但是没有记起以前的事情，于是就说："我和郎中好像在哪里见过，难道是在朝廷吗？您现在风度翩翩，真的是今非昔比。"詹坚老回答说："风度翩翩本不是我能达到的，不知跟以前相比我的嘴是不是还很尖利？"李端初顿悟，感到非常羞愧。

【原文】

54. 刘穆之少贫，日往妻兄江氏乞食，多见辱。江氏后有庆会，属令勿来，穆之犹往。食毕，求槟榔，江谓之曰："槟榔消食，君何须此？"

【译文】

刘穆之年轻时很贫穷，经常到他妻子的兄弟江氏那里去讨饭吃，遭受过很多辱骂。江氏后来摆了喜庆宴席，嘱咐刘穆之不要来，刘穆之仍然去了。吃完饭以后，又要槟榔吃，江氏对他说："槟榔消食，你还要吃吗？"

【原文】

55. 唐崔清除①濠州刺史，当替李逊。清往辞户部侍郎李巽，巽留坐与语，清指谓所替李逊曰："清都不知李逊浑不解官。"再三言之。巽曰："李巽即可在，只是独不称公意耳。"

【注释】

①除：任命。

【译文】

唐朝的崔清代替李逊任濠州刺史。崔清前去户部侍郎李巽那里辞别，李巽就留他与他说了一会儿话，崔清一直都在谈论李逊说："我真的不知道李逊是一点都不懂得为官之道。"他重复了很多遍。李巽说："李逊就是我（逊、巽为同音），只是唯独不能令您满意罢了。"

【原文】

56. 齐晏婴短小，使楚。楚为小门于大门侧，乃延晏子。婴不入，曰："使狗国，狗门入。今臣使楚，不当从狗门入。"

【译文】

齐国的晏婴身材矮小，出使楚国。楚国故意在大门旁边开了一个小门，让晏子从这里进去，晏子不进，说："只有出使狗国才从狗门入。现在出使楚国，不应当从这个狗门进去。"

【原文】

57. 晏子使楚，楚王曰："齐无人耶？"对曰："齐使贤者使贤王，不肖者使不肖王。婴不肖，故使王耳。"

【译文】

晏子出使楚国，楚王说："齐国没有人了吗？"他回答说："齐国让贤明的使者去见贤明的君主，让不贤明的使者去见不贤明的君主。我不够贤明，因此就来拜见大王您了。"

【原文】

58. 马季长①女嫁袁次阳为妻，初婚夜，次阳问曰："弟先兄举，世以为笑。今处姊未适，先行可乎？"答曰："妾姊高行殊邈，未遭良匹，不似鄙薄，苟然而已。"次阳默然不能屈。

【注释】

①马季长：马融（79—166 年），字季长，扶风郡茂陵县（今陕西兴平东北）人，东汉时期著名经学家。

【译文】

东汉马融的女儿嫁给了袁次阳，新婚之夜，袁次阳问："弟弟先于哥哥前去参加科举考试，会被世人笑话。现在姐姐还没有出嫁，你就先嫁出去，这样好吗？"她回答说："我的姐姐品行高洁，不遇到如意郎君是不会出嫁的，不像我这样没有出息，随便找个人凑合过日子。"袁次阳自知理亏就沉默了。

59. 孙权问蜀益州太守张裔曰："蜀卓寡女，亡奔相如，贵土风俗，何以乃尔？"对曰："愚以为卓氏寡女，犹贤于买臣①之妻。"

【注释】

①买臣：朱买臣，生卒不详，字翁子，西汉吴县（今属江苏）人，西汉大臣。汉武帝时，为中大夫，累官至会稽太守、主爵都尉，位列九卿。

【译文】

孙权问蜀国的益州太守张裔："蜀国的寡妇卓文君和司马相如私奔，你们那儿的风俗怎么如此低俗？"张裔回答说："我觉得卓文君要比朱买臣的妻子贤惠很多。"

【原文】

60. 张融与谢宝积俱谒太祖，融于御前放气。宝积起谢曰："臣兄触忤宸扆。"上笑而不问。须臾食至，融排宝积，不与同食。上曰："何不与贤弟同食？"融曰："臣不能与谢气之口同盘。"上大笑。

【译文】

张融与谢宝积一同去拜访南齐太祖萧道成，张融在齐太祖面前放了一个屁。谢宝积连忙起身谢罪说："我的兄长不小心冒犯了您。"齐太祖笑着没有答话。过了一会儿，饭菜送了上来，张融不愿意和谢宝积一起吃饭。齐太祖问："你为什么不与贤弟一起共同用餐？"张融说："我不愿意和那些为道歉而放屁的嘴巴一起用餐。"齐太祖大笑。

【原文】

61. 宋江夏王义恭，性爱古物，常遍就朝士求之。侍中何勖已有所送，而王征索不已，何甚不平。尝出行于道，见狗枷、犊鼻，乃命左右取之还，以箱擎送之。笺曰："承复须古物，今奉李斯狗枷，相如犊鼻。"

【译文】

南朝刘宋时代的江夏王刘义恭酷爱古董，就经常向朝中大臣们索求。侍中何勖已经送给他一些古董了，可是刘义恭仍然要个不停，何勖感到非常气愤。有一次他在道路上行走，看见狗枷、短裤，于是就命令身边的人捡起来放到家里，用箱子装好了就送给刘义恭，写信说："得知您仍然在搜寻古董，现在就把李斯的狗枷、司马相如的短裤送给您。"

【原文】

62. 梁徐陵通直散骑常侍聘魏，魏主客魏收曰："今日之热，当由徐常侍来。"陵答曰："昔王肃至此，为魏始制礼乐；今我来聘，使卿复知寒暑。"收不能对。

【译文】

通直散骑常侍徐陵以梁朝使者的身份出使东魏，东魏负责接待的魏收说："今天天气炎热，一定是你带来热气的缘故。"徐陵回答说："过去王肃到这里，为魏国带来了礼乐；今天我来到这里，让您知道了寒暑是怎么回事。"魏收听后竟然不知道如何应对。

【原文】

63. 唐吏部侍郎李安期掌铨，尝有选人被放^①，诈云："羞见来路。"安期问："从何关来？"曰："蒲津关来。"安期曰："取潼关路去。"曰："耻见妻子。"安期曰："贤室本自相谙。"

【注释】

①放：淘汰。

【译文】

唐朝的礼部侍郎李安期掌管官吏的选拔任用，曾经有一个候选人因惨遭淘汰，就欺骗李安期说："不好意思回去。"李安期问："你从哪个关口来？"他回答说："我从蒲津关口来。"李安期说："那你就从潼关路回去。"他回答说："我不好意思见到妻子。"李安期回答说："你的妻子本来就了解你的现状。"

【原文】

64. 梁太祖^①受禅，姚洎为学士，上问及裴延裕行止，洎曰："顷岁左迁，今闻旅寄。"上曰："颇闻其人才思敏捷。"对曰："向在翰林，号为下水船。"上曰："卿便是上水船。"

【注释】

①梁太祖：朱温（852—912 年），出生于宋州砀山午沟里，宋州砀山（今安徽砀山县）人，五代时期梁朝第一位皇帝。

【译文】

朱温做了皇帝，姚洎是学士，皇上就问裴延裕的情况，姚洎说："他被降职了，现在客居他乡。"朱温说："我听说他才思敏捷。"姚洎回答道："在翰林的时候，人们都称他是顺水而下的船。"朱温说："那么你就是逆流而上的船了。"

【原文】

65. 晏子与楚王坐，忽缚①一人来。王问为者？左右曰："齐人坐盗。"王视婴曰："齐人善盗乎？"对曰："婴闻橘生于江南，至江北为枳，枝叶相似，其味不同，水土异也。"

【注释】

①缚：捆绑。

【译文】

晏子与楚王坐在一起，忽然手下捆绑着一个人过来。楚王就问那是什么人，手下就说："是齐国人，犯了偷窃罪。"楚王对着晏子说："齐国人难道就擅于偷盗吗？"晏子回答说："我听说橘子生在南方叫作橘子，一旦移到了北方就称为枳，尽管枝叶相似，但是味道却大不相同，这是水土不同的原因导致的。"

【原文】

66. 郑康成①在袁冀州座，时汝南应劭亦归于袁，因起自赞曰："故泰山守应仲远，北面称弟子，何如？"郑笑曰："仲尼之门，考以四科。回、赐之徒，不称官伐。"

【注释】

①郑康成：郑玄（127—200年），字康成，北海郡高密县（今山东省高密市）人。东汉末年儒家学者、经学大师。

【译文】

郑玄在冀州牧袁绍那里做客，当时汝南人应劭也投奔了袁绍，应劭自我介绍说："过去的泰山太守应劭，做您的弟子怎么样？"郑玄笑着说："孔子收门徒要考四科。颜回、子贡等人从来都不以官阀自居。"

【原文】

67. 北朝李谐至南，梁武与之游历，至放生处，帝问曰："彼国亦放生否？"谐对曰："不取亦不放。"帝赧然①。

【注释】

①赧然：惭愧。

北朝的北魏学者李谐到南朝，梁武帝萧衍与他一起散步到了放生池，梁武帝就问："你们国家也放生吗？"李谐回答说："我们国家从不猎捕，因此也就不会放生。"梁武帝听后感到非常惭愧。

【原文】

68. 任彦升在齐，纡意于倖者梅虫儿，用为中书郎。彦升造谢尚书令王亮，亮曰："卿宜谢梅，那忽谢我。"

【译文】

任昉（字彦升）在齐国时，曲意逢迎当时皇上的宠儿梅虫儿，当上了中书郎。任昉到尚书令王亮的家里去道谢，王亮说："你应该到梅虫儿的家里去道谢，谢我干什么。"

【原文】

69. 王平子尝行经陈留郡界，陈留时为大郡，名有人士。太守遣吏迎王，王问吏曰："此郡人士为谁？"吏曰："有蔡子尼、江应元。"是时郡人多居大位者，王以其姓名问曰："甲乙等，非君郡人邪？何称此二人？"吏曰："向①谓君侯问人，不谓君侯问官。"王笑而止。

【注释】

①向：刚才。

【译文】

晋代的王澄（字平子）曾经路过陈留郡的地界，陈留在当时是一个大郡，有很多知名人士。太守派郡吏去迎接，王澄问郡吏："这个郡界里有哪些知名人士？"郡吏说："有蔡子尼、江应元。"当时本郡有很多人做大官，王澄说出他们的姓名就问："甲乙等人不是你们郡里的吗？为什么只是提到那两个人？"郡吏说："刚才您是在问郡里的名人，没有去问郡里的大官。"王澄笑了笑，不再说话了。

【原文】

70. 齐武帝时，诸弟皆无宠。尝于御座曲宴，武陵因醉伏地，以貂抄肉柈。帝笑曰："污貂。"武陵答曰："陛下何爱其羽毛而疏其骨肉！"

齐武帝当政期间，他的几个弟弟都没有得到恩宠。曾经在一次齐武帝举办的宴席上，武陵因为喝醉了就倒在地上，拿貂皮去盛肉。齐武帝笑着说："你这样会把貂皮弄脏了啊。"武陵回答说："陛下怎么爱毛皮却不爱骨肉呢？"

【原文】

71. 高爽尝经晋陵诣刘蔺，了不相接，高甚衔之。俄爽代蔺为县，蔺乃迎赠甚厚，爽受饷，答书云："高晋陵自答。"人问其故，爽曰："彼自饷晋陵令耳，何关爽事？"

【译文】

高爽曾经去拜访晋陵县县令刘蔺，刘蔺没有接待他，高爽非常有意见。过了一段时间，高爽代替刘蔺做了县令，刘蔺于是就送厚礼给高爽，高爽接受了这些礼品，写信说："高县令亲自回信。"有人问这是什么缘故，高爽说："他是给晋陵县令送东西，不是送给我的。"

【原文】

72. 支道林因①人就深公买印山，深公笑曰："未闻巢、由买山而隐。"

【注释】

①因：委托。

【译文】

支遁委托他人到高僧竺法那里去买印山，竺法笑着说："我从没听说过巢父、许由是买山隐居起来的。"

【原文】

73. 卢询祖甚有口辩，好臧否①人物。尝语人曰："我昨东方未明，过和氏门外，见二陆、两源，森然与槐柳齐列。"

【注释】

①臧否：褒贬。

【译文】

卢询祖能言善辩，喜欢评价他人。他曾经对人说："我昨天在天还没亮的时候，经过和氏的门口，见到了二陆，两源，他们与槐树柳树并列在一起，看起来非常茂密。"

【原文】

74. 王介甫为相，大讲天下水利。刘贡父尝造之，值一客献策曰："梁山泊决而涸之，可得良田万顷，但未择得利便之地贮其水耳。"介甫倾首沉思，贡父抗声①曰："此甚不难。"介甫欣然以为有策，遂问之，曰："别穿一梁山泊，则足以贮此水矣。"介甫笑而止。

【注释】

①抗声：高声。

【译文】

北宋的王安石做宰相时，大力提倡兴修天下水利。刘攽有一次去拜访他，正好遇上了一位客人向他献计献策，说："把梁山泊挖开，让水流干，就能够得到万亩良田，只是不能找到更好的地方存贮这些水。"王安石低头沉思，刘攽高声说道："这个并不难。"王安石非常高兴，认为他会拿出好的办法，就问是什么办法。刘攽说："再挖一个梁山泊就可以存贮这些水。"王安石笑而无语。

【原文】

75. 狄仁杰为相，有卢氏堂姨，居午桥别墅，仁杰伏腊修礼甚谨。尝雪后休假，候卢氏，适见表弟挟弧矢携雉兔归，羞味进于堂上，顾揖仁杰，意甚轻傲。仁杰因启曰："某幸为相，表弟有所欲，愿悉力从其请。"姨曰："吾止有一子，不欲令事女主。"仁杰惭而止。

【译文】

狄仁杰任宰相时，他的一位卢姓堂姨居住在午桥别墅，每逢节假日狄仁杰都会去看她。有一次雪后休假，他去看望卢氏，恰好遇见表弟拿着弓箭带着野兔回家，将美味佳肴端到堂上以后，表弟对狄仁杰作揖，态度非常傲慢。狄仁杰于是就对他说道："我有幸做了宰相，表弟有什么需要的，我会尽量满足你。"堂姨说："我只有一个儿子，不想让他去侍奉武则天。"狄仁杰听后非常惭愧，只好作罢。

【原文】

76. 郭昱狭中诡僻，登进士，耻赴常选。献书于宰相赵普，自比巢、由。朝议恶其矫激，故久不调。后复伺普，望尘自陈。普笑谓曰："今日荣甚，得巢、由拜于马下。"

　　郭昱心胸狭隘，诡辩狡诈，中了进士后，认为参加常规的选拔是一种耻辱，就给宰相赵普献书，自比巢父、许由。朝廷认为他这种做法不妥当，因此就很长时间没有提拔他。后来他在路上等赵普，望见赵普车子卷起的尘土就迎上前去，自我陈述了一番。赵普笑着说："今天我很荣幸啊，能够让巢父、许由跪拜于马下。"

【原文】

　　77. 张文潜尝问张安道①："司马君实直言王介甫不晓事，是如何？"安道云："贤只消去看《字说》。"文潜云："《字说》也只是二三分不合人意。"安道云："若然，则足下亦有七八分不晓事矣。"

【注释】

　　①张安道：张方平（1007—1091年），字安道，号乐全居士，谥"文定"，北宋大臣，应天府南京（今河南商丘）人。

【译文】

　　张耒（字文潜）曾经问张安道："司马光直言不讳地说王安石不通晓事理，是这样吗？"张安道说："您只要看看《字说》就明白了。"张耒说："《字说》也只是两三分不能令人满意。"张安道说："如果是这样，那么您就有七八分不明事理了。"

【原文】

　　78. 王元美预相嵩席，出桑落酒饮之。相曰："张谓诗云：'不醉郎中桑落酒'，此酒肇①唐耳。"王曰："《水经注》载此酒，想采此诗。"

【注释】

　　①肇：开始。

【译文】

　　王元美应邀参加宰相严嵩的宴席，严嵩拿出了桑落酒招待大家。严嵩说："张谓诗云：'不醉郎中桑落酒'，看来这酒始自唐朝。"王元美说："《水经注》记载了这种酒，想必就是以这首诗为依据吧。"

【原文】

　　79. 解缙、胡俨同观进士榜，解以胡不由科目，指榜上谓胡曰：此黄榜丈夫也。胡笑曰："彼亦有侥幸得之者。"

【译文】

解缙、胡俨一起去看进士榜，解缙因为胡俨没参加过科举考试，就指着进士榜对胡俨说："黄榜上的都是士大夫。"胡俨笑着说："也有侥幸中榜的。"

【原文】

80. 卢肇，开成中就江西解末，肇送启谢云："巨鳌屭赑，首冠蓬山。"试官曰："昨以人数挤排，深惭名第奉浼，焉得首冠之语？"肇曰："顽石处上，巨鳌戴之，岂非首冠耶？"

【译文】

唐文宗开成年间，卢肇考中了举人，在江西的考生中名次排在最后，就写信感谢说："巨鳌屭赑，首冠蓬山。"试官说："日前因为人数太多导致您的排名在后，我们深感惭愧，怎么却说出了'首冠'这样的话呢？"卢肇说："顽石在上面，巨鳌驮着它，难道不是首冠吗？"

【原文】

81. 刘公干①以失敬待罪，文帝问曰："卿何以不谨于文宪？"桢答曰："臣诚庸短，亦由陛下纲目不疏。"

【注释】

①刘公干：刘桢（186—217年），字公干，东汉末年东平宁阳（今山东宁阳县泗店镇古城村）人，东汉名士。

【译文】

刘桢因为失敬而获罪，魏文帝质问："你为什么不谨慎地遵守法纪法规呢？"刘桢回答说："我的确是平庸浅薄，同时陛下的法纪法规也太严苛了。"

【原文】

82. 竺法深在简文坐，刘尹问："道人何以游朱门？"答曰："君自见其朱门，贫道如游蓬户。"

【译文】

东晋的高僧竺法深在简文帝那里做客，刘尹问："您是出家之人怎么会出入富贵人家？"竺法深回答说："在您看来是富贵人家，在我看来是贫困之家。"

【原文】

83. 刘真长为丹阳尹，许玄度出都，就刘宿①，床帷新丽，饮食丰甘。许曰："若保全此处，殊胜东山。"刘曰："卿若知吉凶由人，吾安得不保此！"逸少在坐，曰："令巢、许遇稷、契，当无此言。"

【注释】

①宿：住宿。

【译文】

东晋的许询（字玄度）在刘惔（字真长）做丹阳尹的时候出使京都，在刘惔那里住宿，床铺非常华丽新颖，食物也非常丰盛好吃。许询说："如果保全这个地方真是好过东山。"刘惔说："你如果知道好坏是由人决定的，我怎能不保全这个地方？"当时王羲之也在座，说："假如巢父、许由遇到了稷、契，应当不会说这样的话。"

【原文】

84. 孙绰赋《遂初》，筑室畎川，自言见止足之分。斋前种一株松，恒自手壅治之。高世远时亦邻居，语孙曰："松树子非不楚楚可怜，但永无栋梁用耳！"孙曰："枫柳虽合抱，亦何所施①？"

【注释】

①施：用。

【译文】

东晋的孙绰（字兴公）写了《遂初赋》，并且在畎川建筑了一座房屋，自称在这里可以知耻知足。房子前种一棵松树，经常亲手给松树修剪培土。高世远当时是他的邻居，对孙绰说："松树尽管楚楚动人，但是永远不能做栋梁之材！"孙绰说："枫树柳树即使能够达到合抱那么粗，又有什么用呢？"

【原文】

85. 张天锡为凉州刺史，称制西隅①。既为苻坚所禽，用为侍中。后于寿阳俱败，至都，为孝武所器。每入言论，无不竟日。颇有嫉己者于坐问张："北方何物可贵？"张曰："桑椹甘香，鸱鸮革响。淳酪养性，人无嫉心。"

【注释】

①西隅：西北地区。

【译文】

张天锡在凉州任刺史时，称霸西北地区。被苻坚俘虏后，任命为侍中。后来在寿阳地区苻坚、张天锡两支军队都大败，到了京都，被晋孝武帝司马曜所器重。经常进宫商讨问题，一讨论就是一整天。有一些嫉妒之人就问张天锡："北方什么东西珍贵?"张天锡说："桑葚很香甜，鸱鸮飞得很快。淳酪怡养性情，人们不会去嫉妒。"

愤语第十四

【原文】

吴苑曰：凡物之愤，必郁结而后起，如风怒则厉，泉怒则决，虎怒不择爪，人怒不择言。是皆愤之至也。盖愤不易谈，惟豪杰能之。若世间琐琐衣食之儿，即命填沟壑，不过如鱼鳖之就砧而已耳，安见其愤哉！大抵天地如弹丸而名物有尽，生才不已。以有尽生不已，求不愤，得乎？乃次愤语第十四。

【译文】

吴苑说：大凡愤怒的事物，都是因为内部郁结而爆发的，如同风发怒则会剧烈呼叫，泉水发怒则会冲破大堤，老虎发怒则会控制不住自己的爪子，人发怒则会口无遮拦。这些都是愤怒至极的表现。可以说愤怒不易谈论，只有英雄豪杰之人方能做到。像世上那些贪恋衣食的猥琐之辈，即使用他们的生命来填满沟壑，也不过是躺在砧板上的鱼鳖而已，怎么能看见他们愤怒呢！大概是因为天地像弹丸那样渺小而各类事物又有限，所以才会生生不息。让有限的生命得到无限的发挥，想要人们不去发愤图强，怎么可能呢？于是就将愤语排列在第十四位。

【原文】

1. 武帝拜主父偃为郎中，岁中四迁至中大夫。公卿皆畏^①其口，赠遗累千金。或说之为大横，偃曰："结发游学，四十年不得遂，亲不以为子，昆弟不收，宾客弃我，厄日久矣。大丈夫生不五鼎食，死则五鼎烹！吾日暮，故倒行逆施之耳。"

【注释】

①畏：害怕。

【译文】

主父偃被汉武帝任命为郎中，一年之中升迁了四次，官至中大夫。朝中的公卿大臣们都害怕他弹劾自己，纷纷向他送礼讨好，累计高达千金。有人说他这样做太骄横了，主父偃说："我刚成年就离家到外地求学，四十多年来都不顺利，父母没有把我当儿子，兄弟们都排斥我，宾客们都抛弃我，以前的困难日子我过得太多。大丈夫生前不能五鼎食，死后也要五鼎烹！我已经到了人生的晚年，所以要倒行逆施。"

【原文】

2. 沈攸之晚好读书，尝叹曰："早知穷达有命，恨不十年读书！"

【译文】

沈攸之晚年喜欢读书，曾经感叹说："如果早知道穷富都是天注定，恨不得读上十年书！"

【原文】

3. 刘孝孙博学通敏而仕不遂，常叹曰："古或开一说而致卿相，立谈顷而降白璧，书籍妄^①耳！"

【注释】

①妄：胡乱。

【译文】

刘孝孙博学多识但是仕途坎坷，常常感叹说："古人有的提出一种观点就能够得到卿相的职位，有人站着交谈一会儿就能够得到赏赐的白玉，这些不是书上的真实记载！"

【原文】

4. 屠长卿下第归，酒酣，慷慨呼曰："吾手可扪日月而一第厄人，东海洋洋，似欲代吾矣！"

【译文】

屠隆考试落榜而归，心中郁闷，喝酒大醉，慨叹道："我的手可以触摸到日月，却被一次科举考试难住了。东海茫茫，好像要来替代我！"

【原文】

5. 豫章狂生李如龙，尝落第归，遇耕牛，大骂曰："尔腹无文章，尚有角，吾不若也。"以头触之，牛几倒。

【译文】

豫章有个狂放的书生叫李如龙，曾经落第而归，遇到一头牛，大骂说："你胸无点墨，仅仅有两只角，我还不如你。"于是就用头去撞它，那头牛差点被撞倒。

【原文】

6. 鲍无雄落魄无遇，常以得第自期。一日于西湖醉后，忽频水照见影，大恸曰："丈夫三十岁，尚如此头颅耶！"

【译文】

鲍无雄失意落魄，找不到伯乐，一直都希望能够科举中榜。有一日他在西湖边大醉，忽然在水里照见自己的影子，失声大哭说："大丈夫今年三十岁了，怎么还没有戴上乌纱帽！"

【原文】

7. 吴王赐子胥死，将死，言曰："树吾墓上以梓，令可为器；抉①吾眼置之吴东门，以观越之灭吴也。"

【注释】

①抉：挖掉。

【译文】

吴王夫差赐死伍子胥，伍子胥将要死的时候，说："在我的坟墓上种上树，长大后做成棺材；将我的眼睛挖出来挂在东门上，让我亲眼看见越国是如何灭掉吴国的。"

【原文】

8. 赵嘉仕宦不得志，有重疾，卧蓐七年，自虑奄忽，乃敕兄子曰："大丈夫生世，遁无箕山操，仕无伊吕勋，天不我与，复何言哉！可立一石于吾墓前，铭曰：汉有逸人，姓赵名嘉。有志无时，命也奈何！"

【译文】

赵嘉仕途上很不得意，又得了重病，卧床七年，自知来日无多，就对哥哥的儿子说："大丈夫生在世上，没有箕山许由那样的操守，做官没有伊尹、姜尚二人那样的功绩，老天都不愿意帮助我，真的没什么可说的了！你可以在我的坟墓前立上一块墓碑，上刻铭文：汉有逸人，姓赵名嘉。有志无时，命也奈何！"

【原文】

9. 苏峻迁历阳太守，诏书征峻，峻曰："台下云我反，反岂得活邪？我宁山头望廷尉，不能廷尉望山头。"

【译文】

苏峻在历阳当太守时，皇帝下诏书招安，苏峻说："你说我造反，造反能够活下去吗？我宁肯独占山头远远望着官府的牢狱，也不愿意在官府的牢狱里再指望着独占山头。"

【原文】

10. 和州士人杜默，累举不成名。因过乌江，入谒项王庙。时正被酒沾醉，才烂香拜讫，径升偶坐，据神颈，捬①其首而恸，大声语曰："大王有相亏者：英雄如大王而不能得天下，文章如杜默而进取不得官，好亏我！"语毕而泪如迸泉。庙祝拉杜下，视神目，泪亦涌出。

【注释】

①捬：拍打。

【译文】

和州人士杜默，多次考试都落榜。有一次路过乌江，就去拜谒项王庙。当时他喝酒有些醉意朦胧，上完香就叩拜，径直登上神座和项羽并排坐在一起，他搂着神像的脖子，拍着他的脑袋失声痛哭，大声说："大王您真是很冤呀，您英雄盖世却不能够统一天下，我杜默写出这样的好文章却不能够考取功名，真的不公啊！"说完后就泪如泉涌。庙祝看见后把他拉下来，看了看神像的眼睛，也流出泪水来。

【原文】

11. 阮光禄闻何次道为宰相，叹曰："我当何处生活？"

【译文】

东晋的阮裕（字思旷）听说何充道做了宰相，感叹说："我该到哪里去讨生活呢？"

【原文】

12. 桓玄败后，殷仲文还为大司马咨议，意似二三。司马府厅前有一老槐，甚扶疏①。殷因月朔，与众共视而叹曰："槐树婆娑，无复生意！"

【注释】

①扶疏：枝权分散状。

【译文】

桓玄篡权失败以后，殷仲文上表请罪得到晋安帝的原谅，做了大司马的幕僚，但是对朝政已经心不在焉。司马府门前有一棵老槐树，枝权呈现出分散状。殷仲文在大年初一那一天，与人们一起观看并感叹说："槐树衰败已经毫无生机了。"

【原文】

13. 殷仲文素有名望，自谓必当阿衡朝政，忽作东阳太守，意甚不平。及之郡，至富阳，慨然叹曰："看此山川形势，当复出一孙伯符！"后果以反诛①。

【注释】

①诛：杀。

【译文】

殷仲文一向都很有威望，自认为可以掌权当政，忽然有一天让他做东阳太守，感到心中不平。等到他前去上任的时候，到了富阳，慨然感叹说："看这山川地势，可能还会出现一个孙策！"后来他果然因造反而被诛杀了。

【原文】

14. 阮籍登广武而叹曰："时无英雄，使竖子成名。"

阮籍登上了广武城感叹说："可能是因为当时没有英雄豪杰，而让刘邦成名了。"

【原文】

15. 梅侍读晚年躁于禄位而病足，常抚其足而詈曰："是中有鬼，令我不至两府者，汝也！"

【译文】

北宋的翰林侍读学士梅询晚年非常贪图官位利禄，但是脚有疾病，他常常抚摸着脚，感叹道："一定是这里面有鬼，才让我坐不到两府的位置上！"

【原文】

16. 桓公卧语曰："作此寂寂，将为文、景所笑！"既而屈①起坐曰："既不能流芳后世，亦不足复遗臭万载邪？"

【注释】

①屈：弯身。

【译文】

东晋的桓温卧在床上对人说："整天这样孤寂的待着，将会被汉文帝、汉景帝所取笑！"过了一会儿又弯腰坐起，说："既然不能流芳百世，遗臭万年总可以吧。"

【原文】

17. 王孝伯问王大："阮籍何如司马相如？"王大曰："阮籍胸中垒块，故须酒浇之。"

【译文】

东晋的王恭（字孝伯）问王忱说："阮籍和司马相如相比谁更优秀？"王忱说："阮籍胸中郁积有不平之气，因此要用酒来浇灭。"

【原文】

18. 太元末，长星见，孝武心甚恶之。夜，华林园中饮酒，举杯属星，云："长星！劝尔一杯酒。自古何时有万岁天子？"

东晋孝武帝太元末年，天上有彗星出现，孝武帝心里非常厌恶。夜里，他独自到华林园中饮酒，举杯敬了星星一杯，说："彗星！我敬你一杯酒。自古以来哪有活到万岁的天子？"

【原文】

19. 郭恕先时与役夫小民市肆饮食，曰："吾所与游，皆子类也。"

【译文】

郭恕先与仆役、市井小民们一起在店铺里吃喝时，说："我所交往的人都是你们这一类人。"

【原文】

20. 丘车骑初领骁骑将军，不乐武位，谓人曰："我还东掘顾荣冢，江南地数千里，士子风流，皆出其中。顾忽引诸伧渡，防①我辈涂辙。"

【注释】

①防：阻碍。

【译文】

南朝的宋人丘灵鞠刚刚被封为骁骑将军，他不喜欢做武官，对人说："我要去江东挖顾荣的坟，江南地区数千里，走出来很多风流士子。顾荣却引荐了很多北方人南渡，妨碍了我辈的前途。"

【原文】

21. 虞仲翔放弃南方，谓人曰："生无可与语，死以青蝇为吊客。使天下一人知己者，足以不恨①。"

【注释】

①恨：遗憾。

【译文】

虞仲翔被放逐到南方，对人说："活着没有可以说话的人，死后却要以青蝇为吊客。倘若能够得到一个知己，那么就没什么可遗憾的了。"

【原文】

22. 王彦深不为群从所礼，常怀耻慨，欲以将领自奋，每抚刀曰："龙泉、太阿，汝知我者！"

【译文】

  王彦深得不到侄子们的尊重，常常感到耻辱与愤慨，就以未来可以当将领激励自己，他经常用手抚摸着刀说："龙泉剑、太阿剑，只有你们是我的知己！"

【原文】

  23. 萧南郡除少府，意甚不得，寺内所住斋前有故种花草甚美，悉令划除，列种白杨树，每谓人曰："人生不得行胸怀，虽寿百岁，犹为夭①也！"

【注释】

  ①夭：短命。

【译文】

  南朝的宋人萧惠被任命为少府，心里非常不满，他所居住的斋房前原本栽种有很多漂亮的花草，他让人全部铲除，种上白杨，常常对人说："人活着难以实现自己的抱负，就算活到一百岁，也是不长命的人！"

【原文】

  24. 王融自恃人地，三十内望为公辅。夜直中书省，叹曰："作此寂寂，使邓禹笑人。"（禹年二十四封酂侯）。

【译文】

  王融自认为高人一等，希望三十岁就能够成为公辅重臣。夜里在中书省值班的时候，感叹说："像我这样籍籍无名，会让邓禹所耻笑。"（邓禹二十四岁时被封为酂侯）

【原文】

  25. 毛伯成既负其才气，常云："宁为兰摧玉折，不作萧敷艾荣！"

【译文】

  毛伯成自以为自己才华过人，常常说："我宁可做被折断的兰花、破碎的玉石，也不愿意像野艾草那样茂盛！"

【原文】

  26. 庾公欲起周子南，子南固辞。庾每诣周，庾从前门入，周从后门出。

庾尝一往奄至，周去不及，终日相对。庾从索食，周出蔬食，庾虽强^①饭，意思极欢；与语世故，约相推引，同佐世难。既仕至二千石而不称意，中宵慨然曰："大丈夫乃为庾元规所卖!"一叹，遂发背而死。

【注释】

①强：勉强。

【译文】

庾亮想让周子南出来做官，周子南坚辞不肯。庾亮经常去拜访周子南，庾亮从前门进入，周子南从后门出来。庾亮有一次突然来到，周子南躲闪不及，就和他对坐了一天。庾亮索要了一些食物，周子南拿出一些蔬菜饭菜，庾亮勉强下咽，但是已经很高兴了；他不仅同周子南讲了一些人情世故，还说会举荐他，与他一起来挽救国家危亡。后来周子南做了大官，俸禄两千石却感到不满意，一日，半夜里大声感叹说："我堂堂大丈夫竟然被庾亮所出卖!"叹息之后，背疾突发，没过多久就死了。

【原文】

27. 罗逸平生多读书，不能自润^①，每叹曰："男儿在世，场场皆当历过。吾历贫而未历富，历贱而未历贵。虞卿寂寂，岂男儿久为耶？当觅东街一洒以完结此心耳。"

【注释】

①润：收益。

【译文】

罗逸平生读了很多书，不能养活自己，常常感叹说："男儿在世，应该多经历一些。我经历过贫穷而没有经历过富裕，经历过低贱还没经历过富贵。难道男儿们要长久度过虞卿这样孤独寂寥的日子吗？我应当到东街一醉方休，来完成自己的心愿。"

【原文】

28. 王维宁过卖棺肆，叹曰："人生不能得金紫封骨，死何用此为？"

【译文】

王维宁有一次路过棺材铺，感叹说："人生前不能得到金印紫绶，那么死了用它还有什么意义？"

辩
语
第
十
五

【原文】

　　吴苑曰：辩者无锋不摧，无坚不入。彼以直来，我以横往；彼以顺加，我以逆受。此涕唾之战场也，故战国称为辩士。辩之有似于争，君子无所争而取之，可乎？曰：不。审问之、明辩之之语，圣人已垂令教，盖不辩无以明格，斯辩亦近道矣。强词曰：其辩也，君子奚害焉！乃次辩语第十五。

【译文】

　　吴苑说：善于辩论的人，无锋不摧，无坚不入。对方直着来，我就横着去；对方顺着加，我就逆着忍受。这是口舌之战的战场，因此战国称之为辩士。辩论就好像争斗，君子没有什么争斗而要辩论，可以吗？回答说：不可以。细致地盘问，明确的辨析，圣人早就这样明白地教诲过我们。因为不辩论就难于明辨是非，这种辩论就接近于道了。武断一点说：善于辩论的人原是君子，有什么害处呢？于是就将辩语列为第十五类。

【原文】

　　1. 刘贡父一日问苏子瞻："'老身倦马河堤永，踏尽黄榆绿槐影'，非阁下之诗乎？"子瞻曰："然。"贡父曰："是日影耶，月影耶？"子瞻曰："'竹影金锁碎', 又何尝说日月也?" 刘不能答。

【译文】

刘攽有一天问苏轼:"'老身倦马河堤永, 踏尽黄榆绿槐影'这是阁下的诗吗?"苏轼说:"是的。"刘攽说:"这里的影子是日影还是月影?"苏轼说:"'竹影金锁碎', 从何说起过是日影还是月影?"刘攽不再回答。

【原文】

2. 荀慈明与汝南袁少朗相见, 问颍川士, 慈明先及诸兄。少朗叹之曰:"但可私亲而已。"慈明答曰:"足下相难, 依据何经?"少朗曰:"问国士, 始及诸兄, 是以尤之。"慈明曰:"昔祁奚内举不失其子, 外举不失其仇, 以为至公。公旦、周文王之诗, 不论尧舜之德而颂文武者何? 先亲之义。春秋之义, 内其国而外诸夏。且不爱其亲而爱他人者, 不当以是悖①德乎?"

【注释】

①悖: 违背。

【译文】

荀慈明与汝南的袁少朗一起聊天, 袁少朗问荀慈明颍川有哪些人才, 荀慈明首先提及各位兄长。袁少朗感叹着说:"您仅仅是偏爱自己的亲人罢了。"荀慈明回答道:"您这样说, 依据什么呢?"袁少朗说:"问到一方的杰出人士, 您首先提及自己的亲人, 我认为这样做不太合适。"荀慈明说:"过去祁奚举荐人才, 对内没有忘掉自己的儿子, 对外没有漏掉仇人, 被认为是最公正的。周公旦是周文王的儿子, 他的诗歌没有讨论到尧舜的功德而是歌颂文帝、武帝的功德, 这是为什么呢? 这就是首先重情义的原则。《春秋》的原则是把周王室当作内, 把其他诸国当作外。况且不爱自己的亲人而去爱一些外人, 这不是违背伦理纲常吗?"

【原文】

3. 高定, 年七岁, 读《尚书》至《汤誓》, 问父曰:"奈何以臣伐君?"答曰:"应天顺人。"又问曰:"用命赏于祖, 不用命戮于社, 岂是顺人?"父不能对。

【译文】

高定七岁的时候, 在《尚书》中读到《汤誓》这一篇后, 问父亲:"为什么臣子要讨伐君主呢?"父亲回答:"这是顺应天命与人心。"高定又问:"谁服从命令就在祖宗神位前接受赏赐，谁不服从命令就要在社神牌位前被杀戮，难道这也是所谓的顺应人心？"父亲无言以对。

【原文】

4. 杨修九岁，甚聪惠。孔君^①平诣其父，不在。修为君平修果，有杨梅，君平曰："此实君家果。"修应声答曰："未闻孔雀是夫子家禽也。"

【注释】

①孔君：孔坦（285—335年），字君平，孔子第二十六代后人。晋元帝年间，建议申明贡举之制，崇修学校。死赠光禄勋。

【译文】

杨修九岁时，非常聪慧。孔坦去拜访他的父亲，他父亲不在。杨修就拿出水果招待孔坦，水果里有杨梅，孔坦说："这真是你家的水果。"杨修应声回答："从来没有听说过孔雀是孔子家的家禽。"

【原文】

5. 东晋光禄祖纳^①，少孤苦，性至孝，常自为母炊爨作食。王平北闻其常亲供养，乃以二婢饷之，因以为吏。人有戏之者曰："奴价倍于婢。"祖答曰："百里奚亦何必轻于五羖之皮邪？"

【注释】

①祖纳：祖纳，生卒年不详，字士言，范阳（今涞水县）人。镇西将军祖逖之兄。官至光禄大夫。西晋时期大臣，擅长围棋。

【译文】

东晋的光禄大夫祖纳，少年时代非常贫苦，但是非常孝顺，常常亲自为母亲烧火做饭。平北将军王乂听说这件事后，就送给他两位婢女，并任命他为从事郎中。有人就开玩笑对他说："奴仆的价格是婢女的两倍。"祖纳回答说："难道百里奚就一定要贱过五张羊皮吗？"

【原文】

6. 齐刘绘为南康郡，郡人郏类所居，名秽里。绘戏之曰："君有何秽而居秽里？"答曰："未审仲尼有何阙而居阙里。"

【译文】

南齐的刘绘曾经做南康郡的太守，郡里有个叫郏类的人居住在秽里。刘绘就开玩笑说："你做了什么龌龊的事情居住在秽里？"郄类回答说："我从来没有听过孔子是因为缺失了什么而居住在阙里。"

【原文】

7. 王浑①平吴之日，登建业宫酾酒，既酣，谓吴人曰："诸君亡国之余，得无戚乎？"时周子隐答曰："汉末崩分，三国鼎立，魏灭于前，吴灭于后。亡国之戚，岂惟一人？"王有惭色。

【注释】

①王浑：王浑（223—297年），字玄冲。太原郡晋阳县（今山西太原）人。三国曹魏至西晋初年名臣，东汉代郡太守王泽之孙、曹魏司空王昶之子。

【译文】

西晋的王浑平定吴国后，在建业宫大摆宴席，喝到酣畅的时候，对吴国人说："吴国灭亡以后，各位作为旧臣，难道没有什么感到悲伤的吗？"当时周子隐回答说："汉末分崩离析，形成三国鼎立的局势，魏先灭，吴后灭。亡国的悲哀，是魏和吴共同的悲哀。"王浑听后面露愧色。

【原文】

8. 岳柱年八岁时，观画师何澄画《陶母剪发图》，指陶母手中金钏诘①之曰："有此可易酒，何用剪发？"何大惊，即易之。

【注释】

①诘：问。

【译文】

岳柱八岁的时候，观看画师何澄在画《陶母剪发图》，指着陶母手中的金钏问："既然这个东西可以换酒，为什么要去剪发呢？"何澄大为吃惊，于是就改了画的内容。

【原文】

9. 曾有白头鸟集吴殿前，孙权问群臣："此何鸟也？"诸葛元逊①对云："此名白头翁。"张辅吴自以坐中最老，疑元逊戏之，因曰："恪欺陛下，未尝闻鸟名白头翁者，试使恪复求白头母。"元逊曰："鸟名鹦母，未必有父，试使辅吴复求白头父。"昭不能答。

①诸葛元逊：诸葛恪（203—253 年），字元逊，琅琊阳都（今山东沂南）人。三国时期东吴权臣，蜀汉丞相诸葛亮之侄，东吴大将军诸葛瑾长子。

【译文】

曾经有一只白头鸟落在吴国的宫殿前，孙权就问下面的大臣们："这是一只什么鸟？"诸葛恪回答说："这只鸟叫白头翁。"张辅吴是在座中年纪最大的一位，以为诸葛恪是在指桑骂槐戏弄他，于是就说："诸葛元逊是在欺骗陛下，从来没有听说过白头翁这种鸟，如果真有，那么就请诸葛元逊再寻找一只白头母来。"诸葛恪说："有种鸟叫鹦母，未必有鹦父，可以请求张辅吴再寻找出一个鹦父来。"张辅吴无言以对。

【原文】

10. 某令贪，监司欲斥之。陈渠为中丞，欲解①之，谓曰："此地穷苦，不比贵乡，墨不满橐也。"监司曰："盗劫贫家，岂得无罪？"

【注释】

①解：解救。

【译文】

某县令贪污，监司想要罢免他。陈渠是中丞，想解救他，对监司说："这个地方贫瘠穷苦，与那些富庶地区没法比，贪污所得的财物还装不满一个口袋。"监司说："他偷盗了贫困人家，难道无罪？"

【原文】

11. 王右军与谢太傅共登冶城。谢悠然远想，有高世之志。王谓谢曰："夏禹勤王，手足胼胝；文王旰食，日不暇给。今四郊多垒，宜人人自效。而虚谈废务，浮文妨要，恐非当今所宜。"谢曰："秦任商鞅，二世而亡，岂清言致患邪？"

【译文】

王羲之与谢安共同登上冶城的城墙。谢安悠然遐想，有超然物外的志向。王羲之对谢安说："夏禹为王事而操劳，手脚都起了老茧；文王为了国事，常常忙得没有时间，直到很晚才能吃饭。现在四周有很多营垒，每个人应该效仿他们两人。而不要去谈论那些虚浮的事务，也不要用浮夸的文章来影响大事，这些事情现在都不要做。"谢安说："秦国任用商鞅，二世而亡，难道是因为清淡招来的灾难吗？"

【原文】

12. 东坡尝举"坡"字问荆公何义，公曰："'坡'者土之皮。"东坡曰："然则'滑'者水之骨乎？"荆公默然。

【译文】

苏轼曾经举出"坡"字问王安石什么意思，王安石说："'坡'就是土的皮肤。"苏轼说："这么说来'滑'就是水的骨头吗？"王安石无言以对。

【原文】

13. 边文礼①见袁奉高，失次序。奉高因嘲曰："昔尧聘许由，面无怍色，先生何为颠倒衣裳？"文礼答曰："明府初临，尧德未彰②，是以贱民颠倒衣裳耳。"

【注释】

①边文礼：边让（？—192年），字文礼，年少时，博学善辩，又能写文章，曾作《章华赋》，因此名噪一时。后被曹操所杀。

②彰：显现。

【译文】

边让见袁奉高，显得手足无措。袁奉高因此嘲笑他说："过去尧聘用许由的时候，并没有羞愧的神色，先生现在为什么会如此慌乱？"边让回答说："太守刚到这里，尧帝的品德还没有显现出来，因此我才方寸大乱。"

【原文】

14. 陈太丘寔，与友人期行，过期不至，太丘舍去，去后乃至。其子元方年七岁，在门外戏。客问元方："尊君在不？"答曰："待君不至，已去。"友人便怒曰："非人哉！与人期行，相委而去。"元方曰："君与家君期日中。过时不来，则是无信；对子骂父，则是无礼。"友人惭，下车引之。元方遂入门不顾。

【译文】

东汉的太丘长陈寔，相约与友人同行，过了约定的时间友人没来他就独自离去，等他走后友人才来到。他的儿子陈元方当时七岁，在门外玩耍。友人就问陈元方："你的父亲在吗？"他回答说："看到您没有来就独自离去了。"友人愤怒地说:"他不配做人! 和他人约好了一起走结果却独自离去。"陈元方说:"您与我的父亲约好了时间,过了时间没有来就是言而无信;而且还当着儿子骂他父亲,则是无礼。"友人听后很惭愧,下车拉着他的手以示歉意。陈元方于是就进门不再理他。

【原文】

15. 光武帝召第五伦访政事,因戏谓曰:"闻卿为吏,挝妇翁,宁有之耶?"对曰:"臣三娶妻皆无父。"帝大笑。

【译文】

东汉的光武帝召见第五伦,向他咨询政事,并且嘲笑他说:"我听说您做衙史的时候打过您的岳父,确有此事吗?"他回答说:"我娶过三位妻子都没有父亲。"光武帝听后哈哈大笑。

【原文】

16. 倪文毅岳,五岁侍父文僖。父曰:"天上更有天。"对曰:"地下更有天。"父笑曰:"下子妄言,地下安得有天?"对曰:"卵白岂止一面?"

【译文】

倪岳五岁时,有一次待在父亲倪谦的身边,父亲说:"天上更有天。"他回答说:"地下更有天。"父亲笑着说:"小子怎么能乱说,地下怎么能有天?"他回答说:"鸡蛋难道仅一面有蛋清吗?"

【原文】

17. 余肃敏公为户部郎,尝有两势家争田,未决,部檄公理之。甲以其地名与己姓同,合是故产。公曰:"未闻有姓张者讼张家湾。"

【译文】

余肃敏担任户部侍郎的时候,曾经有两个有权势人家相互争夺田地,没有结果,就让余肃敏来评判这件事情。其中一方认为地名与自己的姓氏相似,所以应该是自己的财产。余肃敏说:"从来没有张姓人家打官司争夺张家湾这么一说。"

【原文】

18. 张敞为妇画眉,长安中传张京兆眉怃。有司以奏,上问之,对曰:"闺房之内，夫妇之私，有过于画眉者。"上爱其能，弗①责也。

【注释】

①弗：不。

【译文】

张敞为妻子画眉毛，长安城盛传他画眉毛画得非常漂亮，有关部门就把这事禀报给了皇上。皇上问张敞怎么回事，他回答说："闺房之内的事情，夫妻之间的私情，肯定有比画眉更为重要的。"皇上爱惜他的才华，没有责备他。

【原文】

19. 刘恕年四岁，颖悟俊拔。坐客有言孔子无兄弟者，恕应曰："'以其兄之子妻之'，非兄乎？"

【译文】

刘恕四岁时天资聪慧，智力超群，在座的人中有人说孔子没有兄弟，刘恕回答说："'他妻子的兄长'，不就是他的兄长吗？"

【原文】

20. 淮海周辉，与人论臭腐化神奇，或云无是理，周曰："药中秋石，何自而出？"

【译文】

淮海人周辉与他人争论化腐朽为神奇这个命题，有人说："根本就不成立。"周辉说："如果真是这样，那么药中的秋石，从哪里来的呢？"

【原文】

21. 王绪为大将，令军中无得以老弱自随，犯者斩。王潮兄弟独扶其母，绪责之曰："军皆有法，未有无法之军。"三子曰："人皆有母，未有无母之人。"乃释之。

【译文】

王绪为大将军时，他命令在军中不能携带年迈体弱的家属，违反者要被处死。王潮兄弟仍然在军中抚养自己的母亲，王绪责骂他说："军有军法，没有无法纪的军队。"三个孩子说："人们都有母亲，没有无母亲的人。"王绪于是就释放了他们。

22. 王圣美为县令，未知名。谒一达官，值其方与客谈《孟子》，不顾^①圣美。久之，忽顾圣美曰："尝读《孟子》不？"圣美对曰："生平爱之，但都不晓其义。"主人问何不晓？曰："'孟子见梁惠王'，已不晓此语。"达官深讶之，曰："此有何奥义？"圣美曰："既云'不见诸侯'，因何见梁惠王？"

【注释】

①顾：理睬。

【译文】

　　王圣美做县令时还籍籍无名，他去拜访一位大官，正好遇到这位大官与客人讨论《孟子》，没有理睬王圣美。过了一会儿，忽然对王圣美说："你读过《孟子》吗？"他回答说："一生都在读，但不理解其中的意思。"主人问有什么不懂的？他回答说："孟子见梁惠王，我不知道这话的意思。"大官听后非常惊讶，说："这有什么深奥的？"王圣美说："既然上面说'不见诸侯'，为什么又要去见梁惠王？"

【原文】

23. 李勉为司徒平章事，一日，德宗谓勉曰："众人皆言卢杞奸，朕何不知？"勉对曰："陛下不知，所以为奸也。"

【译文】

　　唐代的李勉为司徒平章事时，有一天，唐德宗对李勉说："大家都说卢杞是奸佞之人，我为什么不知道呢？"李勉回答说："正因为陛下不知道，所以他才奸佞啊。"

【原文】

24. 周彬不治财产，服膺儒学。其妻让之曰："汝家兄弟能力稼穑，囊箱丰盈，汝之不调，无思悔。毕向何如？"及先主镇金陵，彬囊文往谒，锡赉颇厚。归，以所锡金帛陈于庭前，谓妇曰："吾今与伯叔何如优胜？"妇曰："男子之事，非女子所能知。"

【译文】

　　周彬不钻研生财之道，只是潜心研究儒学。他的妻子责备他说："你家兄弟能够努力耕耘，箱柜里装满财物，你这样不思进取，将来会有什么出息呢？"等到南唐烈祖李昪镇守金陵的时候，周彬拿着自己的文章前去拜见，李昪赏赐给他非常多的财物，回家后他把这些财物陈列在院子里，对妻子说："我现在和兄弟们比较谁更优秀呢？"妻子说："男人的事，是女人理解不了的。"

【原文】

25. 御史大夫李承嘉尝让①诸御史曰："近御史言事，不咨大夫，礼乎？"萧至忠曰："故事：台中无长官。御史，人君耳目，比肩事主，得自弹事。若先白大夫，则弹大夫先白谁耳？"

【注释】

①让：责备。

【译文】

唐代的御史大夫李承嘉曾经责备御史们，说："近来御史向皇上奏事，没有询问士大夫，合乎礼仪吗？"萧至忠说："御史台没有长官。御史是皇上的耳目，大家平等的为皇上效力，可以自主弹劾人物事件。如果先向士大夫报告，那么弹劾士大夫时，先向谁报告呢？"

【原文】

26. 嵇中散语赵景真："卿瞳子白黑分明，有白起之风，恨量小狭。"赵云："尺表能审玑衡之度，寸管能测往复之气，何必在大！"

【译文】

三国时魏人嵇康对赵景真说："你的眼睛黑白分明，有白起的风范，可惜身材小了些。"赵景真说："一尺长的日晷可以测量巨大的天体，一寸长的律管可以测量气候的变化，何必非得要高大呢？"

【原文】

27. 王荆公初参政，视庙堂如无人。一日，争新法，怒目诸公曰："君辈坐①不读书耳。"赵清简公同参知政事，独折之曰："君言失矣。如皋、夔、稷、契之时，有何书可读？"公默然。

【注释】

①坐：因为。

【译文】

王安石刚开始参政的时候，在朝廷上目中无人。一天，为推行新法，他怒视各位大臣说："你们这些人正是因为不读书才一事无成！"赵清简公当时和他同任参知政事，独自反驳说："您的话不妥当。比如皋、夔、稷、契的时候，有什么书可读呢？"王安石哑口无言。

【原文】

28. 诸葛玄在西朝，少有清誉，为王夷甫所重，时论亦以拟王。后为继母族党所谮①，诬之为狂逆，将远徙，友人王夷甫之徒，诣槛车与别。玄问："朝廷何以徙我？"王曰："言卿狂逆。"玄曰："逆则应杀，狂何以徙？"

【注释】

①谮：陷害。

【译文】

西晋的诸葛玄，年少名声就很好，被王衍所器重，当时坊间议论他有帝王之相。后来他被继母家族的人所陷害，污蔑他为狂徒，要将他流放到很远的地方。王衍及朋友们，来到囚车前与他作别，他问："朝廷为什么要流放我？"王衍说："他们说你太狂妄。"他说："如果是逆反，应该被杀死，我只是狂妄，为什么要被流放？"

【原文】

29. 郗司空①拜北府，王黄门诣郗门拜，云："应变将略，非其所长。"骤咏不已。郗仓谓嘉宾曰："公今日拜，子猷言语殊不逊，深不可容！"嘉宾曰："此是陈寿作诸葛评。人以汝家比武侯，复何所言？"

【注释】

①郗司空：郗愔（313—384年），字方回，高平金乡（今山东省金乡县）人，东晋太尉郗鉴长子，王羲之的内弟，在东晋官至平北将军、徐兖二州刺史。

【译文】

东晋的郗愔被任命为北中将郎，王羲之前去郗家祝贺，说："应变将略，非其所长。"不停地赞叹。郗愔的第二个儿子叫郗仓，对前来祝贺的宾客说："今天是家父的吉日，王大人出言不逊，真是难以容忍！"嘉宾说："这是陈寿对诸葛亮的评论，人家把你父亲比作武侯，有什么可抱怨的呢？"

【原文】

30. 鸿胪卿孔群好饮酒。王丞相语云："卿何为恒饮酒？不见酒家覆瓿布，日月糜烂？"群曰："不尔。不见糟肉，乃更堪①久。"

①堪：经受。

【译文】

鸿胪卿孔群喜欢喝酒，王丞相对他说："你喝酒为什么没有节制，难道你就没见到酒家盖坛子的布日渐腐烂吗？"孔群说："不是，你没见过用酒腌过的肉放的时间更长久吗？"

【原文】

31. 许允为吏部郎，多用其乡里，魏明帝遣虎贲收之。其妇出诫允曰："明主可以理夺，难以情求。"既至，帝核问之。允对曰："'举尔所知'。臣之乡人，臣所知也。"

【译文】

许允担任吏部侍郎，多用同乡做官员，后来被人举报，魏明帝派遣虎贲去抓捕他。临行前，他的妻子告诫许允说："在贤明的君主面前可以用道理来说明一些事情，不是靠求情感化的。"到了宫里后，魏明帝询问他，他回答说："《论语》中说'选拔官员要举荐你所了解的人'。我的老乡就是我所了解的人。"

【原文】

32. 许允妇是阮卫尉女，奇丑。初婚时，允既见，即欲出。妇料其此出必无入理，便捉裾停之。许因谓曰："妇有四德，卿有其几？"妇曰："新妇所乏，唯容尔。然士有百行，君有几？"许云："皆备。"妇曰："夫百行以德为首，君好色不好德，何谓皆备？"允有惭色，遂相敬重。

【译文】

许允的老婆是三国卫尉卿阮共的女儿，长相非常丑。刚结婚时，许允见了她就想跑。妻子料到他一旦跑出去必定不回来，就抓住他的衣襟将他挽留。许允于是对她说："妇女有四德，你有几个？"妻子说："我唯独缺少容貌。然而士人有百行，您有几个？"许允回答说："我全都有。"妻子说："大丈夫百行以德为首，你好色却不看重德，还好意思说全都具备？"许允面露愧色，从此以后两人相敬如宾。

【原文】

33. 许玄度隐在永兴南幽谷中，每致四方诸侯之遗①。或谓许曰："尝闻箕山人，似不尔耳！"许曰："筐篚苞苴，故当轻于天下之宝耳！"

【注释】

①遗：馈赠。

【译文】

东晋的许询隐居在永兴南面的深谷中，常常收到四方官员们送来的礼物。有人对他说："我曾经听说箕山人好像不做这样的事情！"许询说："我收到的是些普通的东西，和帝王简直没法相比！"

【原文】

34. 殷荆州曾问远公："易以何为体？"答曰："易以感为体。"殷曰："铜山西崩，灵钟东应，便是易耶？"远公笑而不答。

【译文】

晋代的荆州刺史殷仲文向僧人惠远求教，问道："'易'的核心思想是什么？"惠远回答说："'易'的核心思想是感应。"殷仲文又问："铜山在西方崩裂，灵钟在东方回应，这难道就是'易'？"惠远笑而不答。

【原文】

35. 阮宣子以三语为王太尉掾，卫玠嘲之曰："一言可辟，何假①于三？"宣子曰："苟是天下人望，亦可无言而辟，复何假一？"

【注释】

①假：借用。

【译文】

阮宣子因为讲了三句精彩的话，被太尉王衍任命为掾吏，卫玠嘲笑他说："一句话就可以了，为什么要用三句？"阮宣子说："假如天下闻名的话，一句话不讲也可以被提拔，何必非得讲一句话呢？"

颖语第十六

【原文】

吴苑曰：舌之有颖，如弩之有机，天下之利物也。颖之于语，无类不有，惟谐、谑、机、辩之类居多。然四语已有部领，即四语中有具颖者，而颖部无与焉，以其有四部也。惟其不能入谐谑机辩之语，斯成颖语矣。乃次颖语第十六。

【译文】

吴苑说：语言具有锋芒，就如同强弩上安装了机关，这就是天下极其锋利的工具。巧妙锋利的语言在各类中都存在，只不过是以谐、谑、机、辩四类最为多见。然而这四类语言已经有专类收录了，也就是说这四类中有巧妙锋利的语言在颖类中就不再收录了，已经具有了前面的四部，唯独不能收录入谐谑机辩四类，才形成了颖这一类。于是就排列在第十六位。

【原文】

1. 诸葛靓在吴，于朝堂大会，孙皓问："卿字仲思，为何所思？"对曰："在家思孝，事君思忠，朋友思信，如斯而已。"

【译文】

　　诸葛靓在吴国的时候，在一次朝堂大会上，孙皓就问："你的字叫仲思，都思考哪些内容呢？"他回答说："在家思考孝顺父母，侍奉君主的时候思考如何尽忠职守，对待朋友思考的是如何保持诚信，仅此而已。"

【原文】

　　2. 宋梁州范百年，因事谒明帝，帝言次，及广州贪泉，因问之曰："卿州复有此水不？"百年答曰："梁州唯有文川、武乡、廉泉、让水。"又问："卿宅在何处？"曰："臣居在廉、让之间。"

【译文】

　　南朝宋刘时的梁州人范百年，有事去拜访宋明帝，宋明帝谈话中谈到了广州的贪泉，于是就问："你住的地方有这样的泉水吗？"范百年回答说："梁州只有文川、武乡、廉泉、让水。"又问："你的住宅住在哪里？"他回答说："我就住在廉泉、让水之间。"

【原文】

　　3. 齐武帝尝谓群臣曰："我后当何谥？"莫有对者。王俭因目庾杲之对。杲之曰："陛下寿比南山，与日月齐明。千载之后，岂是臣之轻所度量？"

【译文】

　　南朝的齐武帝曾经对群臣说："我死后会得到什么谥号？"没有人能够作答。王俭于是就使眼色让庾杲之回答。庾杲之说："陛下寿比南山，与日月同辉。千万年之后，哪能是我们这些人所能度量的？"

【原文】

　　4. 王俭为吏部尚书，有客姓谭求官。曰："齐桓灭谭，那得有汝。"答曰："谭子奔莒，所以有仆。"

【译文】

　　王俭为吏部尚书，有个姓谭的客人前来求官。王俭说："齐桓公灭了谭国，怎么还会有你呢？"他回答说："谭子逃到莒国，所以才会有王俭。"

【原文】

　　5. 梁武帝尝以枣掷兰陵萧琛，琛仍取栗掷帝，正中面。帝动色言："汝那得如此？岂有说耶？"琛应声曰："陛下投臣以赤心，臣敢战栗于陛下。"

【译文】

南朝的梁武帝曾经拿枣子投兰陵人萧琛，萧琛就拿起栗子投梁武帝，正好去中梁武帝的面部。梁武帝勃然大怒："你为什么这样做，难道还有什么可解释的吗？"萧琛应声说："陛下投给我一颗红心，我就为陛下而感到战栗。"

【原文】

6. 萧琛尝于御座饮酒，属酒①北使员外常侍李道固，不受，曰："公庭无私礼，不容受卿劝。"众皆失色，恐无以酬。琛徐曰："《诗》所谓：'雨我公田，遂及我私。'"道固乃屈意受酒。

【注释】

①属酒：敬酒。

【译文】

萧琛曾在梁武帝的宫廷宴席上，向北使员外常侍李道固敬酒，李道固没有接杯，说："皇宫里没有私礼，所以不允许我接受。"在座的人都脸色大变，担心萧琛不知如何应对。萧琛说："《诗》所谓：'雨我公田，遂及我私。'"李道固非常不情愿喝了这杯酒。

【原文】

7. 张后胤在并州，太宗尝就受《春秋》。后因诏入赐宴，言及平昔，从容谓曰："今日弟子何如？"后胤对曰："昔孔子领徒三千，达者无子、男之位。臣翼赞一人，即为万乘主。计臣此功，逾于先圣。"太宗大悦。

【译文】

张后胤在并州时，唐太宗李世民曾经跟他学过《春秋》。后来唐太宗召他入宫，赏赐酒宴，交流中谈论到过去的事情，唐太宗从容地对他说："现在弟子怎么样呢？"张后胤回答："昔日孔子带了三千个徒弟，显达之人中没有达到子爵、男爵职位的。我只辅助了一个人就成为皇上。要论功绩，我远远超过圣人。"唐太宗听后非常高兴。

【原文】

8. 崔正雄①谒都郡，都郡将姓陈，问正雄："君去崔杼几世？"答曰："民去崔杼，犹明府之去陈恒。"

【注释】

①崔正雄：崔豹，生卒年不详，字正雄，西晋渔阳郡（今北京市密云区西南）人，晋惠帝时官至太子太傅丞，撰有《古今注》三卷。

【译文】

崔豹到郡城去走访，郡城的郡将姓陈，问崔豹："您距离崔杼有几代？"他回答说："我距离崔杼与您距离陈桓公的代数是一样的。"

【原文】

9. 唐张林言：毁佛寺，分遣御史检天下所废寺及收录金银佛像。有苏监察者，巡检两街诸寺，见银佛一尺以下者，多袖①之而归，人谓之"苏捏佛"。或问温庭筠将何对，温应声曰："无以过密陀僧。"

【注释】

①袖：藏在袖子里。

【译文】

根据唐代张林所言：当初灭佛时，佛寺毁坏的很严重，朝廷就派遣御史检查天下废弃的寺院且登记并没收金银佛像。有个姓苏的监察，巡查街道两边的佛寺，看到有一尺以下的银佛，就藏在袖子里带走，人们称他是"苏捏佛"。有人就问温庭筠用什么来跟"苏捏佛"对成对子，温庭筠应声说："没有比'密陀僧'更适合的了。"

【原文】

10. 钟毓、钟会少有令誉。年十三，魏文帝闻之，语其父钟繇曰："令卿二子来。"于是敕见。毓面有汗，帝问曰："卿面何以汗？"毓对曰："战战惶惶，汗出如浆。"复问会："卿何以不出汗？"对曰："战战栗栗，汗不得出。"

【译文】

钟毓、钟会兄弟二人，年少时就扬名天下。当时钟毓十三岁，魏文帝曹丕听说后，就对他的父亲钟繇说："让你的两个儿子过来一下。"于是就召见了他们。钟毓脸上有汗，魏文帝就问："为什么你的脸上有汗？"钟毓回答说："战战惶惶，汗流得像浆液。"魏文帝又继续问钟会："为什么你的脸上没有汗？"钟会回答说："战战栗栗，吓得不敢出汗。"

【原文】

11. 晋武帝始登阼^①，探策得"一"，王者世数，系此多少。帝既不说，群臣失色，莫能有言者。侍中裴楷进曰："臣闻：天得一以清，地得一以宁，侯王得一以为天下贞。"帝说，群臣叹服。

【注释】

①登阼：登基。

【译文】

晋武帝刚刚登上皇位时，求签求了一个"一"，王位能够传几代，跟这个数字密切相关。晋武帝很不高兴，群臣们吓得变了脸色，没有人能够回复。侍中裴楷进言说："臣听说：天得一可以洁净，地得一可以沉静，侯王得一能成为天下最高领袖。"晋武帝听后非常高兴，群臣深表叹服。

【原文】

12. 钟繇昼寝，二子毓、会共偷服散酒。繇时觉，且假寐^①以观之。毓拜而后饮，会饮而不拜。既而问之，毓曰："酒以成礼，不敢不拜。"又问会何以不拜，会曰："偷本非礼，所以不拜。"

【注释】

①寐：睡觉。

【译文】

钟繇白天睡觉，他的两个儿子钟毓、钟会偷偷喝他的药酒。钟繇已经觉察到，但是依然假装睡觉来暗中观察。钟毓先是跪拜而后饮酒，而钟会则是饮酒但不跪拜。钟繇就问什么缘故，钟毓就说："酒是礼仪的表达方式，不敢不拜。"他又问钟会为什么不拜，钟会说："偷东西本来就不合乎礼仪，所以不拜。"

【原文】

13. 孙齐由、孙齐庄二人小时诣庾公，公问齐由何字？曰："齐由。"公曰："欲何齐邪？"曰："齐许由。"又问齐庄何字？曰："齐庄。"公曰："欲何齐耶？"曰："齐庄周。"公曰："何不慕仲尼而慕庄周？"答曰："圣人生知，故难慕。"庾公大喜。

【译文】

孙齐由、孙齐庄二人小时候一起看望庾亮，庾亮问齐由的名字叫什么？他回答说："叫齐由。"庾亮说："你想向谁看齐呢？"回答说："向许由看齐。"又问齐庄叫什么名字，回答说："叫齐庄。"庾亮说："你想向谁看齐呢？"回答说："向庄周看齐。"庾亮说："为何不去仰慕孔子而去仰慕庄周呢？"回答说："圣人是生来就无所不知的，因此难以仰慕。"庾亮听后非常开心。

【原文】

14. 蜀先主以伊籍为左将军从事中郎，使吴，孙权闻其才辩，欲逆折其辞。籍适入拜，权曰："劳事无道之君。"籍应声对曰："一拜一起，未足为劳。"吴主大惭。

【译文】

蜀国的刘备任命伊籍为左将军从事中郎，出使吴国的时候，孙权听说他能言善辩，想要挫一挫他的锐气。伊籍进来后向他跪拜，孙权说："你不辞辛劳去侍奉一个无道之君。"伊籍应声回复："一跪一起，算不上辛劳。"孙权非常惭愧。

【原文】

15. 陆机诣王武子，武子有百斛羊酪，指以示之曰："卿东吴何以敌此？"陆曰："有千里莼羹，未下盐豉耳！"

【译文】

陆机去拜访王济，王济有百斛的羊酪，他指着这些给陆机看："你们东吴之地什么东西可与之相比？"陆机说："我们千里江湖中有莼羹，只是没有放盐豉罢了。"

【原文】

16. 孔融与祢衡友厚，跌荡狂放。衡谓融曰"仲尼①不死"，融答曰"颜回②复生"。

【注释】

①仲尼：孔子。
②颜回：孔子弟子。

【译文】

孔融与祢衡感情很深，两人狂放傲慢。祢衡对孔融说"您是孔子不死之身"，孔融回答说"您是颜回再生"。

【原文】

17. 唐辛郁，管城人也，旧名太公。弱冠，遭太宗于行所，问何人，曰："辛太公。"太宗曰："何如旧太公？"郁曰："旧太公八十始遇文王，臣今适十八，已遇陛下，过之远矣。"

【译文】

唐朝的辛郁，管城人，旧名太公。二十岁时，在一次出行中遇到了唐太宗，唐太宗问他是谁，他回答说："辛太公。"唐太宗说："你与旧太公相比怎么样呢？"辛郁说："旧太公八十岁遇到了陛下，我才十八岁就遇到陛下，远远超过了他。"

【原文】

18. 李令伯常聘吴，吴主与群臣泛论道义，因^①言："宁为人弟。"令伯曰："愿为人兄。"吴主问："何愿为兄？"令伯答曰："为兄，供养之日长。"

【注释】

①因：有人。

【译文】

蜀国的李令伯曾经出使吴国，正好听见吴国君主与群臣们讨论道义的问题。有人说："我更愿做弟弟。"李令伯说："我更愿做兄长。"吴国的君主问："为什么要做兄长呢？"李令伯回答说："做兄长，就是为了长时间来供养父母。"

【原文】

19. 宋世祖尝赐谢中书庄宝剑，谢以与鲁爽送别。后鲁作逆，世祖尝因宴集，问剑所在，谢曰："昔日鲁爽别，窃为陛下杜邮之赐。"

【译文】

南朝的宋世祖曾经赐给中书令谢庄一把宝剑，谢庄又把它当作宝物送给了鲁爽。后来鲁爽逆反，宋世祖曾经在一次宴会上询问那把宝剑去向，谢庄说："过去与鲁爽送别，我已经替陛下赐他一死。"

【原文】

20. 张说女嫁卢氏，女尝为其舅^①求官，说不语，但指揩床龟示之。归告其夫曰："舅得詹事矣。"

【注释】

①舅：公公。

【译文】

唐代开元名相张说的女儿嫁给卢家，女儿想让父亲给公公谋个一官半职，张说没有说什么，只是指着床龟给她看。女儿回来后对丈夫说："公公将要担任詹事这一职位。"

【原文】

21. 耿九畴迁盐运使，有廉声。尝临水坐，有童子戏其旁，九畴曰："此水何清也？"童子应曰："尚不及使君之清廉。"

【译文】

耿九畴调任盐运使一职，非常廉洁。他曾经坐在水边，有小孩在他旁边嬉戏玩耍，耿九畴对小孩说："这水很清澈啊！"孩子回答道："不如您的品德清廉。"

【原文】

22. 解学士缙①童时，妇翁过其家，解父抱缙置椅上，妇翁曰："父立子坐，礼乎？"解应声曰："嫂溺叔援，权也。"

【注释】

①解学士缙：解缙（1369—1415年），字大绅，一字缙绅，号春雨、喜易，江西吉安府吉水（今江西吉水）人，明代大臣，文学家。

【译文】

大学士解缙很小的时候就被定了娃娃亲，岳父到他家里做客，解父把他抱在椅子上，岳父说："父亲站着，儿子坐着，合乎礼仪规范吗？"解缙应声说道："就好像嫂子落水小叔子去救，这仅是权宜之计罢了。"

【原文】

23. 王武子、孙子荆各言其土地人物之美。王云："其地坦而平，其水淡而清，其人廉且贞。"孙云："其山崔巍以嵯峨，其水汩渫而扬波，其人磊砢而英多。"

【译文】

王济、孙楚都说自己本地的风土人物很美。王济说："我们那里土地平坦，水淡而清澈，那里的人们廉洁有贞操。"孙楚说："我们那里大山巍峨又高峻，水扬波叠浪，那里的人们英俊而又健壮。"

【原文】

24. 周仆射伯仁，雍容好仪形，诣王公，初下车，隐①数人，王公含笑看之。既坐，傲然啸咏。王公曰："卿欲希嵇、阮邪？"答曰："何敢近舍明公，远希嵇、阮！"

【注释】

①隐：遮挡。

【译文】

两晋交替之际的名士周顗，雍容高贵，体格健壮。有一次他去拜访王导，刚下车就挡住了几个人，王导笑着看他。等坐好之后，傲然啸咏。王导说："难道你要效仿嵇、阮邪？"他回答说："我哪里敢舍弃近处的明公，效仿远处的嵇、阮邪！"

【原文】

25. 孙盛为庾公记室参军，从猎，将其二儿俱行。庾公不知，忽于猎场见齐庄，时年七八岁。庾谓曰："君亦复来邪？"应声曰："所谓'无小无大，从公于迈'。"

【译文】

孙盛是庾亮手下的记室参军，有一天跟随庾亮去打猎，他就带上自己的两个儿子一去前行。庾亮当时并不知道，忽然在猎场见到了齐庄，当时还是个七八岁的孩子。庾亮对他说："你也跟着来了吗？"两个孩子应声说道："所谓'无小无大，从公于迈'（臣没有尊卑，所以就跟随君主来了）。"

【原文】

26. 丁常任，毗陵人，淳熙间为郎。冬至日，上殿奏对。孝宗曰："晓来云物①甚奇，卿曾见不？"对曰："岂惟臣见之，四海万姓皆见之。"

【注释】

①云物：云彩。

【译文】

丁常任，毗陵人，宋孝宗淳熙年间任户部侍郎一职。冬至那天，他上殿回答皇上的问题。宋孝宗问："今天早上的云彩很奇美，你看见了吗?"他回答说："岂止我看见了，天下的百姓都看见了。"

【原文】

27. 袁相国履善六七岁时，与群儿^①戏，自称小相公。潞溪彭公见之，戏曰："愿为小相。"袁应声曰："窃比老彭。"

【注释】

①群儿：孩子们。

【译文】

相国袁履善六七岁时，与同龄的孩子们一起做游戏，自称小相公。潞溪人彭公看到以后，开玩笑说："我愿意成为傧相。"袁履善应声说道："窃比老彭。"

【原文】

28. 杨大年亿方与客棋，石曼卿自外至，坐于一隅。大年因诵贾谊赋向石曰："止于坐隅，貌甚闲暇。"石遽答云："口不能言，请对以臆。"

【译文】

北宋的杨亿正在与客人下棋，石延年（字曼卿）从外面走进来，坐在一边。杨亿就当着石延年的面朗诵贾谊的赋："止于坐隅，貌甚闲暇。"石延年马上用贾谊《鹏鸟赋》中："口不能言，请对以臆。"进行对答。

【原文】

29. 宋太祖初幸^①相国寺，至佛像前烧香，问当拜与不拜，僧录赞宁奏曰："不拜。"问其何故，对曰："见在佛不拜过去佛。"

【注释】

①幸：第一次。

【译文】

宋太祖第一次到相国寺的时候，到佛像前烧香，就问该不该去跪拜，僧官赞宁回答道："不必跪拜。"宋太祖问及原因，他回答说："你是当今的佛，不必去跪拜过去的佛。"

【原文】

30. 杨大年年十一，太宗皇帝闻其名，召对便殿，授秘书省正字，且谓曰："卿久离乡里，得无念父母乎？"对曰："臣见陛下，一如父母。"上叹赏久之。

【译文】

杨亿十一岁的时候，宋太宗赵光义听说他的名气，就在便殿召见了他，还授予他秘书省正字一职，对他说："你离开家乡很久了，难道就不想念你的父母吗？"他回答说："臣见到了陛下，就如同见到了我的衣食父母。"皇上赞叹了许久。

【原文】

31. 谢仁祖年八岁，谢豫章将送客，尔时语已神悟，自参上流，诸人咸共叹之曰："年少，一坐之颜回。"仁祖曰："坐无尼父，焉①别颜回？"

【注释】

①焉：怎么能。

【译文】

东晋的谢尚当时八岁，父亲豫章太守谢鲲在家设宴款待客人，当时谢尚的口才已达出神入化的地步，参加上流社会聚会时可以应付自如，在座的客人都赞叹道："这个少年，简直就是坐席中的颜回。"谢尚说："坐席中没有孔子，怎么能辨别谁是颜回呢？"

【原文】

32. 袁彦伯宏以吏部郎出为东阳郡，太傅谢安赏宏机速，乃祖之于冶亭，时贤皆集。安欲卒迫试①之，执手将别，顾左右取一扇赠之。宏即曰："辄当奉扬仁风，慰彼黎庶。"

【注释】

①试：测试。

【译文】

袁宏以吏部郎的身份离开京城去东阳郡任郡守，太傅谢安欣赏他才思敏捷，在冶亭为他设宴送别，当时的贤士都聚集在一起。谢安想用出其不意的方式来测验一下袁宏的应变能力，在拉手作别时，环顾左右拿出一把扇子给他。袁宏立刻说："我一定会弘扬仁爱之风，来造福当地的百姓。"

【原文】

33. 周盘龙为散骑，武帝戏曰："卿著貂蝉，何如兜鍪？"盘龙曰："此貂蝉从兜鍪中出耳。"

【译文】

周盘龙担任散骑侍常时，南齐武帝萧赜和他开玩笑，说："你如今戴上了貂蝉（官帽的一种），和你以前戴兜鍪（头盔）相比有什么不一样呢？"周盘龙说："这个貂蝉就是从兜鍪那里来的呀。"

【原文】

34. 崔邪利、崔模入魏，邪利子遣妻蔬布，如居丧礼。模子虽居处变节，不废婚宦。崔元孙使魏，魏人问二家子侄何以不同？元孙曰："王尊驱骑，王阳回车，欲令臣、子两遂，忠、孝并宏。"

【译文】

崔邪利、崔模都投降了魏国，崔邪利的儿子知道以后，就与妻子分居，自己吃粗茶淡饭，穿粗布衣裳，如同守丧一样。崔模的儿子没有做出任何改变，照样结婚与做官。崔元孙出使魏国的时候，魏人就问为什么两家的儿子会截然不同？崔元孙说："这就好比当初王尊驱车行到九折坂时继续前进，王阳到九折坂时勒令车夫掉转车头，他们是想让人臣与人子的职责都能够实现，忠、孝都能够得以弘扬。"

【原文】

35. 宋刘瑀位本在何偃前，孝武初，偃迁吏部尚书，瑀图侍中，不得，与偃同从郊祀，偃乘车在前，瑀策驷居后，相去数十步。瑀蹋马及之，谓偃曰："君辔何疾？"曰："牛骏御精，所以疾耳。"曰："君马何迟？"曰："骐骥罹于羁绊，所以居后。"偃曰："何不著鞭，使致千里？"曰："一蹴①自造青云，何至与驽马争路？"

【注释】

①蹴：踢。

【译文】

南朝刘宋时代刘瑀原来的官位比何偃高，孝武帝举行郊祀，何偃当时任吏部尚书，刘瑀想要做侍中，没有实现，他与何偃一起随同孝武帝进行郊祀，何偃的车走在前面，刘瑀的车走在后面，相差数十步。刘瑀蹋马赶上何偃，对何偃说："你的车子怎么走得这样快？"何偃回答道："牛马膘肥体壮，驾车技术精湛，当然快了。"接着，何偃反问道："你的马为什么慢呢？"刘瑀回答说："骏马受到羁绊，所以落后。"何偃说："为什么不鞭打它让它奔腾千里？"刘瑀回答道："踢它一下，它就会飞上云霄，何必与那些劣等马相争高低呢？"

【原文】

36. 吴使张温聘蜀，问秦宓曰："天有头乎？"宓曰："有。"温曰："在何方？"宓曰："《诗》曰：'乃眷西顾。'以此推之，在西方。"温曰："天有耳乎？"曰："天处高而听卑①，《诗》云：'鹤鸣于九皋，声闻于天。'"温曰："天有足乎？"宓曰："《诗》云：'天步艰难。'无足，何以步之？"温曰："天有姓乎？"宓曰："姓刘。"问何以然，曰："天子姓刘，以此知之。"

【注释】

①卑：低下。

【译文】

三国时吴国的使者张温到蜀国出访，他问秦宓说："天有脑袋吗？"秦宓回答道："有啊。"张温问："在哪里呢？"秦宓说："《诗经》中说：'乃眷西顾。'按此推理的话，在西方。"张温问："天有耳朵吗？"秦宓说："天在高处能听到低处的声音，《诗经》中说：'鹤鸣于九皋，声闻于天。'"张温问："天有脚吗？"秦宓说："《诗经》云：'天步艰难。'没有脚如何走路？"张温问："天有姓吗？"秦宓说："姓刘。"张温问为什么，秦宓说："天子姓刘，由此可以推断出来。"

【原文】

37. 戴安道既厉操东山，而其兄安丘欲建式遏之功。谢太傅曰："卿兄弟志业，何其太殊？"戴曰："下官'不堪其忧'，家弟'不改其乐'。"

【译文】

东晋的戴逵（字安道）隐居于东山，修炼节操，而他的兄弟戴逯（字安丘）则想建立杀敌报国的军功。太傅谢安说："你们兄弟间的志向为什么大相径庭呢？"戴逵说："我是无法忍受贫穷，我的兄弟则更愿意安贫乐道。"

【原文】

38. 卢志于众坐问陆士衡："陆逊、陆抗，是君何物？"答曰："如卿于卢毓、卢珽。"

【译文】

卢志当着众人的面问陆士衡："陆逊、陆抗是您什么人？"陆士衡回答说："就如同你和卢毓、卢珽之间的关系那样。"

【原文】

39. 陈元方年十一时，候袁公。袁公问曰："贤家君在太丘，远近称之，何所履行？"元方曰："老父在太丘，强者绥之以德，弱者抚之以仁，恣其所安，久而益敬。"袁公曰："孤往者尝为邺令，正行此事。不知卿家君法孤？孤法卿父？"元方曰："周公、孔子，异世而出，周旋动静，万里如一。周公不师①孔子，孔子亦不师周公。"

【注释】

①师：效仿。

【译文】

陈元方十一岁的时候，曾去拜访袁绍。袁绍问道："你父亲在太丘，远近闻名，有哪些功绩呢？"陈元方说："父亲在太丘的时候，对那些强悍的人用美德感化，对那些弱者用仁慈抚慰，让他们过上想要的生活，久而久之，人们都非常敬仰他。"袁绍说："我曾经做过邺县令，也做了很多好事。不知道是你父亲效仿我呢还是我效仿你父亲？"陈元方说："周公和孔子处在不同的年代，但是都被人们敬仰，他们的言行举止，即使远隔万里也能保持一致。周公没有效仿孔子，孔子也没有效仿周公。"

【原文】

40. 桓玄既篡①位，将改置直馆，问左右："虎贲中郎省，应在何处？"有人答曰："无省。"当时殊忤旨。问："何以知无？"答曰："潘岳《秋兴赋·叙》曰：'余兼虎贲中郎将，寓直散骑之省。'"玄咨嗟称善。

【注释】

①篡：篡夺。

【译文】

桓玄篡夺皇位以后，有改设直馆的念头，就问身边的人："虎贲中郎省，应该在哪里？"有人回答说："根本没有这个省。"这违背了桓玄的想法。桓玄说："你怎么知道没有？"那人回答说："潘岳《秋兴赋·叙》中说：'我兼任虎贲中郎将军，在散骑那个省里办公。'"桓玄非常佩服，称赞他回答得很巧妙。

【原文】

41. 陆逊闻车浚令名，请与相见，谓曰："武陵蛮夷，乃有此奇人也。"浚曰："吴太伯端委之化，以改被发文身之俗。今上挺圣主，下生贤佐，亦何常之有？"

【译文】

陆逊听说了车浚的美名，请求和他相见，对他说："武陵地区的蛮人中，竟然有先生这样的传奇人物。"车浚说："吴太伯用礼仪教化百姓，要求百姓们改变披头散发、文身的风俗。现在吴国有开明的皇上，又有贤能的大臣辅佐，这里当然会跟以前不一样。"

浇
语
第
十
七

【原文】

　　吴苑曰：文章之士有才，其犹天地之有云露，草木之有花卉乎！才乃上天之所秘惜，不轻易以与人，士有才者，是得天之物，得天之物，安得不狂乎？狂之不已，不轻薄乎？故轻薄乃狂之甚也，盖①文人不必有德，何也？天之所以与我者才耳，而我混混沌沌，是弃天也；弃天之罪，不尤浮于轻薄乎？嗟乎！是亦可畏也。拔舌之狱，皆轻薄之报。毗沙天子，不肯暂一假借饶人。虽然，此亦自天之纵我耳，可无问也。乃次浇语第十七。

【注释】

　　①盖：一般来说。

【译文】

　　吴苑说：写文章的人有才华，犹如天地有云露，草木能够开出花卉！才华是上天所珍藏的东西，不会轻易给他人，士大夫当中有才华的人，是得到了上天的恩赐，得到了上天的恩赐，怎能不狂妄？狂妄而没有停息，怎能不轻薄？因此轻薄是狂妄的表现，一般来说文人不必有德行，为什么呢？上天所赐给我的是才华，如果我混混沌沌过下去，那不是蔑视上天吗；蔑视上天之罪，不比轻薄更为严重吗？啊，这是多么可怕的事情。拔舌之狱，是对轻薄的报应。罗纱门天王，不肯稍加宽容，原谅他人的轻薄。即便如此，这也是上天对我的纵容，可以不管不顾。于是，轻薄之语排在第十七位。

【原文】

1. 宋会稽太守孟顗，事佛精恳。谢灵运轻①之，谓顗曰："得道应须慧业文人。生天当在灵运前，成佛必在灵运后。"

【注释】

①轻：轻视，瞧不起。

【译文】

南朝宋国的会稽太守孟顗，是佛教虔诚的信徒。谢灵运非常轻视他，说："升天得道必须具备智慧的业缘。死亡应该是在我之前，成佛应该是在我之后。"

【原文】

2. 许敬宗性轻傲，见人多或忘之。或谓其不聪，曰："卿自难记，若遇何、刘、沈、谢，暗中摸索著亦可识①。"

【注释】

①识：辨认。

【译文】

许敬宗轻薄傲慢，见到很多人却容易忘记。有人就说他不够聪明，他却说："你们的名字本来就不容易记住，如果遇到何逊、刘孝绰、沈约、谢灵运他们，即使是暗中摸索也能够认出来。"

【原文】

3. 梁到洽，本灌园人，后得位。谓刘孝绰曰："某宅东家有好地，拟买，被本主不肯，何计得之？"孝绰曰："卿何不多輂其粪，置其牖①下以苦之？"洽恨孝绰，竟害之。

【注释】

①牖：窗户。

【译文】

梁朝的到洽，原本是一个挑粪种菜人家的子孙，后来得到一官位。对刘孝绰说："我东面的邻居家有块好地，想要买下来，但是主人却不肯卖，怎样才能得到呢?"刘孝绰说:"你为什么不多拉些粪便,将它堆放在他的窗户底下来折磨他呢?"到洽十分恨刘孝绰,最后竟然还害了他。

【原文】

4. 盈川令杨炯,每见朝官,目之曰"麒麟楦",人问其故,杨曰:"今铺乐假弄麒麟,刻画头角,修饰皮毛,覆之驴上,驴非楦而何?"

【译文】

盈川县令杨炯,每次见到朝廷派来的官员,总把他们称作"麒麟楦"。人们问他什么缘故,杨炯说:"现在的店铺都习惯弄假的麒麟,刻出头,画出角,修饰皮毛,盖在驴身上冒充麒麟,这样的驴不就是楦头吗?"

【原文】

5. 杜审言初举进士,恃才謇傲,甚为时辈所妒。苏味道为天官侍郎,审言参选试,判后谓人曰:"苏味道必死。"人问其故,曰:"见吾判即当羞死矣。"

【译文】

杜审言刚考取进士时,恃才傲物,当时的人们都不喜欢他。苏味道当时任天官侍郎,杜审言是考生,参加完判词考试以后,杜审言对人说:"苏味道必死无疑。"人们问什么缘故,他说:"看了我的判词之后,会羞愧而死。"

【原文】

6. 陈通方年二十五,举进士,与王播同年。播年五十六,通方薄其成事后时,因期集,戏拊其背曰:"王老王老,奉赠一第。"言其日暮途远,及第同赠官也。王曰:"拟应三篇。"通方又曰:"一之已甚,其可再乎?"王心贮①之。

【注释】

①贮:藏。

【译文】

陈通方二十五岁的时候,中了进士,与王播同年及第。王播当年五十六岁,陈通方轻视他大器晚成,因此每次聚会的时候,就会拍着他的背,用讽刺的口吻说:"王老王老,奉赠一第。"意思是他垂暮之年才科举及第,如同是对亡者的赠官。王播说:"我准备应对三次考试。"陈通方又对他说:"一次已经足够了,还能再考试吗?"王播把这些话藏在心里。

【原文】

7. 薛能镇许昌，幕吏咸集，因令其子橐鞬①参诸幕客，幕客惊怪。能曰："俾渠消灾。"

【注释】

①橐鞬：弓箭，戎装。

【译文】

薛能镇守许昌的时候，有一次把官僚们都聚集在一起，让他的儿子佩带弓箭一身戎装去见各位幕僚，幕僚们感到非常吃惊。薛能说："这样可以让他消除灾祸。"

【原文】

8. 姚岩杰素轻卢肇，或一日，与肇会于江亭，卢请目前取事为酒令，尾有乐器之名。肇令曰："远望渔舟，不阔尺八。"岩杰遂饮酒一罂①，凭栏呕哕。须臾即席，还令曰："凭栏一吐，已觉空喉。"

【注释】

①罂：坛子。

【译文】

姚岩杰一向瞧不起卢肇，有一天与卢肇相聚在江亭，卢肇提议用眼前物做内容当作酒令，结尾必须有乐器的名字。卢肇说："远望渔舟，不阔尺八。"姚岩杰于是就喝了一坛子酒，趴在栏杆上呕吐不已。过了一会儿他又回到席位上，回复了一个酒令说："凭栏一吐，已觉空喉。"

【原文】

9. 张吏部缵与何敬容意趣不协，敬容居权轴，宾宾辐凑，有复过吏部者，辄距不前，曰："吾不能对何敬容残客①。"

【注释】

①残客：剩余的客人。

【译文】

张缵与何敬容因意趣不同平日里不和，何敬容位居权力的中心，会聚宾朋，有人想与张缵交朋友，张缵总是避之不见，说："我不能接纳何敬容剩余的客人。"

【原文】

10. 柳季云好弹琴饮酒，每出返，家人问有何消息？答曰："无所闻，纵闻，亦不解。"

【译文】

柳季云喜欢弹琴饮酒，每次出门回家的时候，家人都问外面有什么消息。他回答说："没有什么消息，即使听见了，也不知道他们在说些什么。"

【原文】

11. 倪云林①善山水，为一代名匠，独不写人物。太宗高皇帝问曰："每见卿山水俱无人，何也？"倪曰："世自无人物可画耳。"

【注释】

①倪云林：倪瓒（1301—1374 年），字云林，江苏无锡人，元末明初画家、诗人，与黄公望、王蒙、吴镇合称"元四家"。

【译文】

倪瓒擅长画山水画，成为一代名家，唯独不喜欢画人物。明太祖朱元璋问："常常看你画山水画，但是没有画人物，为什么呢？"倪瓒说："世上本来就没有值得去画的人物。"

【原文】

12. 杜审言将死，语宋之问、武平一曰："吾在，久压公等，今且死，固大慰。但恨不见替①人！"

【注释】

①替：接替。

【译文】

杜审言将要死的时候，对宋之问、武平一说："我在的时候，压制了你们很长时间，今天将要死了，你们会感到莫大的安慰。只是我一直都在遗憾没有找到接班人。"

【原文】

13. 祢正平①自荆州北游许都，书一刺怀之，漫灭而无所遇。或问之曰："何不从陈长文、司马伯达乎？"祢曰："卿欲使我从屠沽儿辈耶！"又问："当今谁复可者？"祢曰："大儿孔文举，小儿杨德祖。"

①祢正平：祢衡（173—198年），字正平，平原郡（今山东德州市临邑县）人，《山东通志》载祢衡为今乐陵人，东汉末年名士，文学家。

【译文】

祢衡从荆州向北游历到许昌，写了一副名帖揣在怀里，字迹都模糊了也没有遇到可以送的人。有人就问他说："为什么不去找陈长文、司马伯达呢？"祢衡说："你是想让我去追随那些杀猪卖酒的人吗！"又问："现在你比较信任谁？"祢衡说："大儿子孔融，小儿子杨修。"

【原文】

14. 刘荆州尝自作书，欲与孙伯符以示祢正平，正平蚩之，言："如是为，欲使孙策帐下儿读之邪，将使张子布见乎？"

【译文】

荆州的刘表曾给江东的孙策写了一封信，他先让祢衡过目一下，祢衡看后嗤之以鼻，说："写这样的信是想要给孙策的儿子看呢，还是给张昭（字子布）看？"

【原文】

15. 人问祢正平："荀令君①、赵荡寇皆足盖当世乎？"祢答曰："文若可借面吊丧，稚长可使监厨请客。"

【注释】

①荀令君：荀彧（163—212年），字文若，颍川颍阴（今河南许昌）人。东汉末年著名政治家、战略家，曹操统一北方的首席谋臣和功臣。

【译文】

有人问祢衡："荀彧、赵融（字稚长）都是功过于世的豪杰吗？"祢衡说："当然不是，可以借荀彧那副面孔来凭吊，也可以让赵融在请客时做监厨。"

【原文】

16. 褚公与孙兴公同游曲阿后湖，中流，风势猛迅，舫欲倾覆。褚公已醉，乃曰："此舫人皆无可以招天谴者，惟有孙公多尘滓①，正当以厌天欲耳。"便欲捉掷水中。孙遽无计，惟大呼曰："季野卿念我。"

【注释】

①尘滓：尘世的污垢。

【译文】

褚裒（字季野）与孙绰一同去游曲阿后湖，到湖心的时候，风势突然变得猛烈，船将要被打翻。褚裒已经醉了，于是说：“我们船上没有可以遭受天谴之人，只有孙公身上多尘世的污垢，正好满足上天的愿望。”于是就抓住孙绰扔进水里。孙绰没有办法，只好大声呼救：“季野你要念及旧情啊。”

【原文】

17. 王奂初拜①仆射，刘祥与奂子融同载，刘谓辕下驴曰：“汝努力，汝辈已为令仆矣！”

【注释】

①拜：任命。

【译文】

南朝的王奂刚刚被任命为仆射的时候，刘祥与王奂的儿子同车而行，刘祥对驾辕的驴子说：“你要努力了，你们中间已经有人成为仆射了。”

【原文】

18. 徐常侍陵聘齐，时魏收文学，北朝之秀。收录其文集以示徐，令传之江左，徐速济江沉之，曰：“吾为魏公藏拙。”

【译文】

南朝梁国常侍徐陵出使齐国，当时魏收文学的造诣，在北朝可谓首屈一指。魏收把收集的自己的文集给徐陵看，让他传播到江南地区，徐陵即将渡江返回时，把这些文集扔到水里，说：“我是为魏公来藏拙的。”

【原文】

19. 庾信至北，惟爱温子升①《寒山寺碑》，后还南，人问北方何如？信曰：“唯寒陵山一片石堪共语，薛道衡、卢思道少解把笔，自余驴鸣狗吠，聒耳而已。”

【注释】

①温子升（495—547 年），字鹏举，济阴冤句（今山东菏泽）人。东魏大臣，著名文学家，北地三才之一。

【译文】

庾信到了北方，唯独喜爱温子升的《寒山寺碑》，后来回到南方，有人就问他北方的文坛怎么样？庾信说："只有寒陵山的一片石头有讨论的价值，薛道衡、卢思道也仅仅是了解一些如何下笔的知识，其余的是些驴叫狗吠，折磨人的耳朵罢了。"

【原文】

20. 刘昼作《六合赋》，自谓绝伦，以呈魏收，收曰："赋名六合，已是大愚，文又愚于六合，君四体又甚于文。"昼大忿，以示邢子才，子才曰："君此赋正似疥骆驼，伏而无妩媚。"

【译文】

刘昼（字孔昭）写了一篇《六合赋》，可谓精妙绝伦，就将它交给魏收，魏收说："赋名六合，已经是很愚蠢了，文章比六合还要愚蠢，您的身体比文章还要愚蠢。"刘昼大怒，拿这篇文章给邢子才看。邢子才说："您的这篇文章就好像是有疥疮的骆驼，趴在地上不够娇媚。"

【原文】

21. 崔信明尝自矜①其文，谓过李百药。郑世翼遇之江中，谓明信曰："尝闻有'枫落吴江冷'，愿见其余。"信明欣然多出众篇。世翼未终篇，曰："所见不及所闻！"遂引舟去。

【注释】

①矜：夸奖。

【译文】

唐代的崔信明曾经自夸文章可以超过李百药。郑世翼过江的时候遇到了他，对崔信明说："我曾经听说您有'枫落吴江冷'的诗句，但愿见到其他的诗作。"崔信明非常高兴地拿出很多篇文章给他看。郑世翼没有看到最后就说："真是浪得虚名！"于是就驾船离去。

【原文】

22. 严武以世旧待杜甫甚善，甫性偏躁傲诞，尝醉登武床，瞪视曰："严挺之乃有此儿。"

【译文】

唐代的严武因为世交，对杜甫十分友好，但杜甫性情急躁荒诞无礼，曾经喝醉了登上严武的床，瞪着眼睛说道："严挺之怎么会有这样的儿子。"

【原文】

23，谢玄晖颇①轻江祐，祐尝诣玄晖，玄晖因言有一诗，呼左右取，既而复停。祐问其故，谢曰："定复不急。"

【注释】

①颇：非常。

【译文】

谢朓（字玄晖）非常瞧不起江祐，江祐曾经去拜访谢朓，谢朓说有一首诗要请他评论一下，就招呼手下去给他拿，稍后又停了下来。江祐问为什么这样，谢朓说："仔细一想，觉得不用太着急。"

【原文】

24. 钱端学闻汤胤绩名，往候①之，乃质所为诗。汤始称佳，既倦屡请，乃谢曰："吾始欺君耳，似不得无罪。"

【注释】

①候：拜访。

【译文】

钱端学对汤胤绩仰慕已久，前去拜访他，并请求他点评自己的诗歌。汤胤绩开始夸赞他的诗歌写得好，可是钱端学多次请求评论，汤胤绩就感到厌烦，于是道歉说："我一开始是骗你的，的确是一种罪过啊。"

【原文】

25. 杨君谦每以文示人，人曰佳，即掩卷问曰："何处佳?"其人不能指，杨袖文曰："是蹴圆口。"遂去。

【译文】

杨君谦经常拿着自己的文章给他人看，人们看后都说好，杨君谦收起文章就问："好在哪里?"人们讲不出个一二三来，杨君谦将文章放进袖子里说："你们这是在踢自己的嘴巴。"于是就离去了。

【原文】

26. 蔡子木①酒后自歌其夔州诸咏，甫发歌，吴国伦辄鼾寝，鼾声与歌相低昂，歌竟，鼾亦止。人谏之，吴曰："我以南柯板击夔州腔，有何不可?"

①蔡子木：蔡汝楠（1514—1565 年），字子木，号白石，湖州德清（今属浙江省）人。嘉靖十一年（1532 年）进士。

【译文】

蔡汝楠喝醉酒后就以歌唱的方式赞颂夔州，刚刚开始发音，吴国伦就打起了呼噜，鼾声与歌声此起彼伏。歌声响起，鼾声也响起；歌声停了，鼾声也停了。有人劝吴国伦不要这么做，他却说："我用南柯板来伴奏夔州腔，为什么不行呢？"

【原文】

27. 陈眉公曰："品茶，一人得神，二人得趣，三人得味，七八人，是名施茶。"

【译文】

陈继儒说："一个人品茶品出神韵，两个人品出情趣，三个人品出味道，七八个人一起品，不过是在浪费茶。"

【原文】

28. 崔赵公尝谓径山曰："弟子出家得不？"径山曰："出家是大丈夫事，岂将相所能为？"

【译文】

唐代的崔赵公曾经问径山法钦禅师："弟子可以出家吗？"径山法钦禅师说："出家是大丈夫的事，哪里是王侯将相所能做的？"

【原文】

29. 郑光业有一皮箱，几投贽有可嗤笑者，即投其中，曰："此苦海耳。"

【译文】

唐代的郑光业有一个巨大的皮箱，凡是被他人嗤笑过的诗文都被放在了里面，说："这就是一片苦海啊。"

【原文】

30. 东平王锡老贫甚，每节口腹之奉以碑刻。一日，夸客曰："近得一碑，甚奇。"客请出示，竟无一字可辨。客因笑曰："此名没字碑，宜公好尚之笃。"

【译文】

东平人王锡晚年时非常贫穷，常常省吃俭用，把节省的钱用来买碑刻。有一天，他对着客人夸赞说："近来得到了一块碑石，非常奇怪。"客人请他拿出来，竟然没有认出一个字。客人笑着说："这叫没字碑，难怪您这么喜欢。"

【原文】

31. 谢耳伯结放生社于五明寺，以作文为社课。谢倡曰："如文不成，罚赀^①放生。"沈曼长闻，曰："谢已有功德，何必放生？"人问其故，沈曰："人闻此语，胜于放生。"

【注释】

①赀：资。

【译文】

谢耳伯在五明寺组织成立了一个放生社，以写文章作为该社主要内容。谢倡说："如果写不出文章，那么就责罚他出钱放生。"沈曼长听说后，说："谢耳伯已经很有功德，何必再去放生呢？"有人问他什么缘故，沈曼长说："人们听了他的话，远远胜过放生。"

【原文】

32. 丁度、晁宗悫同在职馆，晁因迁职，以启^①谢丁，丁乃戏答曰："启事更不奉答，当以粪壤一车为报。"晁笑曰："得壤胜于得启。"

【注释】

①启：信。

【译文】

北宋的丁度、晁宗悫在一起做官，晁宗悫升官后，就写信与丁度作别，丁度就回答说："我就不给你回信了，如果真要回复就用一车粪来回复。"晁宗悫笑着说："得一车粪比得到回信更令我满意。"

【原文】

33. 宋林逋^①高逸倨傲，多所学，惟不能棋。尝谓人曰："逋世间事皆能之，惟不能担粪与着棋。"

【注释】

①林逋：林逋（967—1028 年），字君复，后人称为和靖先生、林和靖，奉化大里黄贤

村人，北宋著名隐逸诗人。

【译文】

北宋的林逋超凡脱俗，博学多识，孤高自傲。曾经对人说："世间的事情我都会做，唯独不擅长担大粪与下棋。"

【原文】

34. 桓温与谢奕善，辟奕为安西司马，惟布衣好。尝逼温饮，温走入避之。奕携酒就听事，引温一兵帅共饮，曰："失一老兵，得一老兵。"温闻而不计。

【译文】

东晋的桓温与谢奕关系很好，桓温任命谢奕为安西司马，两人的关系依然像以前一样没有上下级的区别。谢奕曾经逼迫桓温与自己一起饮酒，桓温就逃入室内躲避起来。谢奕就带酒到了他的大厅，拉着桓温手下的一个士卒一起喝酒，说："失去一个老兵，又得到一个老兵。"桓温听后也不计较。

【原文】

35. 尧让①天下于许由，许由逃而去。其友巢父闻由为尧所让，以为污己，乃临池洗耳。池主乃牵牛上流饮，曰："毋污吾牛口。"

【注释】

①让：让位。

【译文】

尧要让位给许由，许由因此而逃走。许由的好友巢父知道此事后，认为玷污了自己的耳朵，于是就到池塘去洗耳朵。水池的主人牵着牛到上游饮水，说："不要玷污牛的口。"

【原文】

36. 谢鲲为豫章太守，王敦将肆逆，以鲲有时望，逼与俱行。既克京邑，将旋武昌，鲲曰："不就朝觐，鲲惧天下私议也。"敦曰："君能保无变乎？"对曰："鲲近入觐，主上侧席迟公，宫省穆然，必无不虞之虑。公若入朝，鲲请侍从。"敦曰："正复杀君等数百，何损于时？"遂不朝而去。

【译文】

晋代的谢鲲当时任豫章太守，王敦将要起兵造反，由于谢鲲很有名望，王敦就逼迫着他与自己一起行动。等到王敦攻克了京城，将要返回武昌，谢鲲说：

"如果不去朝见圣上，那么很可能会遭到天下人议论的。"王敦说："你能保证没有变故吗？"他回答说："我最近到朝廷，看到主公侧席而坐等待您去，朝廷内部一片穆然，没有什么值得顾虑的。您如果愿意去，我将会做您的侍从。"王敦说："杀一百个这样的人，难道就会影响时局？"于是没有朝见就离去了。

【原文】

37. 大学士丘濬①慕桑悦名，召令观所为丈，绐曰："某人撰。"悦心知之，曰："明公谓悦不祛②秽乎？"

【注释】

①丘濬：丘濬（1421—1495 年），字仲深，琼山人，明代中期著名的思想家、史学家、政治家、经济学家和文学家，被明孝宗御赐为"理学名臣"，被史学界誉为"有明一代文臣之宗"。

②祛：祛除。

【译文】

大学士丘濬敬仰桑悦的名声，就请他来看自己的文章，并且欺骗他说："这是某某人的作品。"桑悦知道内情后说："你这是说我不能祛除污秽吗？"

【原文】

38. 戴良才高倨傲，每见黄叔度，未尝不正容，及归，罔然若有失也。其母问曰："汝复从牛医儿来邪？"

【译文】

东汉的戴良（字叔鸾）恃才傲物，十分傲慢，每次见到黄宪（字叔度），从来都是规规矩矩的，等到回家后，表现出一副怅然若失的样子。他的母亲问："你这是从牛医的儿子那儿回来的吗？"

【原文】

39. 吴鹿长性坦率，不事矫饰，每遇风雅洗剔之辈，辄皆扫落。人谓曰："君不得尽卤莽尔尔。"答曰："予以卤莽遇风雅，复以风雅遇卤莽，胡为尽尔尔？"

【译文】

吴鹿长生性坦率，毫不矫情掩饰，每次遇到附庸风雅装腔作势的人，总会数落一番。有人对他说："您不能总是这样鲁莽待人。"他回答说："我总是对那些附庸风雅的人鲁莽，而对那些鲁莽的人很风雅，为什么总是这样呢?"

【原文】

40. 潮阳苏福，八岁赋《初月诗》："气朔盈虚又一初，嫦娥底事半分无。却于无处分明有，恰似先天太极图。"人咏之以示王凤洲，王曰："极似陈白沙老来悟句。"

【译文】

潮阳人苏福，八岁就写出了《初月诗》："气朔盈虚又一初，嫦娥底事半分无。却于无处分明有，恰似先天太极图。"有人把这首诗读给王世贞听，王世贞听了后，说："此诗句与陈献章老了后顿悟的诗句很像。"

【原文】

41. 钱塘妓郭步摇，与所昵者泛西湖。坐中有少年美丰姿，郭每顾之，略不与所昵者接。其人怒曰："汝爱伊耶?"郭佯不闻，少年者举杯向岸花酹^①曰："春风入林，岂为松柏?"

【注释】

①酹：祭奠。

【译文】

钱塘妓女郭步摇，与情人一起在西湖上乘船游玩。船舱里有一个少年长相俊美，郭步摇反复回头看他，对身边的情人表现得很冷漠。情人有些生气，质问道："你难道爱上他了吗?"郭步摇假装没有听见，只见那少年举起手中的酒杯向岸边的花祭奠说："春风吹入树林，难道是为了松柏而吹?"

【原文】

42. 王勃、杨炯、卢照邻、骆宾王，皆以文章齐名，天下称"王、杨、卢、骆"，号"四杰"。炯尝曰："吾愧厕卢前，耻居王后。"

【译文】

王勃、杨炯、卢照邻、骆宾王四人都以文章齐名，天下人称之为"王、杨、卢、骆"，号为"四杰"。杨炯曾说："排在卢照邻前面我感到羞愧，排在王勃后面感到羞耻。"

【原文】

43. 殷浩才名冠世，庾翼弗①之重也，每语人曰："此辈宜束之高阁，候天下太平，然后议其任耳！"

【注释】

①弗：不。

【译文】

殷浩的才气和名气如雷贯耳，庾翼对他毫不器重，还常常对人说："这样的人应该先弃置不用，等天下太平后，再去考虑任用他。"

【原文】

44. 桓南郡每见人不快，辄嗔①云："君得哀家梨，当复不蒸食不？"

【注释】

①嗔：生气。

【译文】

东晋的桓温每次看见别人不开心，就生气地说："你得到了哀家的梨，该不会拿去蒸着吃吧？"（据说秣陵哀仲的家里有棵梨树，结出的梨子既大又甜，却被愚蠢的人蒸着吃了。）

【原文】

45. 支道林入东，见王子猷兄弟。还，人问："见诸王何如？"答曰："见一群白颈乌①，但闻唤哑哑声。"

【注释】

①乌：乌鸦。

【译文】

东晋的僧人支遁东行，看到了王徽之兄弟。回来后，就有人问："您认为他们俩怎么样？"他回答说："看见了一群白脖子乌鸦，只听到他们沙哑的叫声。"

【原文】

46. 符宏叛来归国。谢太傅每加接引。宏自以有才，多好上人，坐上无折①之者。适王子猷来，太傅使共语，子猷直熟视良久，回语太傅云："亦复竟不异人！"

①折：折服。

【译文】

符宏背叛前秦归顺晋朝，太傅谢安常常接待他。符宏恃才傲物，总是喜欢高人一等，在座的没有人能够让他折服。当时王徽之过来，太傅谢安让他们一起聊聊，王徽之眼睛直愣愣地盯着他看了许久，向太傅回答说："此人也并没有什么特别的！"

【原文】

47. 王中郎与林公绝不相得。王谓林公诡辩，林公道王云："着腻颜恰帽，缝布单衣，挟《左传》，逐郑康成车后，问是何物尘垢囊！"

【译文】

东晋的王坦之与高僧支遁非常合不来。王坦之说支遁善于诡辩，支遁评论王坦之，说："戴个油乎乎的脏帽子，穿了件新单衣，拿着一本《左传》，跟在郑康成的车后面，请问这是个什么脏东西！"

【原文】

48. 王右军少时甚涩讷，在桓大将军许，王、庾二公后来，右军便起欲去。大将军留之曰："尔家司空、元规，复可所难？"

【译文】

王羲之年少时非常内向羞涩，寡言木讷，有一次去大将军恒温那里，稍后，王导、庾亮也来了，王羲之于是要起身离开。大将军恒温挽留他说："王导、庾亮是自家人，你不要觉得不好意思。"

【原文】

49. 深公①云："人谓庾元规名士，胸中柴棘三斗许。"

【注释】

①深公：竺道潜，生卒年不详，字法深，东晋僧人。

【译文】

竺道潜说："人们都说庾亮是位名士，其实他这个人心胸狭隘、待人刻薄。"

【原文】

50. 魏长齐有量，而才学非所经。初宦当出，虞存嘲之曰："与卿约法三章：谈者死，文笔者刑，商略抵罪。"魏笑而不怒。

【译文】

东晋的魏颙（字长齐）很有气量，但并没有太高的才学。初入仕途时，虞存嘲笑他说："我与你约法三章：清谈的人要处死，舞文弄墨的人要判刑，商讨学问的人要抵罪。"魏颙笑了笑，没有恼怒。

【原文】

51. 王子猷诣谢万，林公先在坐，瞻瞩甚高。王曰："若林公须发并全，神情当复胜①此不？"谢曰："唇齿相须，不可以偏亡。须发何关于神明？"林公意甚恶，曰："七尺之躯，今日委君二贤。"

【注释】

①胜：超越。

【译文】

王徽之到谢万那里去，支遁早就坐在那里，态度傲慢。王徽之说："如果林公的头发胡须全都存在，神情是否比现在更好？"谢万说："唇齿相依，不可或缺，胡须、头发与神情有什么关系吗？"支遁心里很不高兴，说："我七尺身躯，今天就交给二位去评论了。"

【原文】

52. 王、刘每不重①蔡公。二人尝诣蔡，语良久，乃问蔡曰："公自言何如夷甫？"答曰："身不如夷甫。"王、刘相目而笑曰："公何处不如？"答曰："夷甫无君辈客！"

【注释】

①重：尊重。

【译文】

东晋的王濛、刘惔对司徒蔡谟不尊重。两人曾经前去拜访蔡谟，说了很久的话，于是向蔡谟问道："蔡公您认为自己和王衍相比谁更优秀？"蔡谟回答道："我不如王衍。"王濛、刘惔相视而笑："蔡公哪里不如王衍？"蔡谟说："王衍没有你们这样的客人。"

【原文】

53. 刘真长始见王丞相，时盛暑之月，丞相以腹熨弹棋局，曰："何乃淘①？"刘既出，人问："见王公云何？"刘曰："未见他异，唯闻作吴语耳！"

【注释】

①淘：冷。

【译文】

东晋的刘惔第一次见到王导的时候，当时正值盛夏，王导用腹部贴近弹棋的凉棋盘，说："为什么这么凉？"刘惔出来后，有人问他："你见了王导，他说什么了吗？"刘惔说："没有见到有什么反常的，只听到他用吴语说话。"

【原文】

54. 陆士衡初入洛，咨张公①所宜诣，刘道真是其一。陆既往，刘尚在哀制中。性嗜酒，礼毕，初无他言，唯问："东吴有长柄壶卢，卿得种来不？"陆兄弟殊失望，乃悔往。

【注释】

①张公：张华（232—300年），字茂先，范阳方城（今河北固安）人。西晋时期政治家、文学家、藏书家，西汉留侯张良的十六世孙、唐朝名相张九龄的十四世祖。

【译文】

西晋的陆机刚到洛阳后，就向张华咨询应该去拜访哪些人，刘惔就在拜访之列。陆机前去拜访，刘惔还在守丧，他生性爱喝酒，与客人见面后，没说其他话，只是问："东吴有长柄葫芦，你带来种子没有？"陆机兄弟颇为失望，后悔前去拜访。

【原文】

55. 王凝之谢夫人，既往王氏，大薄凝之。既还谢家，意大不说。太傅慰释之曰："王郎，逸少之子，人身亦不恶，汝何以恨乃尔？"答曰："一门叔父，则有阿大、中郎①。群从兄弟，则有封、胡、遏、末。不意天壤之中，乃有王郎！"

【注释】

①阿大、中郎：谢尚、谢据。

【译文】

东晋王凝之的妻子叫谢道韫，嫁到王家后，非常轻视王凝之。回娘家后，心里的不高兴还挂在脸上。太傅谢安安慰道："王郎是王羲之的儿子，一表人才，你的要求怎么这么高呢？"谢道韫回答说："谢家的叔伯一辈中，有谢尚、谢据。堂兄弟则有谢韶、谢朗、谢玄、谢渊。没料到天地之间，竟然还有王郎这等人物！"

【原文】

56. 孙子荆以有才，少所推服，唯雅敬王武子。武子丧时，名士无不至者。子荆后来，临尸恸哭，宾客莫不垂涕①。哭毕，向灵床曰："卿常好我作驴鸣，今我为卿作。"体似真声，宾客皆笑。孙举头曰："使君辈存，令此人死！"

【注释】

①垂涕：流下泪水。

【译文】

西晋的孙楚仰仗自己的才华，目中无人，唯独敬重王济。王济去世时，当时的名士纷纷前去凭吊。孙楚最后才到，面对着尸体失声痛哭，宾客没有不涕泪纵横的。哭完后，他对着灵床说："您常常喜欢我学驴叫，今天我再为您学一次。"他学得惟妙惟肖，宾客们都笑了。孙楚抬起头说："让你们这些人活在世上，却让这个人死去，太不公平了！"

【原文】

57. 庾道季云："廉颇、蔺相如，虽千载上死人，懔懔恒如有生气。曹蜍、李志虽见生，厌厌如九泉下人。人皆如此，便可结绳而治，但恐狐狸貒貉噉尽。"

【译文】

庾和说："廉颇、蔺相如，虽然死了上千年，但是凛然之气依然存在，让人觉得虎虎有生气。曹蜍、李志虽然还活着，但是整天病恹恹的像九泉之下的人。如果人们都是这样，那么就回到了结绳记事的年代，恐怕会成为狐狸、猪獾、貉子之类野兽的腹中餐。"

【原文】

58. 刘尹谓谢仁祖曰："自吾有四友，门人加亲。"谓许玄度曰："自吾有由，恶言不及于耳。"二人受而不恨①。

①恨：遗憾。

【译文】

东晋的刘惔对谢尚（字仁祖）说："自从我有了颜回，门人就跟我走得更近了。"又对许询（字玄度）说："自从我有了子路，我就听不到恶言恶语了。"两人听后都认同这种说法并且不觉得遗憾。

【原文】

59. 郗司空方回①家有伧奴，知及文章，事事有意。王右军向刘尹称之。刘问："何如方回？"王曰："此正小人无意向耳！何得便比方回？"刘曰："若不如方回，故是常奴耳！"

【注释】

①方回：郗愔（313—384年），字方回，高平金乡（今山东省金乡县）人，东晋太尉郗鉴的长子，王羲之的内弟，在东晋官至平北将军、徐兖二州刺史。

【译文】

司空郗愔家里有个奴役，会写文章，事事都有自己的想法。王羲之曾经向刘惔称赞过他。刘惔问："他和郗愔相比谁更优秀？"王羲之说："他只是小人中优秀的，怎么能跟郗愔比呢？"刘尹说："如果比不上郗愔，那么也仅仅是个平庸的奴役罢了。"

【原文】

60. 王夷甫尝属①族人事，经时未行，遇于一处饮燕，因语之曰："近属尊事，那得不行？"族人大怒，便举樏掷其面。夷甫都无言，盥洗毕，牵王丞相臂，与共载去。在车中照镜，语丞相曰："汝看我眼光，乃出牛背上。"

【注释】

①属：嘱托。

【译文】

西晋的王衍曾经嘱托本家族的人办事，过了很久也没有付诸实施，一次他们在宴会上相遇，于是就问本家族的人："我嘱托您办的事情，为什么还没有办理？"本家族人大怒，举起一个盛食物的盒子砸向他的脸。王衍没有说话，洗干净脸后，牵着王导的手臂，与他一起乘车离去。在车中照镜子的时候，对王导说："你看我的目光，就像从牛背上发出来的一样。"

【原文】

61. 孙兴公作庾公亮诔文，多托寄之辞。既成，示庾道恩。庾见，送还之，曰：“先君与君，自不至于此。”

【译文】

东晋的孙绰写了一篇《庾公亮诔》的文章，文章有很多虚构与死者生前感情真挚的言辞。写完之后，拿给庾亮看。庾亮看后，将文章送还给孙绰，说：“先君与您的感情还没有这么深厚。”

【原文】

62. 江仆射年少，王丞相呼与共棋。王手尝不如两道许，而欲敌道戏，试以观之。江不即下。王曰：“君何以不行？”江曰：“恐不得尔。”

【译文】

东晋的尚书仆射江彪年少的时候，丞相王导找他过来一起下棋。王导清楚自己的棋艺与江彪相差太远，可是却希望对方以平等的态度来下棋，这样就可以观察江彪是如何下棋的。江彪没有立即下棋。王导说：“你为什么还不走棋？”江彪说：“恐怕不能这么下。”

【原文】

63. 诸葛恢大女适太尉庾亮儿，次女适徐州刺史羊忱儿。亮子被苏峻害，改适江彪。恢儿娶邓攸女。于时谢尚书求其小女婚。恢乃云：“羊、邓是世婚，江家我顾伊，庾家伊顾我，不能复与谢裒儿婚。”

【译文】

诸葛恢的大女儿嫁给了太尉庾亮的儿子，二女儿嫁给了徐州刺史羊忱的儿子。太尉庾亮的儿子被苏峻害死以后，大女儿就改嫁给江彪。诸葛恢的儿子娶邓攸的女儿为妻。当时尚书谢裒替儿子提亲，想娶诸葛恢的女儿。诸葛恢便说：“我家与羊、邓两家世代姻亲，我看上了江家，庾家看上了我家，我家的闺女不能再与谢裒的儿子成婚。”

【原文】

64. 王丞相初在江左①，欲结援吴人，请婚陆太尉。对曰：“培𪣻无松柏，熏莸不同器。玩虽不才，义不为乱伦之始。”

【注释】

①江左：江东。

【译文】

东晋的王导最初到江东时，想要结交吴地之人，就请求与太尉陆玩结为亲家。陆玩说："小土包长不出高大的松柏，香薰与臭薰不能放进同一个器物。我虽然没有才华，但是也不能开破坏伦理纲常的先河。"

【原文】

65. 杜预①拜镇南将军，朝士悉至，皆在连榻坐。时羊稚舒②后至，曰："杜元凯乃复连榻坐客！"不坐便去。

【注释】

①杜预：杜预（222—285 年），字元凯，京兆杜陵（今陕西西安市）人，魏晋时期著名政治家、军事家和学者。

②羊稚舒：羊琇（236—282 年），字稚舒，泰山南城（今山东新泰市）人。西晋时期外戚大臣，曹魏太常羊耽之子，景献皇后羊徽瑜的从父弟，西晋名将羊祜的堂弟。

【译文】

杜预被任命为镇南将军，朝中官员知道后都前来祝贺，他们都坐在连在一起的座榻上。当时羊稚舒最后赶来，说："杜元凯又让客人坐在连在一起的座榻上！"说完，没有坐下就离去了。

【原文】

66. 夏侯泰初①与广陵陈本善。本与玄在本母前宴饮，本弟骞行还，径入至堂户。泰初因起曰："可得同，不可得而杂。"

【注释】

①夏侯泰初：夏侯玄（209—254 年），字泰初，沛国谯县（今安徽亳州）人。三国时期曹魏玄学家、文学家、官员。

【译文】

夏侯玄与广陵的陈本关系很好。陈本与夏侯玄陪着陈本的母亲一起吃饭，陈本的弟弟陈骞回来后，径直走向了厅堂。夏侯玄于是就起身说："可以与志同道合的人在一起，不能与志趣不同的人为伍。"

【原文】

67. 刘真长与殷渊源①谈，刘理如小屈，殷曰："恶卿不作将，善云梯仰攻②。"

【注释】

①殷渊源：殷浩（303—356 年），字渊源，陈郡长平县（今河南西华县）人，豫章太守、光禄勋殷羡之子，东晋时期大臣、将领、清谈家。

②云梯仰攻：理亏之辩。

【译文】

刘惔与殷浩一起讨论玄理，刘惔觉得理亏，殷浩说："你没有做将军真的很可惜，因为你很懂得理亏之辩。"

【原文】

68. 支道林造《即色论》，论成，示王中郎。中郎都无言。支曰："默而识①之乎？"王曰："既无文殊，谁能见赏？"

【注释】

①识：记住。

【译文】

支遁创作《即色论》，写成了以后，就拿给王坦之看，王坦之看后没作评论。支遁说："你这是要默记于心吗？"王坦之说："既然没有文殊菩萨的慧眼，谁能赏识我的高见？"

【原文】

69. 王、刘与林公共看何骠骑，骠骑看文书，不顾①之。王谓何曰："我今故与林公来相看望，卿摆拨常务，应对玄言，那得方低头看此邪？"何曰："我不看此，卿等何以得存？"

【注释】

①顾：理睬。

【译文】

王濛、刘惔与支遁一块儿去看骠骑将军何充，何充正在看文书，没有理他们。王濛对何充说："我今天与支遁一起来看望你，你应该推开一切事务，一起与我们探讨玄理，怎么能只顾低头看文书呢？"何充说："我不看文书，你们怎么能够更好地生活呢？"

凄语第十八

【原文】

　　吴苑曰：凄者，西也，于时为秋；秋之为时也刁刁焉，械械焉。稍具情者，触闻之间，无不堕泪，其义可知矣。又，西方为万物告终之处，故次凄语第十八。

【译文】

　　吴苑说：凄的意思就是指西，在时令上属于秋天；秋天这个季节，草木凋零，甚为悲感。稍微有感情的人，耳闻目睹间没有不流泪的。它的深层含义可想而知。并且，西方是万物的终结，所以应该排列在第十八位。

【原文】

　　1. 李斯论斩咸阳市，当出狱，与其中子俱执①，顾谓其中子曰："吾欲与若复牵黄犬，俱出上蔡东门逐狡兔，岂可得乎！"

【注释】

　　①执：执刑。

【译文】

　　李斯被判在咸阳问斩，押出牢狱，与他的二儿子一起赴刑场，他回头对二儿子说："我还想和你重新牵着黄狗，一起在家乡的东门外追逐野兔，这个愿望看来无法实现了！"

【原文】

2. 景公游于牛山，北临其国城而流涕曰："若何滂滂去此而死乎！"

【译文】

春秋时期的齐景公游览牛山，面对北边都城的城墙流着眼泪说："我为何要哭着离开这个美丽的地方而去送死呢？"

【原文】

3. 陈宫与吕布俱为曹公所执，公谓宫曰："奈卿老母何？"宫曰："老母在公，不在宫也。夫以孝理天下者，不害人之亲。"公又曰："奈卿妻子何？"宫曰："宫闻霸王之主，不绝人之祀。"固请就刑，遂出不顾。

【译文】

陈宫与吕布都成了曹操俘虏，曹操问陈宫，说："假如你被处死，你的老母亲怎么办？"陈宫说："怎样安置我的老母亲，我无法做主，而在于曹公您。凡是以孝道治理天下的人，不会加害他人的亲人。"曹操又问："假如你被处死，你的妻儿怎么办？"陈宫说："凡是成就霸业的人，不会断绝他人的后代。"陈宫说完，请求就死，头也不回地走了出去。

【原文】

4. 卫夫人见王羲之小时书便有老成之气，流涕曰："此子必蔽①吾名！"

【注释】

①蔽：遮蔽。

【译文】

卫夫人看到王羲之小时候的书法就有老成之气，便流着眼泪说："这个孩子的名气将来必定会超过我。"

【原文】

5. 汉高征黥布还，过沛留，置酒沛宫，悉召故人父老子弟佐①酒，酒酣，乃歌《大风之歌》，帝自起舞，慷慨伤怀，泣数行下。谓父兄曰："游子悲故乡。吾虽都关中，万岁之后，吾魂魄犹思家沛。"

①佐：款待。

【译文】

汉高祖刘邦消灭黥布以后，返回途中路过沛县，留下过夜，在驻地摆下酒宴款待过去的朋友和父老乡亲，喝酒喝到酣畅的时候，他就唱起《大风歌》，并一边唱一边跳舞，情绪激动时，流下眼泪。他对父老乡亲说："游子思念故乡。我虽然在关中建都，百年之后，因为思念家乡我的魂魄还会回到沛县。"

【原文】

6. 狄仁杰登太行①，见白云孤飞，乃叹曰："吾亲舍其下。"

【注释】

①太行：太行山。

【译文】

唐代的狄仁杰登上太行山后，看见白云孤独而飞，就叹息说："我的父母亲就在白云下面。"

【原文】

7. 孔北海被收，时男方九岁，女七岁，以幼弱得全，寄在他舍。或有言于曹操收之。女谓兄曰："若死而有知，得见父母，岂非至愿！"遂延颈就刑。

【译文】

东汉末年，北海太守孔融被抓，当时他的儿子才九岁，女儿才七岁，因为年幼才免于一死，寄养在他人家里。有人给曹操提建议，让他斩草除根，以绝后患，曹操就把孔融的一双儿女抓了起来。女孩对哥哥说："如果死后还能有知觉，能够看见父母，这正符合心愿！"于是就在平静中等待行刑。

【原文】

8. 桓宣武平蜀，以李势妹为妾，甚有宠，常着斋后。主始不知，既闻，与数十婢拔白刃袭之。正值李梳头，发委藉地，肤色玉曜，不为动容，徐徐结发敛手向主言曰："国破家亡，无心至此、今日若能见杀，乃见本怀。"

【译文】

东晋的桓温平了蜀地的成汉以后，把成汉皇帝李势的妹妹纳为小妾，并且非常宠爱她，把她隐藏在书房后面的小屋里。桓温的妻子南康长公主刚开始时并不知情，当她知道桓温私养小妾后，就怒气冲冲地带着几十个手里拿着刀子的奴婢冲进李氏的住处，打算把李氏杀掉。当时，恰好遇到李氏正在梳头，长长的秀发拖到地上，肤色光洁非常耀眼，见到他们出现在面前，李氏毫不害怕，她慢慢绾起头发恭敬地对南康长公主说："国破家亡，我是无心来到这里的，今天如果能杀了我，正合我意。"

【原文】

9. 孙子荆除妇服，作诗以示王武子。王曰："未知文生于情，情生于文。览之凄然，增伉俪之重。"

【译文】

西晋的孙楚为妻子服丧期满以后，写了一首诗请王济点评。王济看后说："我根本无法分清到底是文生于情，还是情生于文。看完之后让人觉得非常悲戚，让人倍感夫妻间的情谊有多重。"

【原文】

10. 曹公既杀杨德祖，后与太尉遇于朝，曹问太尉曰："公何瘦之甚?"对曰："愧无日䃅先见之明，犹怀老牛舐犊之爱。"曹公为之改容。

【译文】

曹操杀了杨修以后，有一天在朝堂上与太尉杨彪（杨修的父亲）相遇，曹操问太尉杨彪说："您为什么这么瘦?"杨彪回答道："我很惭愧，缺乏金日䃅那样的先见之明，却还有老牛舐犊那样的爱子之情。"曹操听后脸色大变。

【原文】

11. 王安期①去官，东渡江，道路梗塞，人怀危惧。王每遇艰险，处之夷然，虽家人不见其忧喜之色。既至下邳，登山北望，叹曰："人言愁，我始欲愁。"谢太傅曰："当尔时，觉形神俱往。"

【注释】

①王安期：王承（273—318 年），字安期，太原晋阳（今山西太原）人，东晋初年的第一名士。

【译文】

王承辞官以后，东渡长江，由于道路上盗寇很多，通行不畅，人们都感到恐惧。而王承每当遇到险情都能坦然面对，即使是家人也看不到他的忧愁和喜悦。到了下邳以后，他登山北望，感叹说："人们说到愁，我才想到愁。"太傅谢安说："在那种情况下，你的心态真是让人羡慕。"

【原文】

12. 龚胜①死，楚父老来吊②，哭甚哀，既而叹曰："薰以香自烧，膏以明自煎。嗟哉！龚生竟夭天年。"

【注释】

①龚胜：龚胜（公元前68—公元11年），字君宾，西汉彭城（今江苏徐州）人。因拒绝王莽的征聘，绝食而死。

②吊：凭吊。

【译文】

龚胜死后，楚地有一位父老前来凭吊，哭得非常伤心，然后感叹说："香草因为需要散发芳香才会自燃，油脂因为能够照明才会备受煎熬。悲哀啊！龚胜在世时竟然没有实现自身的价值。"

【原文】

13. 羊太傅好山水，每风景，必造岘山，置酒言咏，终日不倦。尝慨然叹息，顾谓从事中郎邹湛曰："自有宇宙，便有此山。由来贤达胜士，登此远望，如我与卿者多矣，皆灭无闻，使人悲伤。如百岁后有知，吾魂魄犹应登此。"

【译文】

西晋的太傅羊祜喜欢山水，每当天气好的日子，必定会登上岘山，把酒吟诗，终日不感到厌倦。他曾经深沉叹息，回头对从事中郎邹湛说："自从有了宇宙，就有了这座山。历年来的圣贤之人，都登上这座山来远眺，像你我这样的人有很多很多，已经泯灭无消息，让人感到悲哀。如果人死后还能够有知觉，我的灵魂应该还会回来。"

【原文】

14. 孝武山陵夕，王孝伯入临，告其诸弟曰："虽榱桷惟新，便自有《黍离》之哀！"

【译文】

祭奠孝武帝的那天晚上，王恭也去凭吊，他对弟弟们说："尽管屋椽是新的，却给人一种《黍离》中宫殿被毁的凄凉！"

【原文】

15. 雷宣徽颇涉道书，因读史，废书流涕曰："功名者，贪夫之钩饵，横戈开边，枝剑讨叛，死生食息之不顾；及其死也，一棺戢身，万事都已，悲夫！"

【译文】

雷宣徽平时读了很多关于道学方面的书籍，有一次读了一本历史书，他放下书籍流着眼泪，说："功名利禄啊，真是引诱那些贪婪之人的诱饵，那些手执刀戈开疆扩土之人，那些手持宝剑讨伐叛逆之人，他们根本不在乎天下苍生的生死劳苦；等到他们死后，躺在棺材里，万事才会停止，悲哀啊！"

【原文】

16. 张思曼亡后，从弟融赍①酒于灵前，酌酒恸哭曰："阿兄风流顿尽！"

【注释】

①赍：捧着，挟着。

【译文】

南朝的齐人张绪（字思曼）死后，堂弟捧着酒到他的灵前，斟满酒后失声痛哭说："堂哥的风流顿时化为乌有了。"

【原文】

17. 韩雍升江西巡抚，经泰和，念①陈芳洲，为举主，躬祭墓下，流涕不已，曰："士为知己者死，吾将安死焉？"

【注释】

①念：感念。

【译文】

韩雍升迁为江西巡抚，上任的途中经过泰和县，因为感恩当年陈循的举荐之恩，就到他的坟墓前祭拜，并泪流满面地说："士为知己者死，我将如何为您而死呢？"

【原文】

18. 江陵陈元植与章华甫、张相期友善，陈死，华甫检元植所披阅《东坡集》刻之，以传其意①。每至刻所出，谓人曰："予一闻敲字声，使人半日思肠不返。"

【注释】

①意：意愿。

【译文】

江陵人陈元植与章华甫、张相期是好朋友，陈元植死后，章华甫把陈元植生前批阅的《东坡集》刻印发行，以此帮助他完成心愿。章华甫每当从刻印的地方出来后，就对人说："我一听到刻字时发出的敲击声，浓郁的思友之情油然而生，许久都不能平复。"